实用经济法

李红琳　陈文彬　主编

Practical Economic Low

暨南大学出版社
JINAN UNIVERSITY PRESS
中国·广州

图书在版编目（CIP）数据

实用经济法/李红琳，陈文彬主编. —广州：暨南大学出版社，2010.8
ISBN 978 - 7 -81135 - 531 -4

Ⅰ.①实⋯　Ⅱ.①李⋯②陈⋯　Ⅲ.①企业法—中国—教材　Ⅳ.①D922.291.91

中国版本图书馆 CIP 数据核字（2010）第 104662 号

出版发行：暨南大学出版社

地　　址：中国广州暨南大学
电　　话：总编室（8620）85221601
　　　　　营销部（8620）85225284　85228291　85228292（邮购）
传　　真：（8620）85221583（办公室）　　85223774（营销部）
邮　　编：510630
网　　址：http：//www.jnupress.com　http：//press.jnu.edu.cn

排　　版：暨南大学出版社照排中心
印　　刷：广州市怡升印刷有限公司

开　　本：787mm×1092mm　1/16
印　　张：13
字　　数：333 千
版　　次：2010 年 8 月第 1 版
印　　次：2010 年 8 月第 1 次
印　　数：1—3000 册

定　　价：26.00 元

前 言

本书是一本面向普通本科院校经管类学生的经济法教材，专门为培养应用型、复合型人才而编写。本教材从企业环境法律角度切入，兼收经济法与商法的内容，贴近实际需要，充分展示了应用性高等院校的办学宗旨与培养目标。

本书在编写上融实践性、理论性、科学性于一体，注意实践能力与理论知识的结合。教材在编排上做了一些新的突破，主要表现在以下几个方面：

（1）内容上的突破。本书突破了传统经济法的内容编排，选取了个人独资企业法、合伙企业法、公司法、破产法、合同法、反不正当竞争法、消费者权益保护法、产品质量法、企业劳动合同法等法律，多方面、多角度地为企业运行剖析相关法律知识。

（2）编排体例上的突破。本书一改传统法律教材重理论轻实践的特点，除第一章外，每一章节都由案情摘要——涉及法律问题——学理解释——案情分析——习题与思考五个部分组成，精选案例，结合案例提炼问题，围绕问题进行理论知识的阐述，之后以练习进行巩固，更好地结合了学习者的学习思路。通过由浅入深的方式使大多数非法律专业的学生能更快地理解枯燥的法律理论知识。

本书编者均为普通本科院校经管类专业从事多年经济法教学的一线教师，在多年的教学过程中，积累了丰富的经验，同时也参考了不同教材，针对非法律专业学生的法律学习特点编写而成。参加本书编写的教师主要分工如下：

李红琳编写第二章、第四章、第五章（合编），陈文彬编写第一章、第五章（合编），吴玲编写第三章，谭少霞编写第六章、第七章，唐平编写第八章，袁国生编写第九章，王益涛编写第十章，本书最后由李红琳统稿审订。

本书在编写过程中，充分借鉴了近年来专家、学者们的研究成果，采集众家之长，在此一并表示感谢。同时由于编写时间仓促，作者水平所限，不足之处在所难免，欢迎广大读者批评指正。

编　者

2010 年 7 月

目 录

第一章　经济法概述

第一节　经济法的调整对象与价值

一、经济法的概念

在经济法界，有关经济法的界定众说纷纭。由于各种理论学说对经济法有不同的定义，我们采取通说的观点：经济法是调整国家在协调本国经济运行中发生的经济关系的法律规范的总称。这个概念表明：其一，经济法是调整经济关系的，而非政治关系和人身关系；其二，并不是所有的经济关系都由经济法调整，经济法是以特定的经济关系为调整对象，即国家在管理协调国家经济过程中的经济关系；其三，经济法是一个独立的部门法，与其他法律所调整的经济关系所形成的部门法有严格区别，如民法中关于财产关系的规定。

二、经济法的调整对象

经济法作为国家法律体系中最重要的法律部门之一，首先要明确的问题就是它的调整对象，即弄清它的调整范围。法律调整对象是指法律所规范的社会关系。凡调整同一社会关系的法律规范就构成了同一法律部门。经济法的调整对象就是经济关系，但值得注意的是，并不是所有的经济关系都由经济法来调整，例如平等主体之间的财产赠与关系、财产继承关系则由民法来调整，不是经济法的调整范围，刑法也涉及经济关系。因此，经济法的调整对象是特定的经济关系。经济法的调整对象具体可概括为以下四个方面：

1. 市场主体管理关系

在商品经济越来越发达的社会，市场主体是最活跃的力量之一，其中，企业是市场经济最主要的主体。为保证社会经济稳定、持续而有序地发展，对市场主体进行规范和管理是必须的。对于企业的设立、变更和终止，企业内部机构的设置及其职权，企业的财务、会计管理等，都应该进行必要的干预。经济法通过对企业的法律地位、权利义务以及行为方式的规制，使企业成为自主经营、自负盈亏的合格主体，来保证其最大可能地参与社会经济活动。同时，也有利于维护社会经济秩序，保障交易安全。

2. 市场管理关系

要实行社会主义市场经济，必须建立统一、开放、公正的市场体系。培育市场体系，要求各种生产要素自由流动，打破条块分割、封锁与垄断，充分发挥竞争机制的作用，实现资源优化配置。由于市场本身不能消除由竞争导致的垄断和不正当竞争行为，因此，需要国家进行干预，加强市场管理。

3. 宏观经济调控关系

宏观调控，是指国家为了实现经济总量的基本平衡，促进经济结构的优化，推动国民经济的发展，对国民经济总体活动进行的调节和控制。宏观调控有助于弥补市场调节的缺陷，防止或消除经济中的总量失衡和结构失调，优化资源配置，更好地把当前利益与长远利益、局部利益与整体利益结合起来。

4. 社会保障关系

要实行社会主义市场经济，必须建立多层次的社会保障关系。作为社会成员，在遇到风险后，其基本生活应该得到保障。可是市场本身无法解决这个问题，因此需要国家出面进行干预，建立强制实施、互济互助、社会化管理的社会保障制度，这有利于充分开发和合理利用劳动力资源，保障社会成员的基本生活权利，维护社会稳定，促进经济关系协调发展。

需要特别说明的是，由于经济法调整对象的复杂性和调整手段的多样性，使得经济法作为一个法律部门，已经形成一个非常庞杂的法律规范体系。因此，经济法的教学实践表明：一方面，不能要求把由多层次、多门类的经济法部门组成的经济法体系的全部内容一一列入经济法教材；另一方面，根据实际需要，有些虽然不属于经济法体系的内容也应列入经济法教材之中，或者说本教材是按照广义经济法的概念来组织其内容的，并不局限于狭义经济法部门。因此，本教材将民法和商法的有关内容，如合同法、公司法、劳动合同法等也编写进来，以体现教材的广泛性与实用性特点。

三、经济法的特征

经济法的特征，是经济法区别于其他法律部门的本身特有的标志。

1. 经济法调整手段的多样性

根据经济法调整的对象可知，经济法调整的是特定的经济关系。但就其调整方法而言，并不是单一的。在一个具体的经济法律关系中，当经济关系义务人违反民法的有关规定时，如民事赔偿，则由民法来调整；触及刑法及行政法时，则由刑法和行政法调整。

2. 经济法调整对象的复杂性

目前中国经济法部门是由大量的单行经济法律和更多的经济法规、规章所构成，如经济主体方面有《公司法》、《合伙企业法》、《全民所有制工业企业法》、《个人独资企业法》、《破产法》等；财政税收方面有《会计法》、《统计法》、《审计法》、《个人所得税法》、《税收征收管理法》等；金融方面有《人民银行法》；能源方面有《电力法》、《煤炭法》、《节约能源法》等；交通方面有《公路法》、《铁路法》、《海上交通安全法》等；其他还有《对外贸易法》、《价格法》、《产品质量法》、《广告法》、《计量法》等。

3. 法律关系的复杂性

经济法律关系既有公法中的法律关系，又有私法上的法律关系；既有横向的法律关系，又有纵向的法律关系。

四、经济法的基本原则和价值

（一）经济法的基本原则

经济法的基本原则是经济法的灵魂和精髓，它反映经济法的宗旨和目的，并指导经济立法、执法和司法活动。经济法的基本原则包括平衡协调；维护公平竞争和责、权、利相统一等三大基本原则。

1. 平衡协调原则

随着社会经济的不断变化发展，国家之间、社会团体之间、社会组织之间、自然人之间及其相互之间各种矛盾错综复杂，各利益群体都有自己的立场与利益。传统的法律法规，或维护国家利益，或维护其他群体利益；或强调秩序而忽视自由，或强调自由而忽视秩序；或过分强调经济集中，或过分强调经济民主。经济法则要从社会整体利益出发，从协调各种利益群体、平衡发展的角度来处理各种矛盾。

2. 维护公平竞争原则

竞争是市场经济应有的基本因素，没有竞争就不会有社会经济的发展。各国的经济发展历史已经证明，竞争必须有公平的竞争环境，不公平竞争会产生极大的破坏性后果，资本主义自由经济时代产生的经济危机，便是不公平竞争所产生的负面效应。因而各国法律都把维护公平竞争作为一项基本任务。经济法的作用在于确保市场主体有一个良好的竞争环境。当市场主体采用不正当手段或者垄断手段限制竞争，破坏公平竞争，损害其他市场主体的合法利益时，由经济法进行调整，制止甚至惩治不公平竞争行为和其他破坏经济秩序的行为，最大限度地维护市场的公平环境。

3. 责、权、利相统一原则

责、权、利相统一原则是指经济权利主体所承担的责任、所享有的权利、所获得的利益必须相一致。承担责任是以享有权利、获得利益为基础的，享有权利、获得利益的同时必须承担一定的责任。这一原则，对于中国从原来统一的公有制经济转变为现在的多种经济成分并存的市场经济具有特别重要的意义。

中国人民银行将存贷款利率调高，其目的是进一步巩固宏观调控成果，保持国民经济持续、快速、协调、健康发展的良好势头，进一步发挥经济手段在资源配置和宏观调控中的作用。国家对土地资源的管理，也是着眼于国家社会经济的根本利益和长远利益。再如，公司法的有关规定，除了赋予公司完全市场主体地位，使其享有充分的经营自主权外，同时也让其承担相应的义务；市场管理法的立法目的在于构建一个公平的竞争环境，平衡经营者与消费者之间的利益。总之，通过一系列的经济法律法规来有效地配置社会资源，建立一个公平有序的社会，达到实现社会正义、增进社会效益、推进社会自由与和谐的目的。

（二）经济法的价值

经济法的价值是指经济法通过其规范和调整所追求的目标。其主要体现为社会正义、社会效益、经济自由和经济秩序的统一。

1. 社会正义

社会正义"是一种追求最大多数社会成员之福祉的、社会主义的正义观"。经济法是通过社会经济发展的需要来确定经济法的任务，以实现最大多数人的幸福、利益和社会效益。经济法通过分配经济权利和义务给经济法律主体，其目的在于稳定、繁荣、发展社会经济，为社会最大多数人谋求幸福，体现经济法所追求的社会正义，如平等、公平、共同富裕等。

2. 社会效益

经济法所追求的不限于经济效益，即经济成果最大化，更主要的是整体社会效益，即宏观经济成果、长远经济利益以及人文和自然环境、人的价值等诸多因素的优化与发展。经济法强调经济法律关系主体的社会责任，即无论是国家还是企业都必须对社会发展生产力、提高社会经济效益负责。

3. 经济自由与经济秩序的统一

市场经济必须是一定程度的自由经济，经济活动主体必须有自主经营权，不受其他人的非法干预。但经济法在保障经济活动主体自由权的同时，必须对其活动进行一定程度的限制。因为自由是相对的，也就是说，自由超过一定的限度，就会对社会秩序构成威胁。因此，经济法在赋予经济活动主体一定的权利时也要求其承担一定的义务。

第二节　经济法律关系

一、经济法律关系的概念及特征

从经济法部门的角度来说，经济法律关系是指国家在管理协调国民经济过程中，依据经济法的规定所形成的权利和义务关系。也就是说，经济法将特定的经济关系纳入其调整范围，便形成经济法律关系，它具体有以下特征：

（1）经济法律关系是具有特定经济内容的权利义务关系。一方面，它是一种具有经济内容的权利义务关系，直接体现经济主体之间的物质利益关系；另一方面，这种经济权利义务关系是特定的，即国家在干预经济活动过程中发生的权利与义务关系，这是由其特定的调整对象决定的。

（2）经济法律关系是经济法干预经济关系的结果。经济关系只是一种社会现实关系，它并不必然成为法律关系，只有法律将其纳入调整范围，才能上升为经济法律关系。

（3）经济法律关系是一种带有强制性的经济权利和义务关系。经济法律关系主要是国家及其所设机关在管理协调国民经济过程中，与市场主体之间的经济权利和义务关系，其本质在于经济秩序与经济自由的关系，是宏观调控与市场调节的关系。因此，经济法律关系的目的在于实现社会经济的全面的可持续发展，充分发挥经济组织和个人的积极性和创造性。对经济法律关系主体的行为，经济法大多是以"应当"、"不得"、"负有……义务或职责"等条款硬性规定，只有符合经济法规范的要求，才予以承认和保护；违反经济法规定的，予以取缔和相应的处罚，由此可见经济法律关系带有明显的强制性。

二、经济法律关系的构成

经济法律关系具有一般法律关系的特性，它由三个基本要素组成，即主体、内容和客体。

1. 经济法律关系主体

经济法律关系主体，是指在国家管理协调国家经济活动过程中依法独立享有经济权利、承担经济义务的当事人。它主要包括：

（1）国家机关。政府机关是经济管理关系的重要主体之一，它代表政府对社会经济活动进行宏观调控和微观规制。国家机关各职能部门依法在其特定的范围内享有一定的经济管理职权，如计划部门具有计划职能，税务部门管理税收征管，工商部门管理市场主体的日常经营，如企业的登记、变更与注销、经营活动是否违法等。

（2）企业和其他社会组织。企业是经济法律关系中最为重要的一类，是依法成立的以营利为目的的从事商品生产、经营和服务活动的经济组织，如公司、合伙企业、个人独资企业等。其他组织主要是事业单位、社会团体以及社会经济服务机构，如会计师事务所、律师事务所等。

（3）企业内部组织和有关人员。企业内部组织和人员虽无独立法律地位，但在根据法律规定参与企业内部的生产经营中，便形成了相对独立的法律关系，如公司的股东会、董事会、监事会及股东、董事、监事及经理，在公司经营活动中享有特定的权利和承担相应的义务。

（4）农村承包经营户、个体工商户和公民。他们作为民事法律关系的主体，必然要从事经济活动，他们的行为同样要受国家经济政策和法律法规的约束，当与国家机关或其他经济组织发生权利义务关系时，就成为经济法律关系的主体。如个体工商户或公民同国家税务机关发生税收征管关系。

2. 经济法律关系的内容

经济法律关系的内容是指经济法律关系主体享有的经济权利和承担的经济义务。经济权利和经济义务是经济法律关系的核心内容，反映了经济法律主体的具体关系和要求，是经济法律关系的实质性要素。没有经济法律关系的内容，就等于没有经济法律关系。经济法律关系的内容是由法律确认，并由国家强制力保证实施的。

（1）经济权利是指经济法主体依法具有自己可为或不为一定行为和要求他人为或不为一定行为的资格。在不同的经济法律关系中，经济法主体享有不同的经济权利。如企业、其他经济组织和公民享有财产所有权，企业享有自主经营管理权，国家机关享有经济行政管理职权，股东享有利润分配权等。

（2）经济义务是指经济主体依法所承担的实施或不实施某种经济行为的义务。如公司必须依法登记，股东负有出资义务，公司董事、监事、经理不得违反竞业禁止的规定，经营者应当保证产品质量等。

3. 经济法律关系客体

经济法律关系客体是指经济法律关系主体权利和义务所指向的对象。客体是确立权利和义务关系性质和具体内容的依据，是确定权利行使和义务履行的客观标准。没有客体，权利和义务就失去了依附的目标和载体，经济主体的活动也就失去了意义。因此，经济法律关系客体是经济法律关系不可缺少的要素之一。

经济法律关系客体主要有三大类：物、经济行为、智力成果。

（1）物。物是指能够为人们所控制和支配的、具有一定经济价值、以物质形态表现的物品。它包括自然存在物和人类加工制作的产品，以及固定充当一般等价物的货币和有价证券。

（2）经济行为。经济行为是指经济法主体为达到一定经济目的、实现其权利和履行其义务所进行的经济活动。它包括经济管理行为、完成一定工作的行为和提供一定劳务的行为。

（3）智力成果。智力成果是指经济法主体从事智力劳动所创造的成果。如科学发明创造、艺术创作、学术论著、商品商标等。

三、经济法律关系的发生、变更和终止

经济法律关系的发生、变更和终止是指由于一定法律事实的产生或变化而引起法律关系的形成、改变及消灭。经济法律关系的发生、变更和终止都要基于一定的法律事实。凡是能够引起经济法律关系的发生、变更和终止的客观事物均称为经济法律事实。它主要包括：

（1）事件。事件是指客观发生和存在的、不以人的意志为转移的客观情况，如海啸、地

震、台风、工人罢工、军事行动、政府禁令等。

（2）行为。行为是指一定的经济组织或个人在其主观意志支配下实施的、能够引起经济法律关系的发生、变更和终止的经济活动，如企业的经营管理活动、国家机关的监督检查行为等。

四、经济法律关系的保护

在整个国民经济生活中，经济法对经济法律关系的保护，既可以通过监督经济法律关系的参加者正确行使权利（权力）和切实履行义务得到体现，也可以通过严格执法以保护权利主体的合法权益来保护经济法律关系。为了加强对经济法律关系的保护，国家在法律规范中既规定了经济法律关系的监督和保护，又规定了各种保护方法。

（一）经济法律关系的监督保护机构

1. 国家经济领导机关及其他职能部门

国家经济领导机关有权对全国的或者所属的经济部门和经济组织进行经济监督，对违反国家计划和对经济建设造成损害的单位，有权依法进行处理，有权责令整顿或进行其他必要的行政制裁。国家有关主管部门对市场竞争行为予以规制，反垄断及反不正当竞争、保护消费者合法权益、保障良好有序的市场竞争秩序。

2. 审计机构

我国宪法规定国家建立审计机构，对国家各级财政进行监督。审计机构代表国家行使审计监督权，对国家财政财务进行审计监督。审计监督的目的，是要维护国家财政经济秩序，促进廉政建设，以促进改善经营管理，提高经济效益。

3. 其他职能部门的经济监督

其他职能部门，主要指统计、会计、财税、银行、物价等部门。它们对国民经济管理或社会经济活动也进行监督和管理。这种经济监督具有法律的强制性。

4. 仲裁机构

双方当事人发生经济争议时，一般应当先进行协商解决，协商不成时，可以由有关部门进行仲裁。

5. 经济审判机构

人民法院通过行使审判权，保护经济法主体的合法权益。

（二）保护经济法律关系的方法

1. 经济制裁

常用的经济制裁有赔偿经济损失、交付违约金等。

2. 经济行政制裁

经济行政制裁指行为人尚未构成犯罪，由国家行政机关依法给予的经济性质的行政处分。

3. 经济刑事制裁

经济刑事制裁指对违反经济刑法并造成严重后果的经济犯罪分子，由法院给予的刑事制裁。

【习题与思考】

1. 试述经济法的调整对象。
2. 简述经济法的原则和价值。
3. 经济法律关系的构成要素有哪些？

第二章　个人独资企业法

【案情摘要】

李某 2002 年 8 月在工商行政管理机关注册成立了一家主营信息咨询的个人独资企业，取名为"远景信息咨询中心"，注册资本为人民币 1 元，后注册机关因李某的资金根本无法维持经营而拒绝予以登记注册。李某将注册资金升为 5 万元后获得注册登记。但在对外宣传时，李某为了提高自己的影响力，将工作室的名称改为"远景信息咨询有限公司"，该工作室被查处，处以人民币 1 500 元的罚款。后来李某的朋友某人事局公务员张某见该企业经营形势大好，便与李某协议参加该个人独资企业的投资经营，并注入资金 5 万元人民币。后因为企业人经营不善，导致负债 10 万元。李某决定于 2003 年 10 月自行解散企业，未经清算，但因为企业财产不足清偿，债权人要求李某与张某以自己其他财产还债。张某认为自己是后来才加入的，对该债务不需要承担责任，李某则认为只需要以企业所有财产承担有限责任，双方协议不成而被债权人诉诸人民法院，法院审理后认为李某与张某应当对该企业的债务承担无限连带责任。

【涉及法律问题】

1. 个人独资企业设立的法律要求。
2. 企业名称的法律规定。
3. 个人独资企业的清算与责任承担。

【学理解释】

一、个人独资企业设立的概念及特征

我国《个人独资企业法》自 2000 年 1 月 1 日起实施。个人独资企业，是指依照本法在中国境内设立，由一个自然人投资，财产为投资人个人所有，投资人以其个人财产对企业债务承担无限责任的经营实体。个人独资企业具有以下特点：

1. 企业由一个自然人投资设立

个人独资企业在投资主体上具有唯一性，但是个人独资企业是一个经营实体，因此企业与投资人是分立的，在经营活动中应当以企业的名称对外活动。

2. 企业财产为投资人个人所有

与公司不同，个人独资企业自身不是一个独立的财产权主体，所有的企业财产（包括企业成立时投资人投入的初始出资财产与企业存续期间积累的财产）都属于个人独资企业的投资人，投资人对个人独资企业具有完全的控制权。

3. 投资人以其个人财产对企业债务承担无限责任

个人独资企业债务等于投资人个人债务，投资人以其个人全部财产而不是仅以其投入该企业的财产对债务负责，即承担无限责任。

4. 个人独资企业不具有法人资格

个人独资企业是自然人从事商业经营的一种特殊形式，但这种组织本身未成为完全独立的法律主体，没有自己的法律人格，不具有独立的法人地位。

二、个人独资企业的设立条件

按照个人独资企业法的规定，我国对个人独资企业在立法上采取准则主义，即只要符合设立的条件，企业就可以登记成立，不需要有关行政部门的批准。

设立个人独资企业应当具备下列条件：

（1）个人独资企业的投资人为一个自然人。依照《个人独资企业法》在中国境内设立个人独资企业，只有具有中国国籍的自然人才能设立独资企业，法人或者具有外国国籍的人或者无国籍人都没有权利设立个人独资企业，同时法律或者行政法规禁止从事营利性活动的人，也不得作为投资人设立个人独资企业。

（2）有合法的企业名称。个人独资企业的名称应当与其责任形式以及从事的营业活动相符合，因为个人独资企业是非法人企业，其名称中不得含有"公司"、"有限责任"等字样，名称可称为厂、店、工作室等。

（3）有投资人申报的出资。个人独资企业的投资人可以用货币出资，也可以用实物、土地使用权、知识产权等财产权利出资。《个人独资企业法》只规定了申报出资，没有规定最低注册资本。但是法律如此规定，并不是像部分人所说，1元钱也可以注册个人独资企业，在实践中，一般需要相应的资金登记部门才会予以注册登记。

（4）有固定的生产经营场所和必要的生产经营条件。固定的生产经营场所包括企业的住所和与生产经营相适应的场所，住所是指办事机构所在地，这是个人独资企业进行经营，以及接受监管所必需的。

（5）有必要的从业人员。个人独资企业的从业人员应当与企业的经营规模相适应，以保持正常的运营。

三、个人独资企业的设立程序

根据《个人独资企业法》的规定，设立个人独资企业主要有以下程序：

1. 递交申请

申请设立个人独资企业，应当由投资人或者其委托的代理人向个人独资企业所在地的登记机关提出设立申请，申请人应该提交如下文件：

（1）投资人签署的设立个人独资企业的申请书。申请书应当载明企业的名称和住所、投资人的姓名和居所、投资人的出资额和出资方式、经营范围等事项。

（2）投资人的身份证明。主要是投资人的身份证或其他可以证明其真实身份的材料。

（3）企业住所证明或生产经营场所使用证明。主要是房屋产权证明或房屋租赁合同。

如果是委托代理人申请设立登记的，还应当提交投资人的委托书和代理人的身份证明或资格证明。

（4）国家工商行政管理总局有其他要求的，还需要提交其他文件。

2. 审查登记

工商部门在收到设立申请文件之日起15日内，对所递交的申请材料进行审查，对符合个人独资企业法规定条件的，应当予以登记，发给营业执照；不符合个人独资企业法规定条件的，不予登记，并应当给予书面答复，说明理由。

个人独资企业的营业执照签发之日即为个人独资企业的成立之日，只有在领取营业执照之后，才能以独资企业的名义对外进行活动，在未取得营业执照之前，不能以独资企业的名称对外营业。

个人独资企业需要设立分支机构的，应当由投资人或其委托的代理人向分支机构所在的登记机关申请设立登记取得营业执照，同时应该报该分支机构隶属的个人独资企业的登记机关登记备案。

个人独资企业在存续期间发生变更的，应当在作出变更决定之日前15日内依法向原登记机关申请办理变更登记。

四、个人独资企业的投资人及事务管理

（一）投资人权利与责任

个人独资企业的投资人是具有中国国籍的自然人，受法律禁止进行经营活动的人（如公务员）不能成为个人独资企业的投资人。投资人对个人独资企业的财产（包括投资的财产和企业存续期间积累的财产）拥有所有权，投资者以其个人财产对公司债务承担无限责任。如果申请设立登记时以家庭共有财产出资，应当以家庭共有财产承担无限责任。

（二）个人独资企业的事务管理

（1）个人独资企业投资人可以自行管理企业事务。

（2）可以委托或者聘用其他具有民事行为能力的人负责企业的事务管理。

投资人委托或者聘用他人管理个人独资企业事务，应当与受托人或者被聘用的人签订书面合同，明确委托的具体内容和授予的权利范围。但是投资人对受托人或者被聘用的人员职权的限制，不得对抗善意第三人。善意第三人是指本着合法交易目的，不知受托人或被聘用的人员的职权限制，通过受托人或者被聘用的人员，与个人独资企业之间建立法律关系的人或组织。

（三）受托人或受聘人的行为禁止

根据个人独资企业法规定，投资人委托或者聘用的管理个人独资企业事务的人员不得有下列行为：

（1）利用职务上的便利索取或者收受贿赂。

（2）利用职务或者工作上的便利侵占企业财产。

（3）挪用企业的资金归个人使用或者借贷给他人。

（4）擅自将企业资金以个人名义或者以他人名义开立账户储存。

（5）擅自以企业财产提供担保。

（6）未经投资人同意，从事与本企业相竞争的业务。

（7）未经投资人同意，同本企业订立合同或者进行交易。

（8）未经投资人同意，擅自将企业商标或者其他知识产权转让给他人使用。

（9）泄露本企业的商业秘密。

（10）法律、行政法规禁止的其他行为。

五、个人独资企业的解散和清算

（一）解散事由

个人独资企业的解散是指个人独资企业终止活动，其民事主体资格消灭的行为。根据《个人独资企业法》，个人独资企业有下列情形之一时，应当解散：

（1）投资人决定解散。

（2）投资人死亡或者被宣告死亡，无继承人或者继承人决定放弃继承。

（3）被依法吊销营业执照。

（4）法律、行政法规规定的其他情形。

（二）个人独资企业的清算

虽然个人独资企业的投资人可以自主决定是否解散该企业，但是无论基于何种原因解散企业，都应该对企业进行清算。《个人独资企业法》对企业清算有如下规定：

1. 通知债权人

根据《个人独资企业法》规定，个人独资企业解散，由投资人自行清算或者由债权人申请人民法院指定清算人进行清算。投资人自行清算的，应当在清算前 15 日内书面通知债权人，无法通知的，应当予以公告。债权人应当在接到通知之日起 60 日内，向投资人申报其债权。

2. 清算人的产生方式

个人独资企业的清算一般由清算人自行进行；但当清算人自己不进行清算时，可以由债权人申请人民法院指定清算人进行清算。

3. 财产清算顺序

个人独资企业解散的，财产应当按照下列顺序清偿：①所欠职工工资和社会保险费用；②所欠税款；③其他债务。当个人独资企业经过清算后的财产不足以清偿债务的，投资人应当以个人其他财产予以清偿。

但是债权人必须在 5 年内向债务人提出偿债请求，否则该责任消灭。

4. 清算期间投资人的行为禁止

清算期间，个人独资企业不得开展与清算目的无关的经营活动。在按照法律规定清偿债务前，投资人不得转移、隐匿财产。

5. 注销登记

个人独资企业清算结束后，投资人或者人民法院指定的清算人应当编制清算报告，并于 15 日内到登记机关办理注销登记。注销登记完成后，应当交回营业执照。

个人独资企业除了解散应该注销登记以外，还可能因为以下情形被吊销营业执照：

（1）提交虚假文件或采取其他欺骗手段取得企业登记的，情节严重的，并处吊销营业执照。

（2）涂改、出租、转让营业执照的，责令改正，情节严重的，吊销营业执照。

（3）个人独资企业成立后无正当理由超过 6 个月未开业的，或者开业后自行停业连续 6

个月以上的，吊销营业执照。

【案情分析】

李某设立以及运作企业的过程中存在以下问题：

（1）根据我国《个人独资企业法》第二条、第十条的规定，自然人可以单独投资设立个人独资企业，设立时法律仅要求投资人申报出资额和出资方式但并不要求须缴纳最低注册资金。李某单独以1元人民币经法定工商登记程序投资设立个人独资企业的做法，按照《个人独资企业法》是符合法律规定的，但是实际上，1元人民币是无法进行经营的，因此在实践中是难以获得注册的。

（2）根据《个人独资企业法》第十一条的规定，"个人独资企业的名称应与其责任形式相符合"，而个人独资企业为投资人个人负无限责任，因此个人独资企业的名称不得含有"公司"、"有限责任"等字样，李某将其取名为"远景信息咨询中心"的企业对外以"远景信息咨询有限公司"之名从事经济活动，违反法律规定，应予以纠正，可以处以2 000元以下的行政罚款。

（3）根据《个人独资企业法》，个人独资企业的投资人为一个自然人，同时法律或者行政法规禁止从事营利性活动的人，也不能作为投资人设立个人独资企业。因此，张某作为公务员不能加入该企业，同时即使张某不是公务员，张某一旦加入，该企业也由个人独资企业变成合伙企业，应该到登记机关变更企业性质。

（4）《个人独资企业法》第二条规定，投资人以其个人财产对企业债务承担无限责任。因此该企业作为独资企业，李某应当以个人财产承担无限连带责任，而不仅仅以企业出资承担责任。

（5）根据《个人独资企业法》第二十六条第一款规定，当投资人决定解散企业时，应当解散。李某作为该企业的投资人，有权决定自行解散个人独资企业，李某的做法符合法律规定。

（6）李某决定解散企业的时候应该进行清算。虽然该企业是李某个人投资设立的独资企业，李某可以决定是否解散该企业，但是根据《个人独资企业法》第二十七条规定"个人独资企业解散，由投资人自行清算或者由债权人申请人民法院指定清算人进行清算"。因此，李某的企业解散后，应当对企业债权债务以及未了的事务进行清理、核算。

（7）就本案而言，由于张某后来加入投资经营，因此该个人独资企业事实上已转变为公民之间的合伙关系，由此，法律责任也应当由合伙人李某、张某承担。人民法院的判决是正确的。

【习题与思考】

2003年11月，吴某个人投资设立个人独资企业液压工具厂。2003年11月至2006年4月，液压工具厂向金某购买千斤顶底座，尚欠金某货款12万元。2006年10月8日，吴某将该液压工具厂作价30万元转让给了高某，转让协议约定：吴某将该厂的所有权、经营权全部转让给高某；转让前以该厂名义发生的债权债务由吴某享有和承担；吴某同意高某继续使用原企业名称。协议签订后，双方到工商局办理了该厂的投资人变更手续。后金某为12万元货款将吴某、液压工具厂一并起诉至人民法院，要求液压工具厂承担支付货款的法律责任，吴某对液压工具厂的付款义务承担连带清偿责任。

请问：金某的债务究竟应由谁承担？

第三章　合伙企业法

第一节　合伙企业概述

【案情摘要】

孙某、于某、廖某欲合伙从事茶叶销售业务，经商量达成一致意见，平均出资，在合伙协议书上签名、盖章后，寻找经营场地、置办设施，并将该合伙企业取名为"海威有限责任公司"。2年后，廖某因该合伙企业经营状况不佳，故决意退出该合伙企业，并按规定通知了孙某与于某，这期间，孙某以该合伙企业的名义与信达公司签订了代销信阳毛尖的合同。

鲁某自以为有经营之道，要求加入该合伙企业，提出只负责销售，并按其一定的销售利润提成，其他合伙人口头表示认可，从此鲁某便以该合伙企业的名义到处活动。廖某在办理退伙事宜时，因合伙企业与信达公司代销信阳毛尖的合同刚签订不久，故未将此合同有关事宜进行结算，廖某退伙后，即去外地经商，该合伙企业在后来的经营过程中，因违法经营问题严重，被工商部门依法吊销营业执照，导致该合伙企业解散，信达公司得知该合伙企业解散的消息后，即向法院起诉，请求该合伙企业偿还代销其信阳毛尖的款项。

请问：

（1）该合伙企业名称是否合法？为什么？

（2）廖某对合伙企业的债务是否还应承担责任？为什么？

（3）在该案的诉讼活动中，鲁某可否被列为被告？为什么？

（4）设孙某、于某、廖某在合伙协议书中约定对合伙企业事务作出决议时，不论各人投资的份额大小，均实行一人一票的表决办法。该约定是否符合法律规定？

（5）设孙某、于某、廖某未就利润分配作出约定，则三人应如何分配利润？

（6）设孙某、于某、廖某决定由孙某一人负责执行合伙企业事务，则于某、廖某对合伙企业经营活动享有哪些权利？

【涉及法律问题】

1. 合伙企业设立的法律特征。
2. 合伙企业设立的法律要求。
3. 合伙企业债务的承担。

【学理解释】

一、合伙企业的概念

合伙企业是指自然人、法人和其他组织依照《中华人民共和国合伙企业法》在中国境内设立的普通合伙企业和有限合伙企业。我国的《合伙企业法》于 2006 年 8 月 27 日修订通过，修订后的《中华人民共和国合伙企业法》公布，自 2007 年 6 月 1 日起施行。合伙企业主要分为普通合伙企业、有限合伙企业。其中，普通合伙企业由普通合伙人组成，合伙人对合伙企业债务承担无限连带责任。以专业知识和专门技能为客户提供有偿服务的专业服务机构属于特殊的普通合伙企业；有限合伙企业由普通合伙人和有限合伙人组成，普通合伙人对合伙企业债务承担无限连带责任，有限合伙人以其认缴的出资额为限对合伙企业债务承担责任。

二、合伙企业的特征

合伙企业具有以下特点：

（1）合伙企业由一个自然人、法人和其他组织依照本法在中国境内设立。新修改的合伙企业法不再限制合伙人仅为自然人，而是将法人和其他组织也纳入该法中，使其成为合伙企业主体之一，扩展了合伙主体范围。

（2）合伙人共同出资、合伙经营、共享收益、共担风险。尽管合伙企业属于人合企业，但是仍然需要足够数额的资本作为经营的物质基础。合伙企业的资本由全体合伙人共同出资组成，出资的份额决定了合伙人在合伙企业执行事务的权利以及经营收益和风险的分担。

（3）对外承担责任的方式不相同。普通合伙人对外承担无限连带责任，而有限合伙人以其认缴的出资额为限对合伙企业债务承担责任。

（4）合伙企业的经营成本较低。在世界其他国家和地区，合伙企业不是企业所得税纳税的主体，合伙企业成本较低，合伙人的投资回报较高，并因此受到投资者的青睐。在我国，为了公平税负，支持和鼓励个人投资兴办企业，促进我国经济持续发展，从 2000 年停止了征收企业所得税，比照个体工商户的生产经营所得征收个人所得税。

三、合伙企业设立的条件

按照《合伙企业法》的规定，我国对合伙企业在立法上采取准则主义，即只要符合设立的条件，企业就可以登记成立，不需要有关行政部门的批准。设立合伙企业应当具备下列条件：

（1）有 2 个或 2 个以上合伙人。至少有 2 个合伙人是合伙企业得以成立必须具备的人的要素，这里的人可以是自然人，也可以是法人，但如果是自然人，则应当具有完全民事行为能力。法律法规规定，不能从事营利性活动的人，如公务员不得成为合伙企业的合伙人。

（2）有书面合伙协议。合伙协议应当依法由全体合伙人协商一致，以书面形式订立。合伙协议经全体合伙人签名、盖章后生效。合伙人依照合伙协议享有相应的权利和承担相应的责任。在订立合伙协议过程中，应当遵循自愿、平等、公平以及诚实信用的原则。合伙协议应当载明合伙企业名称，合伙人的姓名及住址，合伙人出资方式、数量和交付出资的期限，入伙、退伙的条件及程序等。

（3）有合伙人认缴或者实际缴付的出资。合伙人出资是合伙企业成立的物质要素。合伙人基本任务之一就是履行出资义务。《合伙企业法》规定，合伙人可以用货币、实物、知识产权、土地使用权或者其他财产权利出资，也可以用劳务出资，合伙人以劳务出资的，其评估办法由全体合伙人协商确定，并在合伙协议中载明。合伙人以实物、知识产权、土地使用权或者其他财产权利出资，需要评估作价的，可以由全体合伙人协商确定，也可以由全体合伙人委托法定评估机构评估。合伙人应当按照合伙协议约定的出资方式、数额和缴付期限履行出资义务。以非货币财产出资的，依照法律、行政法规的规定，需要办理财产权转移手续的，应当依法办理。

（4）有合伙企业名称和固定的生产经营场所。合伙企业名称应当能充分表现合伙企业形式，普通合伙企业名称中应当标明"普通合伙"字样。无论何种类型的企业，固定的生产经营场所和必要的生产经营条件都是企业开展经营活动的物质基础，合伙企业也不例外。

四、合伙企业财产

1. 合伙企业财产的构成及管理

尽管合伙人对合伙企业的债务承担无限连带责任（有限合伙除外），但是，为了有利于合伙企业正常开展经营活动，充分保障合伙企业的债权人行使和实现其债权，具体规定合伙企业的财产制度也是必需的。根据《合伙企业法》规定，合伙人的出资、以合伙企业名义取得的收益和依法取得的其他财产，均为合伙企业的财产。由此可见，合伙企业财产分为两部分：一部分是合伙人的出资，即合伙人按照合伙协议实际缴付的出资；另一部分则是所有以合伙企业名义取得的收益，即合伙人以合伙企业名义从事经营活动所得。

合伙企业的财产由全体合伙人依照《合伙企业法》的规定以及合伙协议的约定共同管理和使用。

2. 合伙企业财产的转让及出质

合伙企业存续期间，经其他合伙人一致同意，合伙人可以向合伙人以外的人转让其在合伙企业中的全部或部分财产份额。合伙人之间转让在合伙企业中的全部或部分财产份额，应当通知其他合伙人。合伙人向合伙人以外的人转让其在合伙企业中的财产份额的，在同等条件下，其他合伙人有优先购买权，但是，合伙协议另有约定的除外。

合伙人以其在合伙企业中的财产份额出质的，须经其他合伙人一致同意；未经其他合伙人一致同意，其行为无效，由此给善意第三人造成损失的，由行为人依法承担赔偿责任。

五、合伙事务的执行

合伙事务的执行是指为实现合伙目的而进行的业务活动。执行合伙事务是合伙人的权利，每一个合伙人不管出资多少，对合伙事务享有同等的权利。

（一）合伙事务的执行方式

（1）由全体合伙人共同执行合伙事务。

（2）由各合伙人分别单独执行合伙事务。

（3）由一名合伙人执行合伙事务。即全体合伙人委托其中一名合伙人执行合伙事务。

（4）由数名合伙人执行合伙事务。即全体合伙人委托其中数名合伙人执行合伙事务。

（5）也可以由全体合伙人共同委托合伙人以外的人执行合伙事务。

可见，合伙人有权自己参与执行合伙事务，也可以将其对合伙事务的执行权委托给其他合伙人代理，而自己不参与合伙事务的执行。

（二）合伙企业事务执行后果的承担

执行合伙事务的合伙人，对外代表合伙企业，其执行合伙事务所产生的收益归全体合伙人，所产生的亏损或者法律责任，也由全体合伙人承担。

（三）合伙事务的决定

合伙事务的决定与合伙事务的执行是不同的，先有决定后有执行。合伙事务依法可由一名合伙人或数名合伙人代表全体合伙人执行，也可由全体合伙人执行，甚至可以委托合伙人以外的人执行，但合伙事务的决定只能由合伙人依法作出，不得委托其他合伙人或合伙人以外的人进行。

须经全体合伙人一致同意的合伙事务主要有：修改合伙协议；接受合伙人入伙；处分合伙企业的不动产；改变合伙企业名称；转让或者处分合伙企业的知识产权和其他财产；向企业登记机关申请办理变更登记手续；以合伙企业名义为他人提供担保；聘任合伙人以外的人担任合伙企业的经营管理人员；依照合伙协议约定的其他相关事项。

（四）竞业禁止

在合伙企业存续期间，合伙人不得从事对合伙企业不利的活动，自营或者与他人合作经营与本合伙企业相竞争的业务；不得未经全体合伙人同意，合伙协议也无约定，而与本合伙企业进行交易。

六、合伙人与第三人的关系

（一）合伙人与善意第三人的关系

善意第三人是指与企事业单位善意进行民事行为的人，包括善意取得合伙财产和善意与合伙企业设定其他法律关系的人。

合伙人或其聘用的经营管理人执行合伙事务受约定或法律规定的限制，但这些限制不得对抗善意第三人。

（二）合伙人与债务人的关系

（1）合伙人对合伙债务承担无限责任。各合伙人对于合伙财产不足以清偿的债务，负无限清偿责任，而不以出资额为限。

（2）合伙人对合伙债务承担连带责任。其一，每个合伙人均对全部合伙债务负责，债权人可以依其选择，请求全体、部分或者某个合伙人清偿，被请求的合伙人须清偿全部的合伙债务，不得以自己承担的份额为由拒绝清偿；其二，每个合伙人对合伙债务的清偿，均对其他合伙人发生清偿效力；其三，合伙人清偿债务数额超过其应当承担的数额时，有权向其他合伙人追偿。

七、合伙企业利润的分配和亏损的承担

合伙企业的利润分配、亏损分担，按照合伙协议的约定办理；合伙协议未约定或者约定不明确的，由合伙人协商决定；协商不成的，由合伙人按照实缴出资比例分配、分担；无法确定出资比例的，由合伙人平均分配、分担。

合伙协议不得约定将全部利润分配给部分合伙人或者由部分合伙人承担全部亏损。

八、合伙债务的承担

合伙债务是指合伙企业存续期间,以合伙企业名义对外所负的债务。合伙企业对其债务,应先以其全部财产清偿。当合伙企业不能清偿到期债务时,合伙人承担无限连带责任,即由合伙人以出资之外的其他个人的全部财产来偿还债务,如果合伙人以家庭财产对合伙企业出资,则应以家庭的全部财产来偿还。

当合伙人发生与合伙企业无关的债务时,相关债权人不得以其债权抵消其对合伙企业的债务。合伙人应该以个人财产负责清偿,当个人财产不足以清偿个人债务时,该合伙人可以用从合伙企业中分取的收益清偿;债权人也可以依法请求人民法院强制执行该合伙人在合伙企业中的财产份额。人民法院强制执行合伙人的财产份额时,应通知全体合伙人,其他合伙人拥有优先受让的权利;其他合伙人未购买,又不愿意将该财产份额转让给他人的,为该合伙人办理退伙结算,或者办理削减该合伙人相应财产份额的结算。

【案情分析】

(1)该合伙企业名称不合法。合伙企业名称中不得使用"有限责任"的字样,因为合伙人不同于公司的股东,承担的是无限连带责任。

(2)廖某对合伙企业的债务应当承担责任。根据《合伙企业法》的规定,退伙人对其退伙前的合伙债务仍应承担清偿责任。

(3)鲁某不可列为被告。根据《合伙企业法》,入伙必须签订合伙协议。本案中鲁某并未入伙,鲁某与合伙企业之间是一种民事委托代理关系。

(4)采用一人一票的表决办法符合法律规定。合伙企业的表决方式,不是按资本多数原则,而是按人数多数原则进行。

(5)三人应平均分配利润。根据《合伙企业法》的规定,合伙人之间未约定的,按出资比例分配利润和承担风险。

(6)于某、廖某享有以下权利:监督、检查孙某执行合伙企业事务的情况;查阅合伙企业的账簿;孙某不依约执行事务时,廖某、于某可撤销对其的委托。

第二节 合伙企业的入伙、退伙

【案情摘要】

2005年元月,甲、乙、丙共同建立一普通合伙企业。合伙协议约定:甲以现金5万元出资,乙以房屋作价8万元出资,丙以劳务作价4万元出资,各合伙人按相同的比例分配利润,分担亏损。企业成立后,为扩大经营,于2005年6月向银行贷款5万元,期限为1年。2005年8月,甲提出退伙,鉴于当时合伙企业盈利,乙、丙表示同意。同月,甲办理了退伙结算手续。2005年9月,丁入伙。丁入伙后,因经营环境变化,企业严重亏损。2006年5月,乙、丙、丁决定解散合伙企业,并将合伙企业现有财产价值3万元予以分配,对未到期的银行贷款未予清偿。2006年6月，银行贷款到期后，银行找该合伙企业清偿债务，发现企业已经解散，遂向甲要求偿还全部贷款，甲称自己早已退伙，不承担清偿债务的责任。银行向丁要求偿还，丁称该贷款发生在自己入伙前，自己不承担清偿责任。银行向乙要求偿还全部贷款，乙表示只按照合伙协议约定的比例清偿相应数额。银行向丙要求偿还全部贷款，丙称自己是以劳务出资的，不承担偿还贷款义务。

请问：甲、乙、丙、丁的主张是否合理，为什么？

【涉及法律问题】

1. 合伙企业的入伙。
2. 合伙企业的退伙。

【学理解释】

一、合伙企业的入伙

入伙是指在合伙企业存续期间，合伙人以外的人加入合伙企业并取得合伙人资格的行为。

1. 入伙的条件与程序

第一，须经全体合伙人同意。

第二，入伙人与原合伙人订立书面合伙协议。原合伙人与入伙人签订入伙协议时，应履行告知义务，即告知入伙人合伙企业的经营状况和财务状况。原合伙人履行告知义务，其目的是有利于第三人决定是否入伙。

2. 入伙的后果

第一，入伙人取得合伙人资格。入伙人与原合伙人享有同等权利，承担同等义务。

第二，入伙人对入伙前合伙企业的债务承担无限连带责任。入伙协议中关于债权债务承担的约定不得对抗第三人，仅对内具有效力。

二、合伙企业的退伙

退伙是指合伙人在合伙企业存续期间退出合伙企业。根据《合伙企业法》规定，基于合伙人退出合伙企业原因不同，退伙可以分为自愿退伙、法定退伙和开除退伙三种情形。

（一）自愿退伙

自愿退伙，又称任意退伙、声明退伙，是指合伙人基于自愿的意思表示而退伙。自愿退伙的形式，可以分为协议退伙和通知退伙两种。

（1）协议退伙：合伙协议约定合伙期限的，在合伙企业存续期间，有下列情形之一的，合伙人可以退伙：①合伙协议约定的退伙事由出现；②经全体合伙人一致同意；③发生合伙人难以继续参加合伙的事由；④其他合伙人严重违反合伙协议约定的义务。

（2）通知退伙：合伙协议未约定合伙期限的，合伙人在不给合伙企业事务执行造成不利影响的情况下，可以退伙，但应当提前30日通知其他合伙人。

（二）法定退伙

法定退伙是指合伙人因法律明文规定而发生退伙的情况。根据《合伙企业法》的规定，有以下几种情况：①作为合伙人的自然人死亡或者被依法宣告死亡；②个人丧失偿债能力；

③作为合伙人的法人或者其他组织依法被吊销营业执照、责令关闭、撤销，或者被宣告破产；④法律规定或者合伙协议约定合伙人必须具有相关资格而丧失该资格；⑤合伙人在合伙企业中的全部财产份额被人民法院强制执行。

（三）除名退伙

除名退伙是指经其他合伙人一致同意，将符合法律规定的除名条件的合伙人强制清除出合伙企业而发生的退伙。根据《合伙企业法》，合伙人有下列情形之一的，经其他合伙人一致同意，可以决议将其除名：①未履行出资义务；②因故意或者重大过失给合伙企业造成损失；③执行合伙事务时有不正当行为；④发生合伙协议约定的事由。

三、退伙的法律后果

合伙人退伙，其他合伙人应当与该退伙人按照退伙时的合伙企业财产状况进行结算，退还退伙人的财产份额。退伙人对给合伙企业造成的损失负有赔偿责任的，相应扣减其应当赔偿的数额。退伙时有未了结的合伙企业事务的，待该事务了结后进行结算。

退伙人在合伙企业中财产份额的退还办法，由合伙协议约定或者由全体合伙人决定，可以退还货币，也可以退还实物。退伙人对基于其退伙前的原因发生的合伙企业债务，承担无限连带责任（有限合伙人除外）。

【案情分析】

（1）甲的主张不能成立。根据《合伙企业法》的规定，退伙人对其退伙前发生的债务与其他合伙人承担连带责任，故甲对退伙前发生的银行贷款应负连带清偿责任。

（2）乙的主张不能成立。根据《合伙企业法》的规定，合伙人之间的分担比例对债权人没有约束力，故乙的主张不能成立，其应对银行贷款承担连带责任。

（3）丙的主张不能成立。根据《合伙企业法》的规定，普通合伙企业的合伙人应当依法承担无限责任，合伙企业不允许有承担有限责任的合伙人对企业进行经营管理活动。

（4）丁的主张不能成立。入伙的新合伙人对入伙前的债务承担连带清偿责任。根据合伙企业法的规定，合伙企业所欠银行贷款首先应用合伙企业的全部财产清偿，合伙企业财产不足清偿时，由各合伙人承担无限连带责任。乙、丙、丁在合伙企业解散时，未清偿债务便分配财产，是违法无效的，应全部退还已分得的财产；退还的财产应首先用于清偿银行贷款，不足清偿的部分由甲、乙、丙、丁承担无限连带清偿责任。

（5）根据《合伙企业法》的规定，合伙企业各合伙人在其内部是依合伙协议约定的按份额承担责任的。据此，甲因已办理退伙结算手续，结清了对合伙企业的财产债务关系，故不再承担内部清偿份额；如在银行的要求下承担了连带清偿责任，可向乙、丙、丁追偿。乙、丙、丁应按合伙协议的约定分担清偿责任；如乙、丙、丁任何一人实际支付的份额超过其应承担的份额时，有权就其超过的部分，向其他未付或未足额支付应承担份额的合伙人追偿。

第三节 其他特殊合伙企业

【案情摘要】

张某、李某、丙有限责任公司和丁有限责任公司共同出资设立了 A 有限合伙企业，丙、丁两家公司为有限合伙人。该企业在经营过程中出现诸多问题，合伙人之间多次发生矛盾，合伙企业决定解散。经查，合伙企业全部资产为 30 万元，所欠债务共 50 万元，其中，欠职工工资 6 万元、欠交税款 9 万元、欠银行贷款 26 万元。另外发生清算费用 1.4 万元，欠银行的贷款不能全部清偿，银行要求丁公司偿还。

【涉及法律问题】

有限合伙企业中债务的承担。

【学理解释】

一、特殊的普通合伙企业

特殊的普通合伙企业是指以专业知识和专门技能为客户提供有偿服务的专业服务机构。如合伙性质的会计师事务所、律师事务所。特殊的普通合伙企业名称中应当表明"特殊普通合伙"字样。

特殊的普通合伙企业的责任承担有别于普通合伙企业，关键取决于合伙人造成合伙企业损失而为的执业活动的主观心理状态。主要有以下几种承担方式：

（1）有限责任与无限责任相结合。如果是合伙人因故意或重大过失造成合伙企业债务的，该合伙人应当承担无限责任或者无限连带责任，其他合伙人以其在合伙企业中的财产份额为限承担责任。

（2）无限连带责任。如果是合伙人非因故意或者重大过失造成的合伙企业债务以及合伙企业的其他债务，由全体合伙人承担无限连带责任。

（3）特殊的普通合伙企业应当建立执业风险基金、办理职业保险。执业风险基金用于偿付合伙人执业活动造成的债务。

二、有限合伙企业

有限合伙企业由普通合伙人和有限合伙人组成，普通合伙人对合伙企业债务承担无限连带责任，有限合伙人以其认缴的出资额为限对合伙企业债务承担责任。有限合伙企业实现了企业管理权和出资权的分离，可以结合企业管理方和资金方的优势。

（一）有限合伙人的权利

有限合伙人以不执行合伙企业事务为代价，获得对合伙企业债务承担有限责任的权利。

因此，在有限合伙企业中，有限合伙人的权利是受到一定的限制的，修改后的《合伙企业法》规定：有限合伙人不得以劳务对合伙企业出资；有限合伙人不执行合伙事务，不得对外代表有限合伙企业。

（二）设立的条件

（1）有限合伙企业由 2 个以上 50 个以下合伙人设立，但是，法律另有规定的除外。且有限合伙企业至少应当有一个普通合伙人。

（2）有书面合伙协议。书面合伙协议应当载明普通合伙人和有限合伙人的姓名或名称、住所；执行事务合伙人应当具备的条件和选择程序；执行事务合伙人权限与违约处理办法；执行事务合伙人的除名条件和更换程序；有限合伙人入伙、退伙的条件、程序以及相关责任；有限合伙人和普通合伙人相互转变程序等。

（3）出资方式。有限合伙人可以用货币、实物、知识产权、土地使用权或者其他财产权利作价出资，但有限合伙人不得以劳务出资。

（三）合伙人限制性规定

有限合伙人可以同本有限合伙企业进行交易，但是，合伙协议另有约定的除外。可以将其在有限合伙企业中的财产份额出质，但是，合伙协议另有约定的除外。可以按照合伙协议的约定向合伙人以外的人转让其在有限合伙企业中的财产份额，但应当提前 30 日通知其他合伙人。

（四）有限合伙人入伙和退伙

其他企业或组织经过合伙企业其他合伙人一致同意，可以成为合伙企业有限合伙人。新入伙的有限合伙人对入伙前有限合伙企业的债务，以其认缴的出资额为限承担责任。有限合伙人在退伙原因发生后，可以退出合伙企业。有限合伙人退伙后，对基于其退伙前的原因发生的有限合伙企业债务，以其退伙时从有限合伙企业中取回的财产承担责任。

（五）有限合伙人有限责任保护的免除

有限合伙人对合伙企业债务承担有限责任也不是绝对的，当出现法定情形时，有限合伙人也对合伙企业承担法律责任。修改后的《合伙企业法》规定：第三人有理由相信有限合伙人为普通合伙人并与之交易的，该有限合伙人对该笔交易承担与普遍合伙人同样的责任，即对该笔债务承担无限连带责任。

可见，在第三人有理由相信有限合伙人为普通合伙人的情形，会产生两个法律效果：一是有限合伙人未经授权而以合伙企业名义进行的行为被视为合伙企业的行为，属于表见代表行为，普通合伙人要对此承担无限连带责任；二是在自身行为构成表见代表行为时，有限合伙人要承担与普通合伙人同样的责任，即与普通合伙人承担无限连带责任。

（六）有限合伙人和普通合伙人的部分区别

（1）普通合伙人不得同本企业进行交易，但是合伙协议另有约定或者全体合伙人另有约定的除外；有限合伙人可以同本企业进行交易，但是合伙协议另有约定的除外。

（2）普通合伙人不得自营或者同他人合营与本合伙企业相竞争的业务；有限合伙人可以，但是合伙协议另有约定的除外。

（3）普通合伙企业的合伙协议不得约定将全部利润分配给部分合伙人；有限合伙企业不得将全部利润分配给部分合伙人，但是合伙协议另有约定的除外。

（4）普通合伙人以其在合伙企业中的财产份额出质的，须经其他合伙人一致同意。未经其他合伙人一致同意，其行为无效；有限合伙人可以将其在有限合伙企业中的财产份额出质，但是合伙协议另有约定的除外。

【案情分析】

银行不能要求有限合伙人承担责任。丁公司为有限合伙人，根据规定，有限合伙人以其认缴的出资额为限对合伙企业债务承担责任（本案应由张某和李某承担无限连带责任）。

第四节　合伙企业的解散和清算

【案情摘要】

胡光、董军和黄朋于 2006 年 2 月分别出资 5 000 元、10 000 元和 15 000 元设立普通合伙企业春光美食饭店，三人约定按出资比例分享利润和分担亏损。2006 年 12 月，饭店经营利润为 9 000 元，由三人按比例进行了分配。2008 年后，董军因为要出国，抽走了自己的 10 000 元出资，在未得到其他两人同意的情况下，声明退伙。胡光、黄朋经清查账目，发现饭店此时已经亏损 3 000 元，饭店继续经营，到了 2008 年 10 月亏损达到 5 000 元。此时胡、黄二人经协商，宣告该合伙企业解散：两人分别得到了 2 000 元和 4 000 元的商品，但二人对合伙企业债务未作处理。企业的债权人望月食品有限公司得知合伙企业已经解散的消息，便找到董军索取 5 000 元欠款，董声称自己已经退出合伙企业，对企业债务不承担责任。食品公司又找到胡光，胡光说三人按比例分摊债务，自己的投资占企业的 1/6，所以只能负责赔偿公司的部分债务。食品公司只好找到黄朋，要求黄朋对债务进行清偿。黄认为，还债应该是三个人的事，三个人都应当对公司债务承担责任，但其他两人都不还，自己也不还，即使要还，也只能用从合伙企业分得的商品进行偿还。在这种情况下，食品公司只好向法院起诉。

请问：

（1）根据我国《合伙企业法》的规定，本案中，董军的退伙行为是否合法？理由是什么？

（2）胡光和黄朋解散合伙企业的行为是否合法？为什么？

（3）董军以自己已经退伙为由而不承担合伙企业的债务的想法正确吗？理由是什么？

（4）胡光、黄朋关于偿还食品公司的欠债的想法正确吗？理由是什么？

【涉及法律问题】

1. 合伙企业的解散。
2. 合伙企业的清算。

【学理解释】

一、解散事由

合伙企业的解散是指合伙企业终止活动，其民事主体资格消灭的行为，根据《合伙企业法》，合伙企业有下列情形之一时，应当解散：

（1）合伙期限届满，合伙人决定不再经营。

（2）合伙协议约定的解散事由出现。

（3）全体合伙人决定解散。

（4）合伙人已不具备法定人数满 30 日。

（5）合伙协议约定的合伙目的已经实现或者无法实现。

（6）依法被吊销营业执照、责令关闭或者被撤销。

（7）法律、行政法规规定的其他原因。

二、合伙企业的清算

所谓清算，指依法对宣布解散的合伙企业的财产进行清理，收回债权，清偿债务，并最后分配所剩财产和分担债务的行为。合伙企业从宣布解散到最终消灭，都需要一个清算的过程。《合伙企业法》规定了合伙企业的清算内容：

1. 清算人的确定

合伙企业解散，清算人由全体合伙人担任；不能由全体合伙人担任的，经全体合伙人过半数同意，可以自合伙企业解散后 15 日内指定一名或数名合伙人，或者委托第三人担任清算人。15 日内未确定清算人的，合伙人或者其他利害关系人可以申请人民法院指定清算人。

2. 清算人的职责

根据《合伙企业法》的规定，清算人在清算期间执行下列事务：①清理合伙企业财产，分别编制资产负债表和财产清单；②处理与清算有关的合伙企业未了结的事务；③缴清合伙企业所欠税款；④清理债权、债务；⑤处理合伙企业清偿债务后的剩余财产；⑥代表合伙企业参与民事诉讼活动。清算人在清算中具有法律禁止的行为，应当依法予以法律制裁。

3. 财产分配

根据《合伙企业法》的规定，合伙企业财产在支付清算费用后，按下列顺序分配：①合伙企业所欠招用的职工工资和劳动保险费用；②合伙企业所欠税款；③合伙企业的债务；④返还合伙人的出资。合伙企业财产按上述顺序清偿后仍有剩余的，由各合伙人按照合伙协议规定的比例分配；合伙协议未规定比例的，由各合伙人平均分配。

4. 合伙债务的负担

合伙企业清算时，其全部财产不足清偿其债务的，其不足的部分由各合伙人按照合伙协议约定的比例，用其在合伙企业以外的财产承担清偿责任；合伙协议未约定的，由各合伙人用其在合伙企业以外的财产平均分担清偿责任。合伙人由于承担连带责任，所清偿数额超过其应当承担的数额时，有权向其他合伙人追偿。

特别需要注意的是，合伙企业解散后，原合伙人对合伙企业存续期间的债务仍然应当承担连带责任，但债权人在 5 年内未向债务人提出偿债请求的，该责任消灭。

5. 合伙企业注销登记

合伙企业的注销登记，是合伙企业消灭其主体资格的法定程序。合伙企业清算结束后，清算人应当编制清算报告，经全体合伙人签字、盖章后，在 15 日内报送给企业登记机关，办理合伙企业的注销登记。

【案情分析】

（1）董军的退伙行为不合法。根据我国《合伙企业法》的规定，合伙协议未约定合伙企业的经营期限的，合伙人在不给合伙企业事务执行造成不利影响的情况下，可以退伙，但应当提前30日通知其他合伙人，本案中，董军未提前30日通知其他合伙人，其退伙行为是不合法的。

（2）胡光与黄朋解散合伙企业的行为是合法的。因为根据我国《合伙企业法》的规定，全体合伙人决定解散的，合伙企业应当解散，胡与黄决定解散合伙企业是在董军严重违反合伙协议之后，董军"退伙"之后不再参与合伙企业事务，因此，胡与黄的行为是合法的。

（3）董军以自己已退伙为由而不承担合伙企业的债务的想法是错误的。按照法律规定，退伙人对其退伙前已发生的合伙企业债务应当与其他合伙人一起承担连带责任。董军违反合伙企业法的规定，擅自退伙时，企业已经有3 000元的债务，对此3 000元债务其应与胡和黄一起承担连带清偿责任。

（4）胡、黄二人关于食品公司债务清偿的想法是错误的。按照我国法律的规定，普通合伙企业中，合伙企业对其债务应先以企业的全部财产进行清偿。合伙企业财产不足清偿到期债务的，各合伙人应当承担无限连带责任，对于食品公司的清偿请求，胡、黄二人不得拒绝。

【习题与思考】

案例一：

张德权欲加入他人的合伙企业。但是，原合伙人的态度和表示态度的方式不一样：

（1）李小平对此未置可否；

（2）贾军山出国未归，但是在电话中表示同意；

（3）刘名援口头表示同意，但是未签订书面协议；

（4）霍光来在入伙协议书上签了字；

（5）霍光来依据单国强从国外发回的委托传真，代其在该协议书上签字。

入伙之事一直不能定下来，张德权想找他们再做一下工作。

请问：你认为，从法律上看，还要再做谁的工作，张德权才能被认为已成为新合伙人？为什么？

案例二：

瑞蚨祥是一个合伙企业，在清算时，其企业财产加上各合伙人的可执行财产，共计50万元现金和价值150万元的实物。其负债为：职工工资10万元，银行贷款40万元和其他债务160万元，欠缴税款60万元。

请问：

（1）如果你是清算人，该如何清算和清偿？

（2）全部财产不足清偿其债务时，应该如何处理？

案例三:

康乐民与农效忠签约合伙经营金房子工艺品商店。合同规定:康乐民出资 15 万元,农效忠出资 10 万元。利润按 6:4 分成。营业期 5 年。

之后,金房子工艺品商店与远洋培训中心签订了一份购销合同,合同价款为 5 万元。签约后,远洋培训中心将货款汇入金房子工艺品商店账户。金房子工艺品商店既不能供货,又借口不予退款。而后,金房子工艺品商店暂时停业。远洋培训中心要求康乐民退款 5 万元,遭到拒绝。远洋培训中心转而要求农效忠退款 5 万元,也遭到拒绝。远洋培训中心继而要求农效忠与康乐民各退款 2.5 万元,再次遭到拒绝。遂起诉于法院。

请问:

(1)远洋培训中心要求康乐民退款 5 万元,要求农效忠退款 5 万元,要求农效忠与康乐民各退款 2.5 万元,哪种要求符合法律规定?

(2)金房子工艺品商店、康乐民、农效忠如何承担债务责任?为什么?

(3)金房子工艺品商店属于哪种合伙?

(4)合伙有哪些形式?

案例四:

李某与郝某各出资 5 万元,设立了福顺昌挂面厂。挂面厂建好后,经营状况相当好,每月利润有 2 万元。郝某见有利可图,又与刘某各出资 15 万元,兴建了瑞芙祥挂面厂,该厂与福顺昌挂面厂相距一条街。由于瑞芙祥挂面厂规模大,流水线生产,成本很低,不久就占领了当地大部分市场份额,福顺昌挂面厂几乎处于半停产状态,给李某造成了极大的损失,而郝某却从瑞芙祥挂面厂获得了丰厚的利润。李某与郝某交涉未果。

请问:

(1)郝某的做法合法吗?违反了《合伙企业法》的什么规定?

(2)对此,依《合伙企业法》应该如何处理?

(3)李某该怎么办?

第四章 公司法

第一节 公司法概述

【案情摘要】

2005 年，山东省某汽车修理有限公司资金因周转困难，向中国银行借款 200 万元作为生产的流动资金。双方约定年利率为 6%，借款期为一年，到期连本带息归还。但是到了约定时间，该公司并未按照约定还款。该汽车修理公司系李某、张某各出资 50 万元成立的有限责任公司。中国银行因见公司无力还款，便将汽车修理公司、李某、张某诉至法院，请求三被告对前款承担连带责任。请问银行的请求能否得到法院的支持？

【涉及法律问题】

1. 公司的概念及特征。
2. 公司的分类。
3. 公司的责任承担。

【学理解释】

公司是现代社会经济生活中最基本的企业组织形式，也是最符合现代企业制度的企业组织形式，公司制度具有的诸多优势使其在世界近代史上得到繁荣发展。

依照我国《公司法》规定，公司是以营利为目的，按照法定条件和程序设立的，具有独立的财产，以其全部财产对公司债务承担责任的企业法人。

一、公司的特征

1. 公司是以营利为目的的企业

公司的存在及发展最直接的原因在于通过自身的活动，以尽可能小的成本获取尽可能大的经济效益，创造尽可能多的利润，满足投资者的需要。

2. 公司具有独立的法人资格

法人是具有民事权利能力和民事行为能力，依法独立享有民事权利和承担民事义务的组织。我国《公司法》第三条规定，"公司是企业法人"，因此具备企业法人的基本特征：有独立的财产、有独立健全的组织机构、能独立对外承担民事责任。

3. 公司是依法设立的

根据《公司法》第二条规定，"本法所称公司是指依照本法在中国境内设立的有限责任公司和股份有限公司"。我国现有公司主要是指依照《公司法》的要求设立的企业。设立要求主要包括设立程序、设立条件（最低资本额、出资方式、出资程序、名称、场所、章程、组织机构）都必须符合中国境内现行的法律规定。

4. 公司具有社团性，是社团法人

社团法人是与以财产为基础的财团法人相并列的，以社员权为基础的人的集合体，它以人为基础，有自己的组织成员，每个成员享有社员权。

二、公司的分类

根据不同的标准，可以将公司划分为不同的种类：

（1）根据公司股东责任范围的不同划分为无限责任公司、有限责任公司或股份有限公司和两合公司。无限责任公司表现为对公司的债权人，公司和股东都要对其承担责任。并且股东不以出资额为限，而是用自己的全部资产对公司的债务承担责任，即无限连带责任。而有限责任公司或股份有限公司是股东以其出资额或所持股份为限对公司承担责任，公司以其全部资产对公司债务承担责任，股东和公司的债权人之间不发生任何直接关系。两合公司由无限责任股东和有限责任股东共同组成。

我国《公司法》没有规定设立无限责任公司和两合公司。

（2）根据公司在控制与被控制关系中所处地位的不同，可以分为母公司和子公司。母公司是指拥有其他公司一定数额的股份或根据协议，能够控制、支配其他公司的人事、财务、业务等事项的公司。母公司最基本的特征，不在于是否持有子公司的股份，而在于是否参与子公司的业务经营。子公司是指一定数额的股份被另一公司控制或依照协议被另一公司实际控制、支配的公司。子公司具有独立法人资格，拥有自己所有的财产，自己的公司名称、章程和董事会，对外独立开展业务和承担责任。但涉及公司利益的重大决策或重大人事安排，仍要由母公司决定。我国《公司法》第十三条第二款规定：公司可以设立子公司，子公司具有企业法人资格，依法独立承担民事责任。

（3）根据公司在管辖与被管辖关系中所处地位的不同，可以分为总公司和分公司。总公司又称本公司，是指依法设立并管辖公司全部组织的具有企业法人资格的总机构。总公司通常先于分公司而设立，在公司内部管辖系统中，处于领导、支配地位。分公司是指在业务、资金、人事等方面受本公司管辖而不具有法人资格的分支机构。分公司不具有法律上和经济上的独立地位，但其设立程序简单。我国《公司法》第十三条第一款规定，公司可以设立分公司，分公司不具有企业法人资格，其民事责任由本公司承担。

三、公司的能力

1. 公司的权利能力

公司的权利能力是指公司作为民事主体依法享有民事权利并承担民事义务的资格。公司的权利能力始于公司成立之日（即营业执照签发之日），终于公司终止之日（即公司被注销登记之日）。公司的权利能力受到以下几个方面的限制：

第一，性质上的限制。公司尽管是法人企业，但它不同于自然人。自然人享有的与身体特征密切相关的权利能力，公司不享有。也就是说，自然人所享有的肖像权、婚姻权、生命健康权、抚养权等权利，公司是不享有的。其余如财产权、知识产权、荣誉权等，不属于自然人独有，公司也享有。

第二，法律上的限制。法律上对公司的权利能力的限制包括两个方面：

一方面是对公司转投资的限制。首先是对公司转投资对象的限制。《公司法》第十二条规定："公司可以向其他有限责任公司和股份有限公司投资，并以该出资额为限对所投资公司承担责任。"可见，公司可以向其他企业和公司投资，但是公司投资以后不能因此承担无限责任，所以，公司不能向合伙企业和个人独资企业投资。也就是说，公司的投资对象只限于法人企业，在我国只能是有限责任公司和股份有限公司。其次是对转投资额的限制。公司累计的转投资额不能超过其净资产的50%。这一规定的目的是为了避免公司以投资为名转移资产，使公司成为一个空壳公司，损害公司债权人的利益。但是，对转投资额的限制有三种例外：第一种为国务院规定的投资公司，第二种为国务院规定的控股公司，第三种是公司用自己的利润增加资本形成投资者的投资额，投资额加上这部分之和超过其净资产的50%时，仍是合法的。

另一方面是对公司经营范围的限制。公司的经营范围是指其营业执照所列的经营范围，超过此范围的经营部分不享有权利能力。对于此条规定，《最高人民法院关于适用〈中华人民共和国合同法〉若干问题的解释（一）》第十条作了扩大解释："当事人超越经营范围订立合同，人民法院不因此认定合同无效。但违反国家限制经营、特许经营以及法律、行政法规禁止经营规定的除外。"根据这一规定，即使公司超出其营业执照所列经营范围从事经营活动，只要不违反国家限制经营、特许经营以及法律、行政法规禁止经营规定的，都不属于法律上的超出经营范围，对该活动仍享有权利能力，公司不得以超出其经营范围为借口而主张其行为无效。

2. 公司的行为能力

公司行为能力是指公司基于自己的意思表示，以自己的行为独自取得权利和承担义务。公司是法人，自诞生之日起即享有行为能力，其行为能力与权利能力同时产生，同时消亡。公司行为的实现方式不同于自然人，因为公司是一个社团，它自己不能表达意思，是通过它的意思机关，即其权力机关、执行机关及监督机关，具体说就是股东会、董事会和监事会来形成，并通过其法定代表人来实现。在公司权利能力范围内，法定代表人所实施的法律行为就是公司的法律行为，法定代表人所享有的权利和承担的义务就是公司的权利和义务。

公司的行为能力与权利能力同时产生同时消灭，两者始期与终期是完全一致的。公司的民事行为能力属于完全民事行为能力，范围与民事权利能力始终一致。公司的民事行为能力依靠其法定代表人实施，因此，当公司的法定代表人以公司的名义实施民事行为时，其法定代表人所实施的行为，无论是合法行为还是非法行为，法律后果都由公司承担。

3. 公司的责任能力

公司的责任能力是指公司对自己的行为所应当承担后果的能力。

《公司法》第三条规定：公司是企业法人，有独立的法人财产，享有法人财产权。公司以其全部财产对公司的债务承担责任。有限责任公司的股东以其认缴的出资额为限对公司承担责任；股份有限公司的股东以其认购的股份为限对公司承担责任。

四、公司法人人格否认制度

公司法人人格否认制度，在美国被称为"揭开公司面纱"，英国称"刺破公司面纱"，是指为了防止控股股东滥用公司独立的法人人格，保护公司债权人的利益及社会公共利益，允许在特定情形下，否认公司的独立人格和股东的有限责任，责令公司控股股东对公司的债权或公共利益承担责任的一种制度。

1. 公司法人人格否认制度的适用条件

（1）公司已经取得了合法的法人资格。

（2）为避免法律或契约上的义务、责任，滥用公司法人人格，或公司仅剩形式上的空壳。

（3）使债权人及其他人利益或社会公共利益受到损害。

（4）公司法人人格滥用行为人必须存在规避法定或约定义务的主观恶意。

（5）公司财产不足以偿还债权人的债务。

2. 目前我国公司法人格否认制度主要适用情形

（1）虚假出资：公司的出资者在设立公司时，并未按公司法要求向公司投入足额注册资本，或者在注册资本验资，取得公司登记成立后，抽逃公司资本，当债权人要求公司偿还债务时，公司早已失去偿债能力，而股东则以公司有限责任为由拒绝承担责任。

（2）脱壳经营：当公司经营陷入困境时，原公司的主要人、财、物从公司脱离出来另外组成新公司独立经营，并将原公司的主要业务转入新公司，原公司完全成为一个"空壳"，新公司完全不承担原公司的债务，却实际上接受了原公司的绝大部分资产。

（3）人格混同：公司与股东应当是两个独立的法律主体，权利义务、法律责任应有明确的区分。但在现实中，有的公司股东完全将公司视为自己整体中的一部分，人事、财产、业务混为一体，"一套班子、两块牌子"，或母公司与子公司不分，公司财产与家庭财产、个人财产不分。当其公司受到债权人追索债务时，遂将公司财产转移至另一公司或家庭、个人财产，使债权人的权利落空。

（4）过度操纵：股东利用自己对公司的绝对控制优势，以公司名义承担其未受益的债务，随意挪用公司财产，或让公司为其个人贷款提供担保，使其负担与其经营无关的巨大风险，甚至以公司名义从事非法活动。公司在股东的过度操纵下，实际丧失了独立的法人人格。

【案情分析】

上述案例中，汽车修理公司是依法成立的，具有独立的法人资格。公司作为独立的法人，应当以自己的全部财产对自己的债务承担责任，因此可以说公司对外承担的是无限责任。根据新《公司法》第三条的规定，汽车修理公司应当以自己的全部财产承担责任，如果资产不足，可以申请破产。而股东李某、张某仅仅以自己的出资额为限，承担有限责任，超出此范围的，股东并不以出资以外的个人财产清偿。因而李某、张某无须对债务超出自己出资之外的部分承担责任，也就不是此案的适格被告。

第二节　公司登记与企业名称

【案情摘要】

2005 年，某市张某、李某、王某三人各出资 10 万元决定组织一家具有限公司，并确定公司名称为"幸福家具有限公司"，各投资人缴足出资后，委托某会计师事务所进行验资，同年 10 月向市工商局申请设立登记，并提交了公司登记申请书、公司章程、验资证明等文件。市工商局经过审查后认为，幸福家具有限公司的法定资本和经营条件是符合法律规定的，但是本地已有四家家具公司，市场已经趋于饱和，再设立一家家具公司对本地经济无大的促进作用，同时与家具公司所选地址相隔 500 米的同一街道有一家企业名称为"幸福"的服装公司（不属同一登记管理机关），因此不予登记。张、李、王三人得知后不服，以市工商局为被告提起了诉讼，要求市工商局对其新设立的企业予以登记。

【涉及法律问题】

1. 公司登记的条件。
2. 企业名称的登记。

【学理解释】

一、公司设立条件

公司的设立是指具有法律规定的实质要件，完成申请程序，由主管机关发给营业执照并取得法人资格的行为。公司设立原则有以下几类：

（一）自由设立主义

自由设立主义是最早的公司设立原则，意指政府对公司的设立不施加任何干预，公司设立完全依设立者的主观意愿进行。主要存在于自由资本主义时期，现在基本消失。

（二）特许设立主义

公司须经特别立法或基于国家元首的命令方可设立。这一原则在 16 至 19 世纪为一些西方国家所采用，如历史上著名的英国及荷兰的东印度公司都是依该原则设立的。这种设立制度也已不存在。

（三）行政许可主义

行政许可主义指公司的设立需首先经过政府行政机关的审批许可，然后再经政府登记机关登记注册方可设立。

（四）准则主义

准则主义指法律规定公司设立要件（分形式要件和实质要件），公司只要符合这些要件，经登记机关依法登记即可成立，而无须政府行政机关的事先审批或核准。这一原则的最大特点是公司设立手续简便，同时也减少了政府对公司设立的行政干预，因此目前为西方国家所广泛采用。

我国《公司法》第六条规定：设立公司，应当依法向公司登记机关申请设立登记。符合本法规定的设立条件的，由公司登记机关，分别登记为有限责任公司或者股份有限公司；不符合本法规定的设立条件的，不得登记为有限责任公司或者股份有限公司。法律、行政法规规定设立公司必须报经批准的，应当在公司登记前依法办理批准手续。

从该法条可知：我国《公司法》对于公司的设立，原则上采取登记准则主义，即除了某些特殊行业，法律有特殊规定的外，申请人只要符合条件即可申请登记注册。案例中工商局对家具公司的设立进行了实质性审查，以《公司法》规定之外的理由对设立申请予以驳回，其做法违背了我国《公司法》关于有限责任公司登记的准则主义的立法原则。根据《公司法》第二十三条规定，设立有限责任公司应当具备下列条件：（一）股东符合法定人数；（二）股东出资达到法定资本最低限额；（三）股东共同制定公司章程；（四）有公司名称，建立符合有限责任公司要求的组织机构；（五）有公司住所。幸福家具公司完全符合以上条件，因此市工商局不能以市场饱和为由拒绝登记。

二、企业名称

公司的名称是公司的成立条件之一，也是公司章程的必备条款。关于公司名称，《企业名称登记管理实施办法》规定：企业只准许用一个名称，在登记主管机关辖区内不得与已登记注册的同行业企业名称相同或者近似。确有特殊需要的，经省级以上登记主管机关核准，企业可以在规定的范围内使用一个从属名称。同时第九条规定："企业名称应当由行政区划、字号、行业、组织形式一次组成，法律、行政法规和本办法另有规定除外。"依此规定，除法律另有规定外，公司名称应当依次包括下列四个部分：

1. 公司所属行政区划名称

根据《企业名称登记管理规定》和《公司登记管理条例》，企业名称应当冠以企业所在地省（包括自治区、直辖市，下同）或者市（包括州，下同）或者县（包括市辖区，下同）行政区域名称。经国家工商行政管理局核准，下列企业的企业名称可以不冠以企业所在地行政区划名称：①全国性公司；②国务院或其授权的机关批准的大型进出口企业；③国务院或其授权的机关批准的大型企业集团；④历史悠久、字号驰名的企业；⑤外商投资企业；⑥国家工商行政管理局规定的其他企业。

2. 字号

字号即公司的特有名称，一般由两个或两个以上的汉字组成。字号是公司区别于其他公司的主要标志，也是公司名称中唯一可以由当事人自主选择的内容，但是不得使用县以上行政区划名称作字号，并且不得含有下列内容和文字：①有损于国家、社会公共利益的；②可能对公众造成欺骗或者误解的；③外国国家（地区）名称、国际组织名称；④政党名称、党政军机关名称、群众组织名称、社会团体名称及部队番号；⑤汉语拼音字母（外文名称中使用的除外）、数字；⑥其他法律、行政法规规定禁止的。

3. 行业或经营特点

公司应当根据主营业务，依照国家行业分类标准划分类别，在公司名称中标明所属行业或经营特点，如某某家具公司。标明行业和经营形式，有利于人们了解公司的经营范围和经营形式，以便开展日常经营活动。

4. 公司的组织形式

公司应当根据其组织结构或者责任形式，在公司名称中标明"有限责任公司"或"股份有限公司"。《公司法》第八条规定："依照本法设立的有限责任公司，必须在公司名称中标明有限责任公司或者有限公司字样。依照本法设立的股份有限公司，必须在公司名称中标明股份有限公司或者股份公司字样。"

我国公司名称的登记管理机关是各级工商行政管理局，对公司名称进行分级管理。根据《企业名称登记管理规定》，公司名称登记后，公司即取得该名称的专用权，在法律上具有排他效力。这种排他性表现在两个方面：一是在同一等级机关管辖区内，同行业的企业不允许有相同或相类似的名称；二是可以要求其他公司停止不正当地使用同一名称。

【案情分析】

在本案中，幸福家具公司完全符合公司成立的条件，根据公司成立的准则主义，工商局不能以市场饱和为由拒绝登记，同时由于"幸福"服装公司与幸福家具公司不属于同一等级管辖区，并未侵犯服装公司的名称专用权，而且两公司从事的是不同的行业，因此工商部门不能以此为由拒绝登记。

第三节　有限责任公司的设立

【案情摘要】

张、王、李拟共同出资 500 万元设立红太阳保健品有限责任公司，其中张以房产出资，价值 200 万元；王以三辆汽车和一套先进设备出资，价值 210 万元；李以 90 万元现金出资。该公司章程规定，各出资人首次出资认缴额的 15%，余下部分各出资人在公司成立后三年内陆续交清。公司成立后，市场前景看好。董事会为了扩大经营规模，于 2008 年 5 月拟定了一个增加注册资本的方案，该方案在提交股东会讨论时，王以其资金紧张为由反对增资，但该方案最终以 60% 的表决权同意通过；李表示欲转让其在公司的股份，张、王认为公司正处在需要资金的时候，不同意李转让其股份。

【涉及法律问题】

1. 有限责任公司的特征。
2. 有限责任公司的设立条件。
3. 有限责任公司股份的转让。

【学理解释】

一、有限责任公司的概念和特征

有限责任公司，是指股东以其出资为限对公司承担责任，公司以其全部资产对公司债务承担责任的企业法人。有限责任公司有以下特点：

（一）股东人数有最高限额

我国《公司法》第二十四条规定，有限责任公司由 50 个以下股东出资设立。股东可以是自然人，也可以是法人。新的公司法突破旧法，新设立了一人有限公司。

从世界各国公司法对有限责任公司股东人数的规定来看，限制人数的最高限是通例，而对股东人数的下限规定就差别较大。

（二）股东以出资额为限对公司承担责任

股东以其出资额为限对公司承担责任，这是有限责任公司区别于无限责任公司、两合公司的本质特征，也是有限责任公司兼有资合性的表现。需要注意的是，有限责任是仅对股东而言的，不是指公司对外承担有限责任，公司是以其全部财产对公司债务承担责任，实际上是无限责任的表现。

（三）设立手续和公司机关简易化

有限责任公司的设立手续与股份有限公司的设立手续相比，较为简单。一般由全体设立人制定公司章程，每人一次足额缴纳公司章程中规定的各自所认缴的出资额，即可在公司登记机关登记设立。有限责任公司的公司机关也较为简单，不一定都要设置股东会、董事会和监事会。如我国《公司法》第五十一条、五十二条就规定，股东人数较少和规模较小的有限责任公司可以不设董事会和监事会。

（四）股东对外转让出资受到严格限制

由于有限责任公司是人合兼资合性质的公司，股东之间的相互信任非常重要，因此法律对股东转让出资往往作出较严格的限制。我国《公司法》第三十五条规定，有限责任公司股东向股东以外的人转让出资时，必须经全体股东过半数同意；不同意转让的股东应当购买该股东转让的出资，如果不购买该转让的出资，则视为同意转让；经股东会同意转让的出资，同等条件下，其他股东对该出资有优先购买权。

（五）公司的封闭性

有限责任公司一般属于中、小规模的公司，与股份有限公司相比，其在组织与经营上具有封闭性或非公开性。除严格限制股东对外转让出资这一点体现了公司的封闭性外，还体现在以下两点：其一，设立程序不公开；其二，公司的经营状况不向社会公开。

二、有限责任公司的设立

我国《公司法》第二十三条规定，设立有限责任公司，应当具备下列条件：

（一）股东符合法定人数

我国公司法规定，有限责任公司的股东人数必须在 50 人以下。包括自然人和法人，国家也可以成为有限责任公司的股东。

（二）股东出资达到法定资本最低限额

有限责任公司注册资本的最低限额为人民币 3 万元（一人公司最低为 10 万元），公司全体股东的首次出资额不得低于注册资本的 20%，也不得低于法定的注册资本最低限额，其余部分由股东自公司成立之日起 2 年内缴足。其中，投资公司可以在 5 年内缴足。一人有限公司的最低注册资金为 10 万元，并且必须一次缴足。

（三）必须由股东共同制定公司章程

有限责任公司的章程由全体股东订立，并且必须经全体股东同意签名盖章后，向登记机关备案。根据《公司法》第二十五条，有限责任公司章程应当载明下列事项：公司名称和住所；公司经营范围；公司注册资本；股东的姓名或者名称；股东的出资方式、出资额和出资时间；公司的机构及其产生办法、职权、议事规则；公司法定代表人；股东会会议认为需要规定的其他事项。

（四）有公司名称，建立符合有限责任公司要求的组织机构

公司的名称必须经过工商行政管理机关的预先核准登记，取得公司登记机关发给的"企业名称预先核准通知书"后，方可正式办理公司的报批或设立登记申请事项。

（五）有公司住所

新《公司法》规定"有公司住所"替代了旧《公司法》的"有固定的生产经营场所和必要的生产经营条件"。

三、有限责任公司的设立程序

有限责任公司的设立程序比较简单，一般而言要经过以下步骤：

（1）订立公司章程。公司章程是公司设立的基本文件，只有严格按照法律要求订立公司章程，并报经主管机关批准后，章程才能生效，也才能继续进行公司设立的其他程序。

（2）申请公司名称预先核准。《公司登记管理条例》第十七条规定："设立公司应当申请名称预先核准。法律、行政法规或者国务院决定规定设立公司必须报经批准，或者公司经营范围中属于法律、行政法规或者国务院决定规定在登记前须经批准的项目的，应当在报送批准前办理公司名称预先核准，并以公司登记机关核准的公司名称报送批准。"申请名称预先核准，应当提交下列文件：①有限责任公司的全体股东或者股份有限公司的全体发起人签署的公司名称预先核准申请书；②全体股东或者发起人指定代表或者共同委托代理人的证明；③国家工商行政管理总局规定要求提交的其他文件。

（3）法律、行政法规规定需经有关部门审批的要进行报批，获得批准文件。一般来说，有限责任公司的设立只要不涉及法律、法规的特别要求，直接注册登记即可成立。但我国《公司法》第六条第二款的"但书"规定，法律、行政法规规定设立公司必须报经批准的，应当在公司登记前依法办理批准手续。所以，对于法律、法规规定必须经过有关部门的批准才能设立公司的，应当向主管部门提出申请，获得批准文件。

（4）股东缴纳出资并经法定的验资机构验资后出具证明。有限责任公司除具有人合因素外，还具有一定的资合性，股东必须按照章程的规定，缴纳所认缴的出资。股东的出资还应当按照法律的规定，采取法定的出资形式，并经法定的验资机构出具验资证明。

（5）向公司登记机关申请设立登记。根据《公司登记管理条例》的规定，设立有限责任公司，应当由全体股东指定的代表或者共同委托的代理人向公司登记机关申请设立登记。设立国有独资公司，应当由国务院或者地方人民政府授权的本级人民政府国有资产监督管理机构作为申请人，申请设立登记。申请设立有限责任公司的，根据我国《公司法》和《公司登记管理条例》的规定，设立有限责任公司的同时设立分公司的，应当自决定作出之日起30日内向分公司所在地的公司登记机关申请登记；法律、行政法规或者国务院决定规定必须报经有关部门批准的，应当自批准之日起30日内向公司登记机关申请登记。分公司的公司登记机关准予登记的，发给"营业执照"。公司应当自分公司登记之日起30日内，持分公司的"营业执照"到公司登记机关办理备案。

【案情分析】

本案中，三人的投资设想多处不符合公司法的规定。根据公司法规定，全体股东的货币出资金额不得低于有限责任公司注册资本的30%，三人拟注册的资本是500万元，因此现金出资应达到150万元。而该公司全体股东的货币出资金额只有90万元，不符合法律规定；同时公司法规定，公司全体股东首次出资额不得低于注册资本的20%，也不得低于法定的注册资本最低限额。而该公司章程规定全体股东首次出资认缴额的15%，不符合法律规定；公司法规定，首次出资后的余下部分由股东自公司成立之日起两年内缴足。而该公司章程规定，余下部分各出资人在公司成立后三年内陆续交清，不符合法律规定。而且，所作出的增资决议无效，因为公司法规定，以下事项必须经代表2/3以上表决权的股东通过：a. 修改公司章程；b. 增加或者减少注册资本；c. 公司合并、分立、解散决议；d. 变更公司形式的决议。股东会对公司增加注册资本的决议，必须经代表2/3以上表决权的股东通过。

李可以转让其在公司的股份。根据公司法的规定，李可以向公司其他股东或公司以外的人转让其股份，其他股东享有优先购买权，若其他股东不同意李转让，视为同意购买其股份。

第四节　有限责任公司的组织机构

【案情摘要】

甲、乙、丙、丁、戊拟共同组建一有限责任公司，以商品批发为主。公司不设董事会、监事会，并拟由乙担任公司执行董事兼总经理，丙担任公司的监事（丙原为某厂厂长，两年前因对该厂破产负有个人责任被免职），丁、戊分别担任副总经理。公司成立后，庚打算加入并拟出资10万元，乙提出，只要他个人不同意，庚就甭想加入。后甲要求转让出资给辛，丙表示同意，丁、戊称无所谓，但并不反对。乙以前与辛共过事，两人有过恩怨，故坚决反对，但出价又不如辛高。后甲将出资转让给辛，并办理了变更登记手续。乙不服，认为这是甲故意跟自己过不去，并认为转让无效。请问该转让是否有效？

【涉及法律问题】

1. 公司董事的资格限制。
2. 股东的加入。
3. 股份的转让。

【学理解释】

依照我国《公司法》的规定，对有限责任组织机构的设置作了多元制的规定：一般的有限责任公司，其组织机构为股东会、董事会和监事会；股东人数较少和规模较小的有限责任公司，其组织机构为股东会、执行董事和监事；国有独资有限责任公司，其组织机构为唯一股东、董事会和监事会。

一、股东会

1. 股东会的性质和组成

股东会是有限责任公司的权力机关。除《公司法》有特别规定外，有限责任公司必须设立股东会。但股东会是非常设机关，即它不是常设的公司机构，而仅以会议形式存在，只有在召开股东会会议时，股东会才作为公司机关存在。股东会由全体股东组成。股东是按其所认缴出资额向有限责任公司缴纳出资的人。

2. 股东会的职权

股东会作为有限责任公司的权力机关，行使下列职权：①决定公司的经营方针和投资计划；②选举和更换董事，决定有关董事的报酬事项；③选举和更换由股东代表出任的监事，决定有关监事会的报酬事项；④审议批准监事或者监事会的报告；⑤审议批准董事会的报告；⑥审议批准公司的年度财务预算方案、决算方案；⑦审议批准公司的利润分配方案和弥补亏损方案；⑧对公司增加或者减少注册资本作出决议；⑨对发行公司债券作出决议；⑩对股东向股东以外的人转让出资作出决议；⑪对公司合并、分立、变更公司形式，解散和清算等事项作出决议；⑫修改公司章程。

3. 股东会的召开

股东会分为定期会议和临时会议两种。定期会议的召开时间由公司章程规定，一般每年召开1次。代表1/10以上表决权的股东，1/3以上的董事，监事会或者不设监事会的公司的监事提议召开临时会议的，应当召开临时会议。

股东会的首次会议由出资最多的股东召集和主持。以后的股东会，凡设立董事会的，股东会会议由董事会召集、董事长主持。董事长因特殊原因未履行职务时，由董事长指定的副董事长或者其他董事主持；不设董事会的股东人数少和规模较小的有限责任公司，股东会会议由执行董事召集和主持。召开股东会会议，应当于会议召开15日以前通知全体股东。该通知应写明股东会会议召开的日期、时间、地点和目的，以使股东对拟召开的股东会有基本的了解。

4. 股东会决议

有限责任公司股东会可依职权对所议事项作出决议。一般情况下，股东会会议作出决议时，采取"资本多数决"原则，即由股东按照出资比例行使表决权。但对股东向股东以外的人转让出资作出决议时，则须经全体股东过半数同意，即该事项采取"人数多数决"原则。这体现了有限责任公司兼具"人合"和"资合"的性质。

股东会的议事方式和表决程序，除《公司法》有规定外，由公司章程规定。股东会的决议方法，也因决议事项的不同而不同。普通决定事项经代表1/2以上表决权的股东通过；特别决议事项须经代表2/3以上表决权的股东通过方可作出。特别事项包括以下几类：①股东会会议作出修改公司章程的决议；②增加或者减少注册资本的决议；③公司合并、分立、解散；④变更公司形式的决议。

5. 股东的权利和义务

股东基于缴纳出资享有的权利称为股东权。在公司中，股东享有下列权利：①参加股东会并按照出资比例行使表决权；②选举和被选举为董事会成员、监事会成员；③查阅股东会会议记录和公司财务会计报告，以便监督公司的运营；④按照出资比例分取红利；⑤依法转让出资；⑥优先购买其他股东转让的出资；⑦优先认购公司新增的资本；⑧公司终止后，依法分得公司剩余财产；⑨享有公司章程规定的其他权利。

股东的义务主要有：①缴纳所认缴的出资；②以其出资额为限对公司承担责任；③公司设立登记后，不得抽回出资；④公司章程规定的其他义务，即应当遵守公司章程，履行公司章程规定的义务。

二、董事会

1. 董事会的性质及其组成

董事会是一般有限责任公司必设的、常设的业务执行机关，享有业务执行权和日常经营的决策权。董事会由董事组成，其成员为 3~13 人。其中，董事长 1 名，副董事长 1~2 名，其产生办法由公司章程规定。股东人数少或公司规模较小的有限责任公司可以只设一名执行董事。董事的任期由公司章程规定，但每期不得超过 3 年。董事任期届满，连选可以连任。根据我国《公务员法》规定，公务员不能从事营利性活动，因此，公务员不能成为公司董事。

2. 董事会的职权

董事会的职权主要有：①负责召集股东会，并向股东会报告工作；②执行股东会的决议；③制定公司的经营计划和投资方案；④制订公司的年度财务预算方案；⑤制订公司的利润分配方案和弥补亏损方案；⑥制订公司增加或者减少注册资本方案；⑦拟订公司合并、分立、变更公司形式、解散方案；⑧决定公司内部管理机构的设置；⑨聘任或者解聘公司经理（总经理），根据经理提名，聘任或者解聘公司副经理、财务负责人，决定其报酬事项；⑩制定公司的基本管理制度。

3. 董事会的召开

董事会分为定期会议和临时会议两种。董事会的定期会议应当按照公司章程的规定按时召开，通常每半年至少召开一次。董事会的临时会议仅在必要时召开。依《公司法》规定，1/3 以上董事可以提议召开董事会临时会议。

4. 董事会的议事方式和表决程序

①董事会举行具备的董事出席人数的要件。一般来说，董事会会议应由 1/2 以上董事出席方可举行。②董事会作出有效决议，需具有同意该决议的表决权数的要件。公司章程可以规定，普通事项，经 2/3 以上董事（或出席会议的董事）同意方可作出，特别事项，经 2/3 以上董事（或出席会议的董事）同意方可作出。

三、经理

有限责任公司的经理是负责公司日常经营管理工作的高级管理人员。我国《公司法》规定，有限责任公司设经理，由董事会聘任或者解聘，经理对董事会负责。

四、监事会

1. 监事会的性质及其组成

监事会为经营规模较大的有限责任公司的常设监督机关。监事会由监事组成，其成员不得少于 3 人。监事会由股东代表和适当比例的公司职工代表组成，具体比例由公司章程规定。

监事会中的职工代表由职工民主选举产生。监事会的任期是法定的，每届任期为 3 年。监事任期届满，连选可以连任。股东人数少或公司规模较小的有限责任公司，不设监事会，可以设 1~2 名监事。

公司董事、经理、财务负责人不得兼任监事。

2. 监事会的职权

依照我国《公司法》第五十四条的规定，监事会行使下列职权：①检查公司财务；②对董事、经理执行公司职务时违反法律、法规或者公司章程的行为进行监督；③当董事和经理的行为损害公司利益时，要求董事和经理予以纠正；④提议召开临时股东会；⑤公司章程规定的其他职权。此外，监事有权列席董事会会议。

五、董事、监事、经理的任职资格及责任

1. 董事、监事、经理的任职资格的禁止性规定

有下列情形之一的，不得担任公司的董事、监事、经理：①无民事行为能力或者限制行为能力；②因犯有贪污、贿赂、侵占财产、挪用财产罪或者破坏社会经济秩序罪，被判处刑罚，执行期满未逾 5 年，或者因犯罪被剥夺政治权利，执行期满未逾 5 年；③担任因经营不善破产清算的公司、企业的董事或者厂长、经理，并对该公司、企业的破产负有个人责任的，自该公司、企业破产清算完结之日起未逾 3 年；④担任因违法被吊销营业执照的公司、企业的法定代表人，并负有个人责任的，自该公司、企业被吊销营业执照之日起未逾 3 年；⑤个人负数额较大的债务到期未清偿。上述各项规定，同样适用股份有限公司的董事、监事、经理。

2. 董事、监事、经理的义务和责任

董事、监事、经理的共同责任包括：①遵守公司章程，忠实履行职务，维护公司利益，不得利用公司的地位和职权为自己牟取私利；②不得利用职权收受贿赂或者取得其他非法收入，不得侵占公司财产；③除依照法律规定或者经股东会同意外，不得泄露公司秘密；④董事、监事、经理执行公司职务时违反法律、行政法规或者公司章程的规定，给公司造成损害的，应当承担赔偿责任。

除上述责任外，董事、监事、经理还应履行下列义务：①不得挪用公司资金或者将公司资金借贷给他人；②不得将公司资产以其个人名义或者以其他个人名义开立账户存储；③不得以公司资产为本公司的股东或者其他个人债务提供担保；④不得自营或者为他人经营与其所任公司同类的营业或者从事损害本公司利益的活动；⑤除公司章程规定或者股东会同意外，不得同本公司订立合同或者进行交易。

【案情分析】

丙依法不具备担任公司监事的法定资格；乙的主张无法律依据，因为公司增资以及吸收新的股东，并不需要全体股东的一致同意；甲的出资转让行为依法成立。因为公司股东向股东以外的人转让出资，只需经全体股东的过半数同意即可，又因乙出价不如辛高，故没有损害乙的优先受让权。

第五节　股份有限公司的设立

【案情摘要】

甲公司欲作为发起人募集设立一股份有限公司，其拟定的基本构想包括以下内容：

（1）为了吸引外资，开拓国际市场，7个发起人中有4个住所地在境外，这将为公司的国际化打下良好的基础。

（2）公司的注册资本是8 000万元，其中7个发起人认购2 500万元，由于公司所选项目有非常好的发展前景，其余的5 500万元向社会公开募集。

（3）由于是募集设立的股份有限公司，因此所有的出资必须是货币。

（4）由于发起人认为发行工作很重要，因此决定成立专门小组，自己发行股份。

（5）如果公司不能设立，发起人和缴足股款的认股人会共同承担相应的法律责任。

请指出以上思路中存在哪些问题。

【涉及法律问题】

1. 股份有限公司的设立方式。
2. 募集设立的程序。

【学理解释】

一、股份有限公司的概念和特征

股份有限公司是指一定人数以上的股东设立的，公司全部资本分成等额股份，可以通过发行股票筹集资本，股东以其所持股份为限对公司承担责任，公司以其全部资产对其债务承担责任的公司。股份有限公司的特征如下：

（1）股东人数具有广泛性。股份有限公司产生的原因在于适应社会化大生产对巨额资本的需求，股份有限公司通过向社会公众广泛地发行股票来筹集资本，任何投资者只要认购股票和支付股款，都可成为股份公司的股东，这使得股份有限公司的股东人数具有广泛性的特点。

（2）公司资本划为等额股份。股份有限公司的全部资本划分为金额相等的股份，股份是构成公司资本的最小单位。这种资本股份化的采用，便于股东股权的确定和行使。

（3）股东责任具有有限性。股份有限公司的股东对公司债务仅以其认购的股份为限承担责任，公司不得以章程或其他形式扩大股东的责任范围。

（4）股份发行和转让的公开性、自由性。股份有限公司的这一特征是区别于其他各种公司的最主要特征。

（5）公司经营状况的公开性。由于公司的股份发行和转让的公开性、自由性，使得股份有限公司的经营状况不仅要向股东公开，还要向社会公开。

（6）公司信用基础的资合性。股份有限公司的信用基础在于其公司资本和资产，这与股东的有限责任是联系在一起的。

二、股份有限公司的设立

股份有限公司的设立方式分为发起设立与募集设立两种方式。发起设立，是指由发起人认购公司应发行的全部股份而设立公司。募集设立，是指由发起人认购公司应发行股份的一部分，其余股份向社会公开募集或者向特定对象募集而设立公司。无论是采取发起设立还是募集设立的方式，都必须符合下列条件：

（一）设立条件

1. 发起人符合法定人数

应当有 2 人以上 200 人以下为发起人，其中须有半数以上的发起人在中国境内有住所。

2. 发起人认缴和向社会公开募集的股本达到法定资本最低限额

股份有限公司的注册资本最低限额为人民币 500 万元。但是，法律、行政法规对法定最低限额另有规定的，从其规定。

3. 股份发行、筹办事项符合法律规定

股份有限公司的设立及股份的发行，需要经过国务院授权的部门或经级人民政府批准。发起人必须按照法律、行政法规规定的内容和程序设立。

4. 发起人制定公司章程，在创立大会上通过公司章程

《公司法》第八十二条规定，股份有限公司章程应当载明下列事项：①公司名称和住所；②公司经营范围；③公司设立方式；④公司股份总数、每股金额和注册资本；⑤发起人的姓名或者名称、认购的股份数、出资方式和出资时间；⑥董事会的组成、职权和议事规则；⑦公司法定代表人；⑧监事会的组成、职权和议事规则；⑨公司利润分配办法；⑩公司的解散事由与清算办法；⑪公司的通知和公告办法；⑫股东大会会议认为需要规定的其他事项。

5. 有公司名称，建立符合股份有限公司要求的组织机构

公司名称是指一个企业的全称。我国《公司登记管理条例》规定：①公司名称必须在公司章程中约定；②一个公司只能有一个名称；③公司名称经核准注册后，自公司成立之日起具有法律效力，即公司取得该名称的专用权；④公司名称要预先核准登记；⑤公司具体名称要由所在地行政区划名称、字号（商号）、行业或经营特点和公司类型组成。

6. 要有公司住所

公司的住所是公司主要办事机构所在地，公司可以建立多处生产、营业场所，但是经公司登记机关登记的公司住所只能有一个，并且这个公司住所应当是在为其登记的公司登记机关的辖区内。通常是公司发出指令的业务中枢机构所在地，一般是指公司董事会等重要机构所在地。公司的住所是公司章程载明的地点，是公司章程的必要记载事项，具有公示效力。公司住所记载于公司章程才具有法律效力，是公司注册登记的必要事项之一。公司住所变更必须履行法定的变更登记手续，否则不得对抗第三人。

（二）设立方式

股份有限责任公司的设立方式有两种：一是发起设立；二是募集设立。

1. 发起设立

发起设立，是指由发起人认购公司应发行的全部股份，不向发起人之外的任何人募集而

设立的公司。发起设立的程序包括以下几个方面：

第一，发起人认购股份。发起人在获得政府主管机关批准后，应当认购公司应发行的全部股份。认购采用书面形式，载明认股人的姓名或名称、住所、认股数、应交股款金额、出资方式，由认股人填写、签章。认购书一经填写并签署，即具有法律上的约束力。

第二，发起人缴清股款。发起人在认购股份后，应当缴纳其所认购股份的全部股款。发起人以货币出资的，应当缴付现金；发起人以实物、工业产权、非专利技术或者土地使用权出资的，应依法估价，并办理财产产权转移手续。

第三，召开创立大会。发起人缴清全部股款并验资后，应当召开创立大会，选举董事会和监事会。

第四，申请设立登记。董事会应于创立大会结束后 30 日内，向公司登记机关申请设立登记。公司登记机关自接到股份有限公司的设立申请之日起 30 日内作出是否予以登记的决定。对符合法律规定条件的，发给公司营业执照。公司以营业执照签发日期为成立日期。公司成立后，应当进行公告。

2. 募集设立

募集设立，是指由发起人认购公司应发行股份的一部分，其余部分向社会公开募集而设立公司。募集设立的程序如下：

第一，发起人认购股份。发起人认购的股份不得少于公司应发行股份总数的 35%。

第二，制作招股说明书。招股说明书应当附有发行人制定的公司章程，并载明下列事项：发起人认购的股份数；每股的票面金额和发行价格；无记名股票的发行总数；认股人的权利和义务；本次募股的起止期限及逾期未募足时认股人可撤回所认购股份的说明。

第三，签订承销协议和代收股款协议。《公司法》第八十八条规定，发起人向社会公开募集股份，应当由依法设立的证券公司承销，签订承销协议。

发起人就股份承销的方式、数量、起止日期、承销费用的计算与支付等具体事项，与证券经营机构签订承销协议；发起人就代收和保存股款的具体事宜，与银行签订代收股款协议。

第四，提出申请。发起人向社会公开募集股份，必须向国务院证券管理部门递交募股申请，并报送下列主要文件：①批准设立公司的文件；②公司章程；③经营估算书；④发起人姓名或者名称，发起人认购的股份数、出资种类及验资证明；⑤招股说明书；⑥代收股款银行的名称及地址；⑦承销机构名称及有关协议。

第五，经国务院证券管理部门审批。国务院证券管理部门对发行人递交的募股申请依法进行审查。设立股份有限公司申请公开发行股票，应当符合下列条件：①其生产经营符合国家产业政策；②发起人认购的股本数额不少于公司拟发行的股本数额的 35%；③发起人在近3 年内没有重大违法行为等。经国务院证券管理部门审查符合法律规定条件的募股申请，予以批准；不符合法定条件的不予批准。未经国务院证券管理部门批准，发起人不能向社会公开募集股份。

第六，公开募集股份。发起人向社会公开募集股份，必须公告招股说明书，并制作认股书，认股书应载明招股说明书的全部记载事项。

第七，召开创立大会。创立大会通常被认为是股份有限公司募集设立过程中的决议机构。发起人应当在发行股份的股款缴足后 30 日内主持召开创立大会。创立大会由全体发起人、认股人组成。在召开创立大会前 15 日将会议日期通知各认股人或者予以公告。创立大会应当由代表股份总数过半数的发起人、认股人出席，方可举行。

第八，设立登记并公告。以募集设立的公司在创立大会结束后 30 日内，由董事会向公司登记机关，即工商行政管理部门申请设立登记，并按照公司登记管理条例的规定，提交有关申请文件。

（三）发起人的责任

《公司法》第九十五条规定，股份有限公司的发起人应当承担下列责任：（一）公司不能成立时，对设立行为所产生的债务和费用负连带责任；（二）公司不能成立时，对认股人已缴纳的股款，负返还股款并加算银行同期存款利息的连带责任；（三）在公司设立过程中，由于发起人的过失致使公司利益受到损害的，应当对公司承担赔偿责任。除此之外，《公司法》还规定，股东不按照规定缴纳出资的，除应当向公司足额缴纳外，还应当向已按期足额缴纳出资的股东承担违约责任。同时还规定如果发现作为设立公司出资的非货币财产的实际价额显著低于公司章程所定价额的，应当由交付该出资的股东补足其差额；公司设立时的其他股东承担连带责任。

【案情分析】

该公司募集设立过程中存在以下问题：

（1）7 个发起人中有 4 个住所地在境外的发起人不符合法律规定。《公司法》第七十九条规定，设立股份有限公司，应当有 2 人以上 200 人以下的发起人，其中须有半数以上的发起人在中国境内有住所。而本题设立中的公司 7 个发起人中只有 3 个在中国境内有住所，没有超过半数或达到半数。

（2）公司的注册资本是 8 000 万元，其中 7 个发起人认购 2 500 万元不符合法律规定。因为在募集设立的情况下，发起人认购的股份不得少于公司股份总数的 35%，而本案中发起人认购 2 500 万元，没有达到 35% 的比例要求。该设立中的公司最多向社会公开募集的股份为 5 200 万元。

（3）所有的出资必须是货币是不符合法律规定的。为了保证资本的确定和充实，《公司法》规定，发起人除可以用货币出资外，也可以用实物、工业产权、非专利技术、土地使用权等可以用货币估价并可以依法转让的非货币财产作价出资，其他股东必须是货币出资。当然，对作为出资的实物、工业产权、非专利技术或者土地使用权，必须进行评估作价，核实财产，并折合为股份。不得高估或者低估作价。

（4）发起人决定成立专门小组，自己发行股份不符合法律规定。《公司法》第八十八条规定，发起人向社会公开募集股份，应当由依法设立的证券公司承销，签订承销协议。因此发起人是不能自己发行股份的。

（5）如果公司不能设立，发起人和缴足股款的认股人会共同承担相应的法律责任是不符合法律规定的。因为《公司法》规定，股份有限公司的发起人应当承担下列责任：①公司不能成立时，对设立行为所产生的债务和费用负连带责任；②公司不能成立时，对认股人已缴纳的股款，负返还股款并加算银行同期存款利息的连带责任；③在公司设立过程中，由于发起人的过失致使公司利益受到损害的，应当对公司承担赔偿责任。因此，当公司不能设立，应由发起人承担相应的法律责任，其他认股人不承担公司设立失败的责任。

第六节　股份有限公司的股份与股票

【案情摘要】

宏达网络股份有限公司是一家 IT 业的著名企业，发起设立注册资本 4 000 万元。公司开业一年来经营业绩节节攀升，为抓住机遇，扩大公司规模，公司董事会决定，向国务院授权部门及证券管理部门申请公司上市发行新股，拟发行新股总额为人民币 6 000 万元，每股面额 2 元。为吸引投资，其中 2 000 万元股份为优先股，优先股股东享有下列权利：①优先股股东可以用 8.5 折购买股票。②预先确定优先股股利 11%，且不论盈亏保证支付。③优先股股东在股东大会上享有表决权。其余 4 000 万股份为普通股，溢价发行，并将股票发行溢价收入列入公司利润中。请问该公司上市发行新股存在哪些问题？

【涉及法律问题】

1. 公司股票发行规定。
2. 股票发行的种类、程序。
3. 优先股的限制。

【学理解释】

一、股份与股票

股份是股份有限公司资本的组成成分，股票是股份有限公司股份的表现。股份有限公司资本总额分成若干相等的单位，股东每持有其中一单位，即持有公司一股份，由公司签发的股票证明。股票是一种有价证券，用来证明股东的权利，具有一定的格式要求，能够转让流通。股票是股权存在的表现，从属于股权，拥有股票一定拥有股权。但是证明股份并不以占有股票为必要条件，记名股份的股东即使没有占有股票，也可以行使股东权利。但是无记名股份，股东不持有股票，即丧失了行使股东权利的资格。

二、股票和股份的分类

按照不同性质，可以作不同的分类：

1. 按照所代表的股东权利，股票可以分为普通股股票与优先股股票

所谓普通股股票，就是持有这种股票的股东都享有同等的权利，都能参加公司的经营决策，其所分取的股息红利是随着股份公司经营利润的多寡而变化的。而其他类型的股票，其股东的权益或多或少都要受到一定条件的限制。

所谓优先股股票，是指持有该种股票股东的权益要受一定的限制。优先股股票的发行一般是股份公司出于某种特定的目的和需要，且在票面上要注明"优先股"字样。优先股股东的特别权利就是可优先于普通股股东以固定的股息分取公司收益并在公司破产清算时优先分取剩余资产，但一般不能参与公司的经营活动，其具体的优先条件必须由公司章程加以明确。

2. 按照股票持有者对股份公司经营决策的表决权，股票可以分为表决权股股票和无表决权股股票

表决权股股票是指持有人对公司的经营管理享有表决权的股票；无表决权股股票是指根据法律或公司章程的规定，对股份有限公司的经营管理不享有表决权的股票。相应地，无表决权股股票的持有者无权参与公司的经营管理，但仍可以参加股东大会。在实践中，公司普遍发行表决权股股票，非常情况下发行无表决权股股票。这类股票多限于优先股股票。

3. 按照股份是否以金额表示，股份可以分为额面股和无额面股

额面股又称面值股，是指股票票面标明一定金额的股份。额面股是相对于无额面股而言的。无额面股又称比例股，是指股票不标明金额，只标明每股占公司资本的比例。我国《公司法》第一百二十九条将票面金额作为股票上应当记载的主要事项，故而可以推知，我国实际上是禁止发行无额面股的。

4. 按照股份是否记载股东姓名，股份可以分为记名股和无记名股

记名股是股东姓名或者名称必须记载于股票之上的股份。记名股只能由所记载的股东行使股东权利，其他任何人不得行使其权利。无记名股是指股票上不记载股东姓名的股份。无记名股股东行使权利时，必须出示股票。《公司法》规定，公司发行的股票，可以为记名股票，也可以为无记名股票。公司向发起人、法人发行的股票，应当为记名股票，并应当记载该发起人、法人的名称或者姓名，不得另立户名或者以代表人姓名记名。

5. 按照股份的拥有者划分，股份可以分为国家股、法人股、个人股、外资股

国家股是指由国家授权投资的机构或者国家授权的部门，以国有资产向公司投资形成的股份。其中包括将国有企业改组为股份有限公司时，已经投入企业的国家资产折成的股份。国家股一般应为普通股，由国家授权的投资机构或国家授权的部门持有，并委派股权代表。

法人股是指由一具有法人资格的组织以其可支配的财产向公司投资形成的股份。根据投资法人的种类不同，法人股又分为企业法人股、事业单位法人股和社会团体法人股三种。

个人股是指以个人合法取得的财产向公司投资形成的股份。包括社会个人股和本公司内部职工个人股两种。

外资股是指外国和中国港、澳、台地区的投资者，以购买人民币特种股票的形式，向公司投资形成的股份。又分为法人外资股和个人外资股。

6. 按照股份发行的先后划分，股份可以分为原始股和新股

原始股是指公司设立时发行的股份，即第一次发行的股份。新股是指公司成立后发行的股份，即非公司设立时第一次发行的股份。

三、公开发行新股程序

新股发行，包括向社会不特定对象公募发行和向特定对象私募发行两种方式。公司公开发行新股的，应当经国务院证券监督管理机构核准。

按照证券法的有关规定，股份有限公司向社会公开发行新股，必须符合以下条件：①具备健全而运行良好的组织机构；②具有持续营利能力、财务状况良好；③最近3年内财务会计文件无虚假记载，无其他重大违法行为；④经国务院批准的国务院证券监督管理机构规定

的其他条件。股份有限公司准备以向社会公开发行的方式发行新股时，应当符合上述条件，并向国务院证券监督管理机构报送募股申请和有关文件。经国务院证券监督管理机构核准后，方可进行新股发行。

《公司法》第一百三十四条规定，公司发行新股，股东大会应当对下列事项作出决议：①新股种类及数额；②新股发行价格；③新股发行的起止日期；④向原有股东发行新股的种类及数额。

股份有限公司以向社会公开发行的方式发行新股时，为了便于广大投资者特别是公众投资者对新股发行的有关情况以及公司情况的了解，使其能够慎重作出投资决策，公司应当将有关信息进行披露。因此，《公司法》第一百三十五条规定，股份有限公司经核准向社会公开发行新股时，必须公告新股招股说明书，说明新股的发行数量、每股的票面金额和发行价格、无记名股票的发行数量、募集资金用途、认股人的权利义务以及新股的发行期限等情况。公司还要公告财务会计报告，以便于投资者更好地了解公司情况。此外，公司还要制作认股书，供认股人填写。同时，发行新股，应该由依法设立的证券经营机构承销，签订承销协议。并同银行签订代收股款协议，代收股款的银行应当按照协议代收和保存新股发行所募集的股款，向缴纳股款的认股人出具收款单据，并向有关部门出具收款证明。

四、股份的转让

股份有限公司股东持有的股份可以依法转让。按照《公司法》的规定，股东转让股份，应当在依法设立的证券交易场所进行或者按照国务院规定的其他方式进行。

证券交易场所由场内交易场所和场外交易场所构成。场内交易场所也就是证券交易所，场外交易场所成为柜台交易市场。证券交易所是依据国家有关分类、经政府证券主管部门批准设立的证券集中竞价交易的有形场所。我国目前只有两个证券交易所：上海证券交易所和深圳证券交易所。

柜台交易市场是证券商在证券交易所以外，与客户直接进行证券买卖的行为，它并不是一个有形市场。主要作用在于为不能上市的股票交易提供交易渠道和新的交易机会。

股份转让根据股票性质不同有不同的规则。无记名股票的转让主要由股东将该股票交付给受让人后即发生转让效力，而记名股票的转让则需要由股东以背书的方式或法律法规规定的其他方式转让。转让以后，由公司将受让人的姓名或者名称及住所记载于股东名册。未变更股东名册的，受让人不得以其转让对抗公司。

但是《公司法》对股份转让也有一定限制，如：发起人持有的本公司的股份，自公司成立之日起一年之内不得转让；公司公开发行股份前已发行的股份，自公司股票在证券交易所上市交易之日起一年内不得转让；公司董事、监事、高级管理人员应当向公司申报所持有的本公司的股份及变动情况，在任职期间每年转让的股份不得超过其所持有的本公司股份总数的25%，所持有本公司股份自公司股票上市交易之日起一年内不得转让。

五、股份的回购

公司原则上不得回购股份，因为回购股份实际上是减少了公司资本，违背了公司资本维持原则。但是我国《公司法》第一百四十三条规定，股份有限公司有下列情形之一时，可回收本公司股份：①减少公司注册资本；②与持有本公司股份的其他公司合并；③将股份奖励给本公司职工；④股东因对股东大会作出的公司合并、分立决议持异议，要求公司收购其股份的。公司因前款第一项至第三项的原因收购本公司股份的，应当经股东大会决议。公司依照规定收购本公司股份后，属于第一项情形的，应当自收购之日起 10 日内注销；属于第二项、第四项情形的，应当在 6 个月内转让或者注销。

公司将股份作为奖励给本公司职工从而收购本公司股份的，不得超过本公司已发行股份总额的 5%；用于收购的资金应当从公司的税后利润中支出；所收购的股份应当在一年内转让给职工。

同时，公司法禁止公司接受本公司的股票作为质押权的标的。

【案情分析】

（1）我国《公司法》规定，股份有限公司申请其股票上市必须符合下列条件：①股票经国务院证券管理部门批准已向社会公开发行；②公司股本总额不少于人民币 5 000 万元；③开业时间在 3 年以上，最近 3 年连续盈利，原国有企业依法改建而设立的，或者本法实施后新组建成立，其主要发起人为国有大中型企业的，可连续计算；④持有股票面值达人民币 1 000 元以上的股东人数不少于 1 000 人，向社会公开发行的股份比例达公司股份总数的 25% 以上，公司股本总额超过人民币 4 亿元的，其向社会公开发行股份的比例为 15% 以上；⑤公司在最近 3 年内无重大违法行为，财务会计报告无虚假记载；⑥国务院规定的其他条件。

从本案来看，宏达公司申请公司上市，第一，注册资本 4 000 万元，低于公司法要求的 5 000 万元人民币；第二，该公司系发起设立，不具备股票可向社会公开发行的条件；第三，宏达公司开业不足 3 年，也不符合持有股票面值达人民币 1 000 元以上的股东人数不少于 1 000 人的规定，所以申请公司上市不会被批准。

宏达公司开业不足 3 年，不具备最近 3 年盈利的条件而发行的新股的申请不会被批准。我国《公司法》对公司发行新股有下列条件限制：①前一次发行的股份已募足，并间隔 1 年以上；②公司在最近 3 年内连续盈利，并可向股东支付股利；③公司在最近 3 年内财务会计文件无虚假记载；④公司预期利润率可达同期存款利率。

（2）优先股是指与普通股相比，在分配收益及分配剩余资产方面比普通股股东享有优先权的股份。但优先股事先确定的红利率能否实现有赖于公司能否有盈利及盈利是否足以保证优先股红利获取，盈利不足或无盈利时优先股是无法保证的。宏达公司向优先股股东承诺不论公司是否盈利，都按固定利率支付股利，这违背了法律规定。此外，优先股股东一般不享有股东会的表决权，宏达公司承诺优先股股东享有表决权也是错误的。《公司法》规定，股票发行价格可以按票面金额，也可以高过票面金额，但不得低于票面金额，宏达股份公司的优先股股东以 8.5 折购买股份，违反了上述规定。

（3）《公司法》规定，以超过票面金额发行的股票所得溢价款应列入资本公积金。宏达公司将溢价发行的普通股的溢价收入款列入公司当年利润，显然是错误的。

第七节　股份有限公司的组织机构

【案情摘要】

某市侨兴股份有限公司因经营管理不善造成亏损，公司未弥补的亏损达股本的1/4，公司董事长李某决定在2008年4月6日召开临时股东大会，讨论如何解决公司面临的困境。董事长李某在2008年4月1日发出召开2008年临时股东大会会议的通知，其内容如下：为讨论解决本公司面临的亏损问题，凡持有股份10万股（含10万股）以上的股东直接参加股东大会会议，小股东不必参加股东大会。股东大会如期召开，会议议程为两项：①讨论解决公司经营所遇困难的措施。②改选公司监事2人。出席会议的有90名股东。经大家讨论，认为目前公司效益太差，无扭亏希望，于是表决解散公司。表决结果，54名股东，占出席大会股东表决权3/5，同意解散公司，董事会决议解散公司。会后某小股东认为公司的上述行为侵犯了其合法权益，向人民法院提起诉讼。

请问：

（1）本案中公司召开临时股东大会合法吗？程序有什么问题？

（2）临时股东大会的通知存在什么问题？

（3）临时股东大会的议程合法吗？作出解散公司的决议有效吗？

（4）小股东的什么权益受到了侵害？

【涉及法律问题】

1. 股东大会的召开。

2. 股东大会的通知方式。

3. 股东大会的决议。

【学理解释】

股份有限公司的组织机构包括股东大会、董事会、监事会。

一、股东大会

（一）股东

股东是指持有公司股份或向公司出资者，股东是公司存在的基础，是公司的核心要素。没有股东，就不可能有公司。

股份有限公司股东的主要权利有：①参加股东大会，有表决权股东享有表决权，②依其股份取得股利和剩余财产的权利；③股份自由转让的权利；④查询文件和建议质询权；⑤股东代表诉讼的权利；⑥公司章程规定的其他权利。

股东的义务有：①遵守公司章程；②缴纳出资；③禁止抽逃出资；④依其所持股份为限承担责任。

（二）股东大会

股份有限公司股东大会由全体股东组成，是公司的最高权力机构和决策机构。

（1）股东大会职权。股份有限公司股东会的职权适用有限责任公司关于股东职权的规定。

（2）股东大会会议分类。股东大会分为年会和临时股东大会。年会每年召开一次，一般在每个会计年度终结后一定时期内召开。

出现下列情形之一的，应当在两个月内召开临时股东大会：①董事人数不足《公司法》规定人数或者公司章程所定人数的2/3时；②公司未弥补的亏损达实收股本总额1/3时；③单独或者合计持有公司10%以上股份的股东请求时；④董事会认为必要时；⑤监事会提议召开时；⑥公司章程规定的其他情形。

（3）股东大会的主持。股东大会会议由董事会召集，董事长主持；董事长不能履行职务或者不履行职务的，由副董事长主持；副董事长不能履行职务或者不履行职务的，由半数以上董事共同推举一名董事主持。

董事会不能履行或者不履行召集股东大会会议职责的，监事会应当及时召集和主持；监事会不召集和主持的，连续90日以上单独或者合计持有公司10%以上股份的股东可以自行召集和主持。

（4）股东大会的通知。召开股东大会会议，应当将会议召开的时间、地点和审议的事项于会议召开20日前通知各股东；临时股东大会应当于会议召开15日前通知各股东；发行无记名股票的，应当于会议召开30日前公告会议召开的时间、地点和审议事项。

单独或者合计持有公司3%以上股份的股东，可以在股东大会召开10日前提出临时提案并书面提交董事会；董事会应当在收到提案后2日内通知其他股东，并将该临时提案提交股东大会审议。临时提案的内容应当属于股东大会职权范围，并有明确议题和具体决议事项。

股东大会不得对前两款通知中未列明的事项作出决议。

无记名股票持有人出席股东大会会议的，应当于会议召开5日前至股东大会闭会时将股票交存于公司。

（5）股东大会的表决。股东出席股东大会会议，所持每一股份有一表决权。但是，公司持有的本公司股份没有表决权。

股东大会作出决议，一般事项须经出席会议的股东所持表决权过半数通过。但是重大事项必须经出席会议的股东所持表决权的2/3以上通过，重大事项主要包括：①股东大会作出修改公司章程的决议；②增加或者减少注册资本的决议；③公司合并、分立、解散；④变更公司形式的决议。

同时《公司法》和公司章程规定公司转让、受让重大资产或者对外提供担保等事项必须经股东大会作出决议的，董事会应当及时召集股东大会会议，由股东大会就上述事项进行表决。

股东大会选举董事、监事，可以依照公司章程的规定或者股东大会的决议，实行累积投票制。累积投票制，是指股东大会选举董事或者监事时，每一股份拥有与应选董事或者监事人数相同的表决权，股东拥有的表决权可以集中使用。例如：某股份有限公司有10 000股，某大股东拥有7 000股，其余股东持有3 000股。如果公司拟选三名股东，大股东的累计投票权为21 000股，其余股东为9 000股，如果采用累积投票制度，所有其余股东将9 000股投向一名候选人，就能保证该一人必然当选，而大股东只能保证两名候选人当选。

股东大会中，应对所议事项的决定作成会议记录，主持人、出席会议的董事应当在会议记录上签名。会议记录应当与出席股东的签名册及代理出席的委托书一并保存。

（6）股东出席股东大会。股东出席股东大会，原则上应该亲自出席，如果不能亲自出席，股东可以委托代理人出席股东大会，代理人应当向公司提交股东授权委托书，并在授权范围内行使表决权。

二、董事会

（一）董事会组成及任期

董事会由全体董事组成，成员为 5~19 人。董事的产生有两种情况：在公司设立时，采取发起方式设立的公司，董事由发起人选举产生；采取募集设立方式设立的公司，董事由创立大会选举产生。在公司成立后，董事由股东大会选举产生。

董事会设董事长 1 人，可以设副董事长 1~2 人。董事长和副董事长由董事会以全体董事的过半数选举产生。董事长为公司的法定代表人。

董事的任期由公司章程规定，但每届任期不得超过 3 年。董事任期届满，连选可以连任。董事在任期届满前，股东大会不得无故解除其职务。

（二）董事会的职权

股份有限公司董事会的职权适用有限责任公司董事会职权的规定，主要有以下几方面的职权：①负责召集大会，并向股东大会报告工作；②执行股东大会的决议；③决定公司的经营方针和投资方案；④制订公司的年度财务预算方案、决算方案；⑤制订公司利润分配方案和弥补亏损方案；⑥制订公司增加或者减少注册资本的方案以及发行公司债券的方案；⑦拟订公司合并、分立、解散的方案；⑧决定公司内部管理机构的设置；⑨聘任或者解聘公司经理，根据经理的提名，聘任或者解聘公司副经理、财务负责人，决定其报酬事项；⑩制定公司的基本管理制度等。

（三）董事会会议的召开

股份有限公司的董事会会议分为定期会议和临时会议两种。董事会定期会议，每年度至少召开两次，每次应于会议召开 10 日前通知全体董事；董事会召开临时会议，其会议通知方式和通知时限，可由公司章程规定。董事会会议由董事长负责召集。

股份有限公司董事会会议应由 1/2 以上的董事出席方可举行。董事会作出决议，必须经全体董事过半数通过。董事会应当对会议商议事项的决定作成会议记录，由出席会议的董事和记录员在会议记录上签名。董事应当对董事会的决议承担责任。董事会的决议违反法律、行政法规或者公司章程，致使公司遭受严重损失的，参与决议的董事对公司负赔偿责任。但经证明在表决时曾表明异议并记载于会议记录的，该董事可以免除责任。

三、经理

经理是对股份有限公司日常经营管理负有全责的高级管理人员，由董事会聘任或者解聘，对董事会负责。股份有限公司经理的职权与有限责任公司经理的职权一致。

四、监事会

监事会是股份有限公司必设的监察机构，对公司的财务及业务执行情况进行监督。

（一）监事会的性质及其组成。

监事会由监事组成，其人数不得少于 3 人。监事的人选由股东代表和适当比例的职工代表构成，职工代表的比例不得低于 1/3，具体比例由公司章程规定。其中，股东代表由股东大会选举产生；职工代表由公司职工民主选举产生。监事的任期每届为 3 年，任期届满连选可以连任。

（二）监事会的职权

监事会的职权主要有：①检查公司财务；②对董事、经理执行公司职务时进行监督；③当董事和经理的行为损害公司的利益时，要求董事和经理予以纠正；④提议召开临时股东大会；⑤公司章程规定的其他职权。

五、董事、监事、经理的任职资格及责任

（一）公司董事、监事、经理的任职资格

《公司法》第一百四十七条规定，有下列情形之一的，不得担任公司的董事、监事、高级管理人员：

（1）无民事行为能力或者限制民事行为能力；因贪污、贿赂、侵占财产、挪用财产或者破坏社会主义市场经济秩序，被判处刑罚，执行期满未逾 5 年，或者因犯罪被剥夺政治权利，执行期满未逾 5 年。

（2）担任破产清算的公司、企业的董事或者厂长、经理，对该公司、企业的破产负有个人责任的，自该公司、企业破产清算完结之日起未逾 3 年。

（3）担任因违法被吊销营业执照、责令关闭的公司、企业的法定代表人，并负有个人责任的，自该公司、企业被吊销营业执照之日起未逾 3 年。

（4）个人所负数额较大的债务到期未清偿。

公司违反前款规定选举、委派董事、监事或者聘任高级管理人员的，该选举、委派或者聘任无效。

董事、监事、高级管理人员在任职期间出现本条第一款所列情形的，公司应当解除其职务。

（二）公司董事、监事、经理的责任

《公司法》规定：董事、监事、高级管理人员应当遵守法律、行政法规和公司章程，对公司负有忠实义务和勤勉义务。董事、监事、高级管理人员不得利用职权收受贿赂或者其他非法收入，不得侵占公司的财产。董事、监事、高级管理人员执行公司职务时违反法律、行政法规或者公司章程的规定，给公司造成损失的，应当承担赔偿责任。

同时，公司董事、高级管理人员（注意，监事不包括在内）不得从事下列行为：

（1）挪用公司资金。

（2）将公司资金以其个人名义或者以其他个人名义开立账户存储。

（3）违反公司章程的规定，未经股东会、股东大会或者董事会同意，将公司资金借贷给他人或者以公司财产为他人提供担保。

（4）违反公司章程的规定或者未经股东会、股东大会同意，与本公司订立合同或者进行交易。

（5）未经股东会或者股东大会同意，利用职务便利为自己或者他人谋取属于公司的商业

机会，自营或者为他人经营与所任职公司同类的业务。

（6）接受他人与公司交易的佣金归为己有。

（7）擅自披露公司秘密。

（8）违反对公司忠实义务的其他行为。

董事、高级管理人员违反以上规定的，所在公司有权将其股权收归所有。

六、股东代表诉讼制度

股东代表诉讼，是指公司的利益受到公司机关成员的损害而公司不能或怠于起诉追究其责任时，具备法定资格的股东为了公司的利益不受侵害，依据法定程序代表公司提起的诉讼。由于股东所享有的诉讼权利来源于公司，并非代表自己而是代表公司以强制行使公司的权利，因而称为派生诉讼（代表诉讼）。股东代表诉讼起诉的目的是维护公司利益，胜诉之所得也归公司。

（一）股东代表诉讼产生情形

公司作为营利性的社团法人，追求财产利益及相关利益是其最大的目标。当其利益受到侵害时，公司的机关应及时地行使公司的诉权，通过司法救济的途径维护公司的利益。在公司之外的人侵权或违约的情况下，公司的机关大多能积极向侵权人或违约人主张权利，但在有些情况下公司的机关组成人员（如大股东、管理层和监事等）就是侵权人或违约人或与侵害人之间有利害关系或与侵害人、违约人达成损害公司利益的交易，造成公司机关怠于或拒绝行使诉权。为此，为了全面有效地保护公司的利益和中小股东利益免受各种不正当行为的侵害，法律赋予无过错的股东行使代表诉讼提起权。

（二）提出诉讼股东资格

根据《公司法》规定，有限责任公司的股东、股份有限公司连续 180 日以上单独或者合计持有公司 1% 以上股份的股东，有权进行代表诉讼。

（三）股东代表诉讼权的行使

股东具备了提起代表诉讼的原告资格，并不等于股东在公司遭受不正当行为损害时可径行代表公司提起诉讼。根据《公司法》第一百五十二条规定：当董事、高级管理人员侵犯公司权益时，有资格提出诉讼的股东可以书面请求监事会或者不设监事会的有限责任公司的监事向人民法院提起诉讼；或者监事有侵犯公司权益情形的，前述股东可以书面请求董事会或者不设董事会的有限责任公司的执行董事向人民法院提起诉讼。只有出现以下情况时：

（1）当监事会、不设监事会的有限责任公司的监事，或者董事会、执行董事收到前款规定的股东书面请求后拒绝提起诉讼。

（2）或者自收到请求之日起 30 日内未提起诉讼。

（3）或者情况紧急、不立即提起诉讼将会使公司利益受到难以弥补的损害的。

有权股东才可以为了公司的利益以自己的名义直接向人民法院提起诉讼。他人侵犯公司合法权益，给公司造成损失的，有权股东同样可以依照前述规定向人民法院提起诉讼。

股东只有在公司各机构怠于或拒绝行使诉讼，或者在股东请求监事会、董事会等采取必要措施行使公司的诉讼请求，而公司明确拒绝股东请求或者对股东请求置之不理时，股东才能向法院提起代表诉讼。这就是各国公司法通常都规定的原则，被称为"竭尽公司内部救济"原则。

【案情分析】

以上案件存在以下不符合法律规定的地方：

（1）我国《公司法》规定，股东大会应当每年召开一次年会，有下列情形之一的，应当在2个月内召开临时股东大会：①董事人数不足本法规定的人数或公司章程所定人数的2/3时；②公司未弥补的亏损达股本总额1/3时；③持有公司股份10%以上的股东请求时；④董事会认为必要时；⑤监事会提议召开时。本案中，公司亏损占股本总额的1/4，未到法定未弥补亏损占股本总额1/3的下限。本案中召开临时股东大会系董事长李某的决定而非董事会决议。该临时股东会的召开不符合法定条件。

（2）股东大会会议由董事会依法负责召集，由董事长主持。召开股东大会，应当将会议审议的事项于会议召开30日以前通知各股东。本案中，临时股东大会的通知发出时间不符合法定条件，通知发出人应为董事会而非董事长李某。尤为严重的是，该通知违反了股东平等的原则，不允许小股东参加临时股东大会，严重损害了小股东的合法权益。

《公司法》规定，临时股东大会不得对通知中未列明的事项作出决议。本案中，通知中是讨论解决公司目前亏损问题，而会议议程又增加了讨论改选公司监事2人的任务，与通知规定不符。

（3）我国《公司法》规定，股东大会对公司合并、分立或解散公司作出决议，必须经出席会议的股东所持表决权的2/3以上通过。计算表决权应依照持有股份，不应依人数。本案中解散公司决议未得到出席会议股东所持表决权2/3以上多数同意，因而是无效的。此外，公司的解散应由股东大会决议，而不能由董事会决议通过，本案的公司解散由董事会决议，因而也是错误的。

（4）小股东被侵害的权益有股东的平等权和股东的知情权、股东参与公司管理的权利等。

第八节　公司的财务、会计、利润分配

【案情摘要】

济南某公司董事长裴某于2001年与其他四人共同出资成立了济南某机器厂，裴某占50%的股份，2002年裴某与王某结婚。2002年济南某机器厂改制为济南某机器有限责任公司，注册资金为211万，全部来自原济南某机器厂的积累财产，股东没有增加投资。股东人数增加至9人，裴某在公司中所占股份比例变更为45.26%，2005年注册资金变为1 166万。截至2007年6月，公司的净资产总额为3 356万元，自2001年2月济南某机器厂成立到2007年底，裴某从公司获得工资总计10 129元，获得分红389 459元，2007年6月裴某之妻向法院提出离婚诉讼，诉讼请求包括解除婚姻关系、分割家庭财产，特别要求分割裴某享有的公司股权或者分割相当于裴某所持有的公司股权价值的一半财产。

【涉及法律问题】

1. 公司利润分配。
2. 公司的财产性质。

【学理解释】

一、财务会计的基本要求

《公司法》对公司的财务会计作了如下要求：

（1）公司应当依照法律、行政法规和国务院财政部门的规定建立本公司的财务、会计制度。

（2）公司应当依照法律、行政法规和国务院财政部门的规定在每一会计年度终了时编制财务会计报告，并依法经会计师事务所审计。

（3）制定好的财务会计报告，有限责任公司应当依照公司章程规定的期限送交各股东；股份有限公司的财务会计报告应当在召开股东大会年会的 20 日前置备于本公司，供股东查阅；公开发行股票的股份有限公司必须公告其财务会计报告。

（4）公司除法定的会计账簿外，不得另立会计账簿。对公司资产，不得以任何个人名义开立账户存储。

二、公积金

公司公积金是指公司为了扩大经营，或为了弥补意外亏损，或为了巩固公司的财政基础，作为股东原始投入资金的补充，将本期净收益的一部分甚至全部留存下来，从而形成公司的留存收入。公司公积金又可分为法定公积金、任意公积金和资本公积金。

1. 法定公积金

法定公积金是指根据公司法的规定，公司在年终结算时，对上年的税后利润在分配前，扣除不少于 10% 的部分作公积金，用于弥补经营亏损和发展的准备金。

当公司法定公积金累计额达到公司注册资本的 50% 时，可以不再提取。由此可见，公积金是为了防范经营亏损风险和为公司发展准备财力，公司法以强制性规定要求公司将盈利的一部分作公积金，正是为了保证公司的财力储备。法定公积金转为资本时，所留存的该项公积金不得少于转增前公司注册资本的 25%。

2. 任意公积金

任意公积金是指公司自主决定从公司税后利润中按照一定比例提取的盈余公积金。公司在提取法定公积金后，经公司股东会（股东大会）决定再从利润中扣除若干份额作为任意公积金，任意公积金与注册资本的比例没有限制，完全由公司权力机构根据发展需要扣除。

因为任意公积金是公司为弥补亏损和发展所作的储备金，储备金的多少由股东会（股东大会）决定，公司法不予干涉，属于公司自治的范畴。

3. 资本公积金

资本公积金是指由投资者或其他人（或单位）投入，所有权归属于投资者，但不构成实收资本的那部分资本或者资产。资本公积金是直接由资本原因形成的公积金，如股票超过票面价额发行所得的溢价款、法定资产重组增值、接受捐赠的资产价值、资本汇率折算差额等。

公司的公积金主要用于弥补公司的亏损、扩大公司生产经营或者转为增加公司资本。但是，资本公积金不得用于弥补公司的亏损。

三、公司利润分配

（一）公司利润分配原则

1. 依法分配的原则

企业利润分配的对象是在一定会计期间内实现的税后利润。税后利润是企业投资者拥有的权益，对这部分权益的处置与分配，应当以《公司法》为基本准则。企业的税前利润首先应按国家规定作出相应调整，增减应纳税所得额，然后依法缴纳所得税。税后利润的分配应按顺序弥补以前年度亏损、提取法定公积金、公益金，再向投资者分配利润。

2. 利润激励的原则

在保障投资者应分配利润的前提下，通过利润分配时确定的激励政策，以提高职工的主人翁意识，调动职工的积极性。我国现行法规规定，对税后利润应当提取公益金，用于职工集体福利设施的开支；在现行企业中，使用税后可供分配利润对具有一定工作年限或作出较大贡献的职工发送红股，使员工也成为公司的主人参与企业利润的分配。这种红股虽然在其转让、继承等方面作了一定的限制，但对提高职工的归属感和参与意识无疑具有积极的意义。

3. 权益对等的原则

公司在利润分配中应遵守公平、公正、公开的原则，公司的投资者在企业中只有以其股权比例享有合法权益，不得从中谋取私利，公司的获利情况应当向所有的投资人及时公开，利润的分配方案应交股东会讨论，并充分考虑小股东的意见，利润分配的方式应当在所有股东中一视同仁。

（二）公司利润分配顺序

公司在缴纳企业所得税后还有盈余的，按照《公司法》规定，余下的利润按照以下顺序分配：

（1）弥补公司以前年度亏损。企业发生年度亏损，可以用下一年度实现的税前利润弥补；下一年度税前利润不足弥补的，可以在5年内延续弥补；5年内不足弥补的，应用税后利润弥补。企业发生年度亏损以及超过利润补亏期限的也可以用前年度提取的盈余公积金弥补。

（2）提取法定公积金。公司分配当年税后利润时，应当提取利润的10%列入公司法定公积金。公司法定公积金累计额为公司注册资本的50%以上的，可以不再提取。

（3）经股东会或者股东大会决议提取任意公积金。公司从税后利润中提取法定公积金后，经股东会或者股东大会决议，还可以从税后利润中提取任意公积金。

（4）支付股利。公司弥补亏损和提取公积金后所余税后利润，有限责任公司依照本法第三十五条的规定分配；股份有限公司按照股东持有的股份比例分配，但股份有限公司章程规定不按持股比例分配的除外。

【案情分析】

该案经过两审终审。二审法院终审判决认为：在夫妻双方离婚时，夫妻共同财产必须是现实存在的，既不包括夫妻双方的婚前个人财产和自然增值的利益，也不包括预期的期待权利和利益。根据《公司法》的规定，股东出资组建有限责任公司后，该出资就转化为公司财产，公司的财产权利是法人财产权，其具有独立的人格。股东享有股权是以对公司的出资为表现，但股东对出资不具有直接支配权，只是根据出资比例享有分红和参与公司事务等权利，不论股东出资如何增值，均不能作为股东个人的收入，出资人在公司的出资及增值只有在公司清算时，才能对剩余财产按出资比例分配。因此，王某提出的分割相当于裴某所持有的公司股权价值的一半财产的请求得不到支持。

第九节　公司的合并、分立

【案情摘要】

A 有限责任公司为扩大公司生产经营规模，于 2006 年 3 月 10 日召开的股东会上经出席会议的持 70% 表决权的股东同意，该次股东会全部股东均出席，决定吸收合并 B 有限责任公司。同年 3 月 18 日通知了甲、乙、丙、丁四位债权人，并于 4 月 5 日在报纸上进行了公告。4 月 16 日，甲、乙、丙三位债权人均向 A 公司提出清偿债务的要求，A 公司按照规定向甲、乙债权人清偿了债务，向丙债权人提供了相应的担保。6 月 11 日，丁债权人也向 A 公司提出清偿债务的要求，A 公司对丁债权人既未清偿债务，也未提供相应的担保。2006 年 8 月 1 日，A 公司向公司登记机关办理了有关的登记手续。

请问：

（1）A 公司股东会决定吸收合并 B 有限责任公司的表决是否符合规定？为什么？

（2）A 公司通知债权人、发布公告的时间是否符合规定？为什么？

（3）A 公司对甲、乙、丙、丁债权人的要求所作的反应是否符合规定？为什么？

【涉及法律问题】

1. 公司的合并与分立。

2. 公司合并及分立的程序。

【学理解释】

一、公司的合并

（一）公司合并的形式

公司的合并，是指两个以上的公司，通过订立合同，依法定程序，合并为一个公司。公司之间合并，可以强化原公司的竞争能力，扩大生产经营规模，促进社会化大生产的发展。

公司的合并，一般采取两种方式。根据《公司法》第一百八十四条第一款规定，公司合并可以采取吸收合并和新设合并两种方式。所谓吸收合并，是指两个或两个以上的公司合并时，其中一个公司吸纳其他公司继续存在，其他公司随之消灭；所谓新设合并，是指在公司合并时，原先公司同时归于消灭，共同联合创立一个新公司。

A
B → A
吸收合并

B
C → A
新设合并

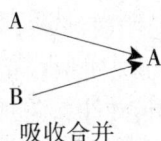

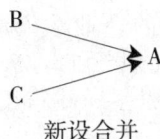

（二）公司合并的程序

公司合并是一种法律行为，公司合并不仅涉及公司的变化，还关系到公司债权债务关系人的利益，必须依法定程序进行。

（1）公司合并决议与批准。公司在合并协议正式达成之前，必须先在公司内部形成一致意见，作出决定。根据《公司法》第四十六条、第一百一十二条规定，公司合并，先由公司董事会拟订方案；第三十八条、第一百零三条、第一百八十二条规定，公司合并，应当由公司的股东会作出决议；同时《公司法》第一百八十三条还规定，股份有限公司合并，必须经国务院授权的部门或者省级人民政府批准。

（2）签订公司合并协议。公司合并时，由参与合并各方法定代表人在协商一致的基础上签订合并合同。合并合同应采取书面形式，并载明合并的宗旨、原因、条件，合并后存续公司或新设公司的名称、性质、住所，合并各方的资产状况及其处置方法，合并各方债权债务的处理，新设公司或存续公司股份总数、种类及各股份数额或股份增加数额，股份的转换方式，合并合同或存续公司的股东，公司章程的拟定或修改，不同意参与合并的股东的退股和收购，以及合并以后新公司或存续公司的组织机构产生办法等事项。

（3）编制表册、通知债权人。公司合并，应当编制资产负债表及财产清单，并通告债权人。《公司法》第一百八十四条第三款规定：公司应当自作出合并决议之日起10日内通告债权人，并于30日内在报纸上至少公告3次。依照《公司法》第二百一十七条规定，公司在合并时，不按规定通知或者公告债权人的，责令改正，对公司处以1万元以上10万元以下的罚款。债权人自接到通知书之日起30日内，未接到通知书的自第一次公告之日起90日内，有权要求公司清偿债务或者提供相应的担保。不清偿债务或者不能提供相应的担保的，公司不得合并。公司合并时，合并各方的债权、债务，应当由合并后存续的公司或者新设的公司承继。

（4）变更登记。公司合并时，应在一定的期限内向登记主管机关申请办理有关登记手续。根据《公司法》第一百八十八条规定，公司合并，登记事项发生变更的，应当依法向公司登记机关办理变更登记；公司解散的，应当依法办理公司注销登记；设立新公司的，应当依法办理公司设立登记。另据《企业法人登记管理条例》第十九条规定，企业法人合并，应当在主管部门或者审批机关批准后30日内，向登记主管机关申请办理变更登记、开业登记或者注销登记。

由此可见，根据法律、法规规定必须报经审批设立的公司或股份有限公司在作出合并决议并报经有关部门批准，其他公司在作出合并决议后，应在规定的期限内向主管登记机关申办有关登记手续。首先，经合并后存续的公司必然在公司名称、住所、经营范围、法定代表人、经营方式、注册资金、经营期限或者经济性质等登记注册事项方面发生不同程度的变化，根据《企业法人登记管理条例》规定，应当申请办理变更登记；根据《公司法》第二百二十五条规定，公司不按规定办理有关变更登记的，责令限期登记，逾期不登记的，处以1万元以上10万元以下的罚款。其次，公司合并后，必然导致原有公司的一个或几个甚至全部解散，也就出现了通常所讲的企业法人歇业，必须向登记主管机关办理注销登记手续。根据《企业法人登记管理条例》第二十一条规定，企业法人办理注销登记，应当提交法定代表人签署的申请注销登记报告、主管部门或者审批机关的批准文件、清理债务完结的证明，经登记主管机关核准后，收缴"企业法人营业执照"及其副本，撤销注册号，收缴公章，并将注销登记情况告知其开户银行。再次，新设合并后新成立的公司，标志一个新的公司法人将诞生，必须按照《公司法》和《企业法人登记管理条例》及其施行细则办理公司开业登记，由登记主管机关在受理申请后 30 日内，作出核准登记或者不予核准登记的决定。

根据我国公司法和企业法人登记管理制度体现出的原则，只有经过变更或设立登记，签发新的营业执照后，公司合并才算最终完成。

二、公司的分立

（一）公司分立的形式

公司的分立，是指一个公司依法定程序分开设立为两个或两个以上的公司。公司分立主要采取两种方式进行：①公司将其部分财产或业务分离出去另设一个或数个新的公司，原公司继续存在，即派生分立。②公司将其全部财产分别归于两个或两个以上的新设公司中，原公司的财产按照各个新成立的公司的性质、宗旨、经营范围进行重新分配，原公司解散，即新设分立。

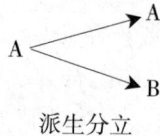

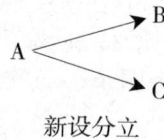

派生分立　　　　　　　　　　　　新设分立

（二）公司分立的程序

公司分立，因不涉及其他公司，在程序上相对来说比较简单，下面依据《公司法》的有关规定简要说明：

（1）公司分立决议与批准。根据《公司法》规定，公司分立，先由公司董事会拟订分立方案，然后由公司的股东会（或股东大会）讨论作出决议。股份有限公司的分立，必须经国务院授权的部门或者省级人民政府批准。

（2）进行财产分割。财产是公司设立的基本物质条件，也是承担公司债务的保障，因此，进行公司分立，必须合理、清楚地分割原公司的财产，对于派生分立，是原公司财产的减少，对于新设分立，完全是公司财产的重新分配。

（3）编制表册、通告债权人。《公司法》第一百八十五条第二、第三款规定：公司分立时，应当编制资产负债表及财产清单。公司应当自作出分立决议之日起 10 日内通知债权人，并于 30 日内在报纸上至少公告 3 次。不按规定通知或者公告债权人的，责令改正，对公司处以 1 万元以上 10 万元以下的罚款（《公司法》第二百一十七条）。债权人自接到通知书之日起 30 日内，未接到通知书的自第一次公告之日起 90 日内，有权要求公司清偿债务或者提供相应的担保。不清偿债务或者不提供相应的担保的，公司不得分立。公司分立前的债务按所达成的协议由分立后的公司承担。

（4）登记。公司派生分立，必然出现原公司登记注册事项，主要是注册资本的减少等变化和新公司的产生；新设分立中，必然出现的是原公司的解散和新公司的产生。因此，公司分立时，同样要办理公司变更登记、注销登记或设立登记，对此，《公司法》第一百八十八条、《企业法人登记管理条例》第十九条都作了具体要求，具体办理登记程序类似公司合并登记程序，在此不再赘述。值得一提的是，在公司分立时产生的新公司是独立经济核算的法人，按企业法人登记程序办理，核发"企业法人营业执照"。它不同于公司的分公司，也不同于公司的子公司，因为公司分立后的公司之间既不存在管理上的从属关系，也不存在资本上的控股关系，而是财产上的分割。

（5）公司注册资本的调整及其处理。公司合并、公司分立或因其他原因都可能引起公司原注册资本的调整，注册资本的变化不仅涉及公司本身，而且关系到股东和债权人的利益。为此，《公司法》作了专门规定。《公司法》第一百八十六条规定：公司需要减少注册资本时，必须编制资产负债表及财产清单。公司应当自作出减少注册资本决议之日起 10 日内通知债权人，并于 30 日内在报纸上至少公告 3 次。不按规定通知或公告债权人的，责令改正，对公司处以 1 万元以上 10 万元以下的罚款（《公司法》第二百一十七条）。债权人自接到通知书之日起 30 日内，未接到通知书的自第一次公告之日起 90 日内，有权要求公司清偿债务或者提供相应的担保。公司减少资本后的注册资本不得低于法定的最低限额。《公司法》第一百八十七条规定：有限责任公司增加注册资本时，股东认缴新增资本的出资，按照设立有限责任公司缴纳出资的有关规定执行。股份有限公司为增加注册资本发行新股时，股东认购新设应当按照设立股份有限公司缴纳股款的有关规定执行。同时，《公司法》第一百八十八条第二款规定：公司增加或者减少注册资本，应当依法向公司登记机关办理变更登记。不按规定办理变更登记的，责令限期登记，逾期不登记的，处以 1 万元以上 10 万元以下的罚款（《公司法》第二百二十五条）。

【案情分析】

（1）符合规定。《公司法》第四十四条第二款规定，股东会会议作出修改公司章程、增加或者减少注册资本的决议，以及公司合并、分立、解散或者变更公司形式的决议，必须经代表 2/3 以上表决权的股东通过。

（2）符合规定。《公司法》第一百七十四条规定，公司合并，应当由合并各方签订合并协议，并编制资产负债表及财产清单。公司应当自作出合并决议之日起 10 日内通知债权人，并于 30 日内在报纸上公告。债权人自接到通知书之日起 30 日内，未接到通知书的自公告之日起 45 日内，可以要求公司清偿债务或者提供相应的担保。

（3）符合规定。其中丁的要求已经超过规定期限，故 A 公司做法符合规定。同上。

第十节　公司的解散与清算

【案情摘要】

北京市某电子科技有限公司（以下简称"科技公司"）成立于 2003 年 7 月 11 日，经营期限到 2013 年 7 月 11 日。注册资金是人民币 100 万元，张某和刘某各出资 50 万元，法定代表人为刘某。公司成立后，刘某担任公司总经理，张某担任公司的副总经理。2008 年 5 月，刘某与张某在公司的经营理念上产生了重大的分歧，无法调和，后张某诉至北京市某区人民法院，要求解散公司。该案在审理过程中，法院多次进行调解，但双方均未能达成调解协议。2008 年 10 月 20 日，北京市某区人民法院对原告张某诉被告科技公司，申请解散公司纠纷一案作出一审判决，判令解散科技公司，并于本判决生效后 15 日内成立清算组，对该公司进行清算。

【涉及法律问题】

1. 股东提起公司解散请求权诉讼的依据。
2. 公司解散的情形。

【学理解释】

一、公司的解散

（一）公司解散的概念与效果

1. 公司解散的概念

公司解散是指已经成立的公司基于一定事由的发生，而停止其积极业务活动，并开始处理其为解散事务的法律行为。依据公司解散事由，可以将其分为自愿解散和强制解散。自愿解散是指解散公司系公司自己意志的反映。而强制解散又分为法定解散、命令解散和司法解散。

2. 公司解散的效果

公司解散，并不马上导致主体资格的消失，而是某些活动能力受到限制。①进入清算程序，除因合并、分立而解散外，在其他解散的情形下，公司均需进行清算。通过清算，结束待解散公司的现存法律关系，分配剩余财产，从而最终消灭其法人资格。②公司仍然存在，但应停止积极营业活动。

在清算期间，公司存续，但不得开展积极的经营活动，即其活动限于清算有关事务，不能积极对外签订合同，设定义务。

（二）自愿解散

自愿解散是基于公司自己的决定而解散公司的情形。我国公司法规定公司自愿解散的事由有以下三种：①公司章程规定的营业期限届满或者公司章程规定的其他解散事由出现；②股东（大）会决议解散；③因公司合并或者分立需要解散。属于第一种情形，公司并非必须解散，可以通过修改公司章程而延长公司寿命。若遇到第一种情形需修改公司章程使公司继续存续或股东（大）会决议解散公司，以及公司的合并或者分立，都需要股东大会进行特别决议。在有限责任公司中须经持有 2/3 以上表决权的股东通过，股份有限公司须经出席股东大会会议的股东所持表决权的 2/3 以上通过。

（三）强制解散

强制解散是指非由公司自己意志而解散公司的情形，它包括：法定解散、命令解散、司法解散。

1. 法定解散

法定解散是指基于法律规定的解散事由的出现而解散公司的情形。各国所规定的法定解散事由主要有：①股东不足法定人数，如法国《商事公司法》第二百四十条规定，股东人数在一年多来减至 7 人以下，任何人都可以请求解散公司。②公司资本不足法定最低限额。《意大利民法典》第二千四百八十四条第一款第四项所规定的情形就是这样。我国新公司法对此未作明确规定，也就是说股东人数不足和资本不足法定最低要求并不构成法定解散的事由。

2. 命令解散

命令解散是指因公司基于行政机关的命令而解散公司。它又称为行政解散，主要包括被吊销营业执照和责令关闭或被撤销两种情形。被吊销营业执照是由工商行政管理部门依法通过收缴公司法人营业执照的方式强制公司解散，主要有我国《公司法》第一百九十九条和二百一十二条由公司登记机关吊销营业执照或撤销公司的规定；违反《消费者权益保护法》、《水污染防治法》和《大气污染防治法》情节严重的均会被吊销营业执照或被责令关闭；违反《公司登记管理条例》同样被公司登记机关吊销营业执照。

3. 司法解散

司法强制解散，又称裁定解散或法院勒令解散，是指法院基于股东的申请，在遵照公司经营管理出现显著困难，持续经营会重大损害股东利益，或董事、股东之间出现僵局等一系列情况出现，通过其他途径不能解决的解散事由出现，而作出公司强制解散的裁定。《公司法》第一百八十三条规定：公司经营管理发生严重困难，继续存续会使股东利益受到重大损失，通过其他途径不能解决的，持有公司全部股东表决权 10% 以上的股东，可以请求人民法院解散公司。《公司法司法解释（二）》第一条明确规定四种可以受理公司解散之诉的情形：①公司持续两年以上无法召开股东会或者股东大会，公司经营管理发生严重困难的；②股东表决时无法达到法定或者公司章程规定的比例，持续两年以上不能作出有效的股东会或者股东大会决议，公司经营管理发生严重困难的；③公司董事长期冲突，且无法通过股东会或者股东大会解决，公司经营管理发生严重困难的；④经营管理发生其他严重困难，公司继续存续会使股东利益受到重大损失的情形。上述情况，单独或合计持有公司全部股东表决权 10% 以上的股东具有此类非讼解散案件适格原告的主体资格。

二、公司的清算

（一）公司清算概念与类型

公司清算是指公司解散后，处分公司财产并了解各项法律关系，最终消灭公司法人人格的行为。公司清算包括解散清算和破产清算两种。破产清算程序适用破产法规范，此处的清算主要指解散清算。但是在解散清算过程中，一旦发现公司财产不足以清偿公司债权人的债务，即应转入破产清算程序。

解散清算原则上由企业自行组织清算，即公司按照法律法规规定的程序、方式等自己组织清算而无需外力的介入。有限责任公司和股份有限公司的最高决策机构在公司出现解散事由之日起 15 日内组织成立清算组。但在出现特定事由时，出于对有关权利人的利益保护以及社会秩序的维护，有关权利人可以向人民法院提起强制清算申请的司法救济。《公司法》第一百八十四条规定，公司在解散后逾期不成立清算组清算的，债权人可以申请法院指定有关人员进行清算。债权人申请强制清算的具体事由包括：①公司解散逾期不成立清算组织进行清算；②虽然成立清算组但故意拖延清算；③违法清算可能严重损害债权人或者股东利益的。

（二）公司清算程序

1. 公司权力机构决议

公司权力机构（股东会或董事会）在公司解散事由出现之后应及时召开股东会或者董事会，表决通过公司解散决议。

2. 清算组的成立和备案

公司在解散事由出现之日起15日内即应成立清算组，有限责任公司清算组由全体股东组成，股份有限公司的清算组由董事或者股东大会确定的人员组成，也可选任注册会计师、律师或其他熟悉清算事务的专业人员作为清算组成员，清算组成员不得少于3人。自清算应当成立之日起10日内须将清算组成员、清算组负责人名单向所在的公司登记机关备案。

3. 清算公告和债权登记

清算组应当自成立之日起10日内通知债权人，并于60日内在报纸上公告。债权人应当自接到通知书之日起30日内，未接到通知书的自公告之日起45日内，向清算组申报其债权。债权人申报其债权，应当说明债权的有关事项，并提供证明材料。清算组应当对债权进行登记。清算组核定债权后，应当将核定结果书面通知债权人。书面通知和清算公告应包括企业名称、住址、清算原因、清算开始日期、申报债权的期限、清算组的组成、通信地址及其他应予通知和公告的内容。

4. 清算财产

清理公司财产、编制资产负债表和财产清单，公司清算期间的财产包括：①清算开始时公司所有的或者经营管理的财产；②清算开始后至清算终结前公司所取得的财产；③应当由公司行使的其他财产权利。公司内属于他人的财产，由该财产权利人通过清算组收回；已作为担保物的财产，由债权人以提保财产为限优先受偿，未受偿部分视同非担保债权。担保物价款超过所担保的债务数额的部分，属于清算财产。

5. 制订清算方案

清算组在清理公司财产、编制资产负债表和财产清单后，如果发现公司财产不足清偿债务的，应当立即向人民法院申请宣告破产；否则应当制订清算方案，清算方案应经股东会确认。

清算财产拨付清算费用后按下列顺序清偿：①清算费用；②职工的工资，社会保险费用和法定补偿金；③缴纳所欠税款；④清偿公司债务；⑤清算财产清偿后的剩余财产，按投资比例分配给股东。

6. 清算报告

由清算组制作清算报告、清算期内收支报表和各种财务账册，报股东会或人民法院确认。清算报告经确认后，视为已解除清算组的责任。但清算组有违法行为的，不在此限。

7. 注销登记

公司清算组应当自公司清算结束之日起30日内向原公司登记机关申请注销登记，工商行政管理局核准注销登记后，清算组应当公告企业终止。公司注销登记后，即在法律上消失。

【案情分析】

本案中，张某以双方在公司的经营政策上发生了严重的分歧，而且穷尽了其他途径仍不能解决公司严重的经营管理困难，而导致公司的事务无法继续时，股东要求解散公司，符合《公司法》第一百八十三条规定："公司经营发生严重困难，继续存续会使股东利益受到重大损失，通过其他途径不能解决的，持有公司全部股东表决权10%以上的股东，可以请求人民法院解散公司。"法院应判决解散公司。

【习题与思考】

案例一：

2005年4月，A公司与B公司发生了一笔交易，后B公司以生产经营停止无法偿还债务为由，拖欠A公司25万元货款。A公司经过调查发现：B公司与另一家D公司均系外商独资企业，投资人和法定代表人同为C某，且这两家公司的经营地址、电话号码、组织机构、从业人员完全相同。D公司设立至今，从未实际开展生产经营活动，也无机器设备，名下的土地、厂房及两部汽车均由B公司无偿使用，日常费用则由B公司支付。两公司的财务账目虽分别立册计账，但均由B公司的会计人员负责制作，D公司本身从未发放过工资。且D公司多次向银行贷款供B公司使用，B公司多次从其账户转出金额至D公司账户，用于偿还D公司的银行贷款本息。

请问：A公司要如何才能维护自己的利益？

案例二：

2006年5月，甲、乙拟共同投资设立井泉饮品有限责任公司，并就公司的基本问题达成一致意见，遂签订出资协议。协议的主要内容是：甲投资35万元，乙投资45万元；出资各方按投资比例分享利润、分担风险；公司筹备具体事宜及办理注册登记由甲负责。随后，乙将投资款45万元交付给甲，甲即开始办理公司设立登记的有关事宜，并产生了部分费用。但乙在同年7月，以饮品市场利润率低为由通知甲暂缓公司的注册登记。同年8月，要求甲退回投资45万元。甲认为，双方签订了协议，缴纳了出资，制定章程，并产生了部分费用，即使未办理登记手续，只是形式方面有欠缺，事实上已经具备公司成立的基本条件。而且，双方所订协议是合法有效的，乙要求退还投资款，属于违约行为。所以甲主张双方应继续履行出资协议，由甲尽快办妥注册登记手续。

请问：

（1）乙是否有权要求返还投资款45万元？

（2）公司设立中产生的部分费用如何承担？

（3）甲主张双方应继续履行出资协议，由甲尽快办妥注册登记手续的要求能否得到支持？

（4）本案应如何处理？

案例三：

某市A、B、C三家企业经协商决定，共同投资创办一从事生产经营的实业有限责任公司（以下简称"实业公司"）。公司注册资本110万元，其中A出资20万元，B出资15万元，另以实物出资折价18万元，C出资10万元，另以土地使用权出资折价20万元及专利使用权出资折价 27 万元。A 受托于 2009 年 8 月向当地政府主管部门办理报批手续，很快于 8 月 22 日获准并取得批准文件。同年 10 月 15 日，A 到当地工商行政管理局办理登记手续。工商局指出了申请人在出资方面存在的不妥之处，并予以纠正，颁发了法人营业执照。

同年 12 月，实业公司董事长贺某与一外商谈妥，拟在该市建一个合营企业。该合营企业注册资本总额 240 万元，其中实业公司出资 20 万元，另以场地使用权出资折价 40 万元。另一合营方 D 公司出资 130 万元，外商出资 50 万元。三方委托实业公司办理报批、登记手续。外方按三方约定于 12 月底将出资额 50 万元先期汇入了实业公司账户，2002 年 1 月 10 日三方正式签订合同，2 月 1 日正式登记成立。

至 2010 年 7 月，实业公司和 D 公司仍未将出资额缴清（只缴纳 20%）。实业公司也一直未将外方先期汇入的 50 万元转入合营企业账户。外方催缴未果，于 8 月上旬提出终止合营合同，同时要求赔偿损失 12 万元，退还出资额 50 万元。实业公司则提出：汇入我账户的 50 万元因我公司急需用去 15 万元，现在只能先退还 35 万元，其余部分待 3 个月后补齐，外商诉至法院。

请问：

（1）A、B、C 对实业公司出资有无不符合法律、法规规定之处，为什么？

（2）实业公司、D 公司与外商对合营公司的出资有无不符合法律、法规规定之处？为什么？

（3）外商先期汇入而后被动用的 15 万元款项以及外商提出因终止合同造成损失 12 万元应由谁承担，为什么？

案例四：

甲公司是制造奥运产品的有限责任公司，甲公司的主要债务人是乙公司和丙企业。乙公司是以零售业为主的有限责任公司，由张某和刘某出资设立；丙企业是由金某、肖某和姜某共同出资设立的合伙企业。甲公司一直向乙公司和丙企业催缴债务未成，1 月 2 日，金某退出丙合伙企业。1 月 10 日，甲公司再次向乙公司和丙企业要求还款。乙公司和丙企业账面上确实没有资金。于是，甲公司向张某、刘某、金某、肖某和姜某追偿。但张某、刘某认为自己只是股东，没有义务承担出资以外的债务；金某认为自己已经退出了合伙企业，不应对企业债务承担责任；肖某和姜某认为，自己应当仅就出资额为限承担责任。

请问：

（1）张某、刘某的说法正确吗，为什么？

（2）肖某和姜某的说法是否正确，为什么？

（3）金某应否对企业债务承担责任，为什么？

（4）甲公司的债权如何实现？

案例五：

李某、徐某、孙某拟共同出资 10 万元设立有限责任公司甲，其中李某以房产出资，价值 4 万元；徐某以一辆汽车和设备出资，价值 4 万元；孙某以 2 万元现金出资。该公司章程规定，各出资人首次出资认缴额的 25%，余下部分各出资人在公司成立后三年内陆续交清。

请问：该公司在设立中有何法律问题？

案例六：

某市某有色金属总公司的公司章程中规定："董事会是总公司的最高权力机关，其下属分公司经理等高级经营管理人员的任免须经董事会讨论决定，由董事长签字才能生效。"2008年8月，某有色金属总公司总经理张某未经董事会讨论通过，擅自以总公司的名义，任命李某为其下属公司的经理，该分公司是2009年2月设立的，不具有法人地位，取得了工商行政管理部门签发的营业执照。2009年4月13日，李某持某有色金属总公司分公司的营业执照，向该市工商银行申请流动资金50万元，期限为6个月。由于该分公司经营管理不善，2009年10月贷款到期时，只能偿还贷款15万元，还有35万元无力偿还，市工商银行找到某有色金属总公司，要求其承担下属分公司的贷款债务。总公司以其章程中规定下属分公司的任免应由董事会决定，而该下属分公司经理李某的任免不符合章程的规定为由，拒绝市工商银行的请求。市工商银行遂以某有色金属总公司及其分公司为共同被告，向人民法院提起诉讼。

案例七：

甲、乙、丙、丁共同出资500万元设立一有限责任公司，其中甲以厂房出资，作价100万元；乙以三辆汽车和一套先进设备出资，作价200万元；丙以专利技术出资，作价100万元；丁以100万元现金出资。该公司章程规定，各出资人首次缴纳认缴出资额的15%，余下部分各出资人在公司成立后十年内陆续缴清。

请问：

（1）公司设立过程中发起人的出资是否符合公司法的规定，为什么？

（2）因市场前景看好，董事会为了扩大经营规模，于2008年5月制订了一个增加注册资本的方案，该方案在提交股东会讨论时，乙以其资金紧张为由反对增资，但该方案最终以60%的表决权同意通过。乙表示欲转让其在公司的股份，甲、丙、丁认为公司正是需要资金的时候，不同意乙转让其股份。该增加注册资本的决议是否有效，为什么？

（3）乙能否转让其在公司的股份，为什么？

案例八：

某有限责任公司拟任命有经营头脑的W担任公司的董事，但股东甲提出反对意见，因为W目前在文化局担任副处长，是国家的公务员；股东乙认为W才华出众，极富经营头脑，还有半年就退休了，现在工作不是很忙，完全可以胜任董事的职务。另外，该有限责任公司董事Z在担任该公司董事期间，还与高中同学合伙成立了合伙企业经营与该有限责任公司相同的产品，获得个人收益10万元。股东甲一直对公司的经营管理业绩不太满意，想抽回出资或者悄悄将自己持有的出资份额转让给一直想投资实业的G。

请问：

（1）W是否可以担任公司的董事？

（2）Z董事是否可以成立合伙企业与该有限责任公司竞争？

（3）10万元收益该如何处理？

（4）股东甲是否可以实现自己的想法？

案例九：

甲股份有限公司（以下简称"甲公司"）于2009年2月1日召开董事会会议。该次会议召开情况及讨论决议事项如下：

（1）决定聘请即将退休的、有经济学博士学位的某税务局局长王某担任公司的独立董事。

（2）甲公司董事会的7名董事中有6名出席该次会议。其中，董事谢某因病不能出席会议，电话委托董事李某代为出席会议并行使表决权。

（3）甲公司与乙公司有业务竞争关系，但甲公司总经理胡某于2008年下半年为乙公司从事经营活动，损害甲公司的利益。故董事会作出如下决定：解聘公司总经理胡某；将胡某为乙公司从事经营活动所得的收益收归甲公司所有。

（4）为完善公司经营管理制度，董事会会议通过了修改公司章程的决议，并决定从通过之日起执行。

请问：

（1）董事会作出聘请王某担任独立董事的决定是否符合法律规定，为什么？

（2）董事谢某电话委托董事李某代为出席董事会会议并行使表决权的做法是否符合法律规定？简要说明理由。

（3）董事会作出将胡某为乙公司从事经营活动所得的收益收归甲公司所有的决定是否符合法律规定，为什么？

（4）董事会作出修改公司章程的决议是否符合法律规定？简要说明理由。

第五章 破产法

第一节 破产与破产法的概述

【案情摘要】

G市某煤炭（集团）有限责任公司系在省工商行政管理局注册登记的工业企业，2008年，因为经营不善，不能偿还到期债务，向法院申请破产。企业尚存：①流动资金70万元。②自有设备，折价120万元。③租借的设备，计价18万元。

请问：

（1）该公司是否可以申请破产？

（2）该企业如申请破产，应由哪级人民法院受理？

【涉及法律问题】

1. 破产界限。

2. 破产管辖，破产还债程序。

【学理解释】

一、破产的概念

企业破产是市场经济条件下的一种客观经济现象，是指企业在市场竞争中，由于各种原因不能清偿到期债务，通过重整、和解或者清算等法律程序，使得债权债务关系依据重整计划或者和解协议得以调整，或者通过变卖债务人财产，使得债权人公平受偿的一种特别的诉讼法律制度。企业进入破产，就意味着：①其债务已经到期；②以其全部财产无法清偿该债务。我国《破产法》包括和解、重整、破产清算三种程序。

二、破产的法律特征

破产是一种概括的执行程序，目的在于剥夺不能清偿到期债务的债务人对其全部财产的管理处分权，让全体债权人取得公平受偿的机会。它有以下特征：

（1）破产是一种法定偿债手段。当债务人不能清偿到期债务时，如何分配债务人的财产，如何满足多个债权人的清偿要求，非有法律之特别规定，一般的民事诉讼程序或者执行程序，难以解决这样的问题。

（2）破产以债务人不能清偿到期债务为前提。债务人不能清偿到期债务，是破产之原因，破产只不过是对债务人不能清偿到期债务的事实予以法律确认，即通过法院的司法裁决承认债务人事实上的破产状态。

（3）破产以公平清偿债权为宗旨。债务人不能清偿到期债务时，利用破产程序可以合理地协调多数债权人之间就债务人的有限财产如何受偿的利益冲突，使债权人共同分担损失和共同享受利益，即同一顺序的债权人地位平等和受偿机会均等。

（4）破产是一种特殊的执行程序。首先，作为一种执行程序，破产程序处于法院的严格控制下，非有法律之特别规定，其他任何人或者机构都不能处分或执行破产人的财产。其次，破产程序优先于个别民事执行程序，在破产程序开始后，必须中止对债务人财产的民事执行程序，所有的无财产担保的债权人均须通过破产程序行使权利。最后，破产程序是对债务人全部财产与经济关系进行的彻底清算，在作出破产宣告的情况下将终结债务人的经营业务，并使债务人丧失民事主体资格。

三、破产法适用范围

我国的《企业破产法》于2007年6月1日实施。根据《企业破产法》第二条：企业法人不能清偿到期债务，并且资产不足以清偿全部债务或者明显缺乏清偿能力的，依照本法规定清理债务。《企业破产法》的适用范围包括：国有企业与法人型私营企业、三资企业、上市公司与非上市公司、有限公司与股份有限公司、金融机构。自然人不属于企业破产法调整的范围。法律规定企业法人以外的组织如合伙企业的清算，属于破产清算的，参照破产规定的程序进行。

四、破产界限

破产界限又称破产原因，是指法律规定的进行破产宣告的客观状态。我国《破产法》规定，企业经营管理不善造成严重亏损，不能清偿到期债务，就可依法宣告破产。关于"不能清偿到期债务"，有两个要件：一是企业法人不能清偿到期债务，并且资产不足以清偿全部债务；二是企业法人不能清偿到期债务，并且明显缺乏清偿能力。"不能清偿"在法律上的着眼点是债务关系能否正常维系，其要点为：①债务人丧失清偿能力，不能以财产、信用或能力等任何方法清偿债务；②债务人不能清偿的是已到期、债权人提出偿还要求的、无争议或已有确定名义（指已经生效的判决、裁决确定）的债务；③债务人对全部或主要债务长期连续不能偿还。为了解决债权人提出破产申请时的举证责任问题，最高人民法院在其司法解释中规定："债务人停止支付到期债务并呈连续状况，如无相反证据，可推定为不能清偿到期债务。"

商业银行、保险公司、证券公司等金融机构的破产实行单一原因，即不能清偿到期债务。金融机构的破产具有特殊性，商业银行、保险公司、证券公司等金融机构有《企业破产法》第二条规定的情形的，国务院金融监督管理机构可以向人民法院提出对该金融机构进行重整或者破产清算的申请。

五、破产案件的管辖

破产案件由债务人所在地，即企业主要办事机构所在地人民法院管辖。基层人民法院一般管辖县、县级市或区的工商行政管理机关核准登记的企业破产案件；中级人民法院一般管辖地区、地级市（含本级）以上工商行政管理机关核准登记的企业破产案件。上下级法院之间可以依照《民事诉讼法》第三十九条的规定实行移交管辖。

【案情分析】

（1）该公司可以申请破产。根据《破产法》第二条第一款针对企业法人的破产清算确立的破产原因，即不能清偿到期债务，并且资产不足以清偿全部债务或者明显缺乏清偿能力的，可以申请破产。

（2）该破产案件应由企业所在地中级人民法院受理。

第二节　破产案件的申请和受理

【案情摘要】

2008年12月10日债权人某银行分行向市中级人民法院申请雅光葡萄酒厂破产。经查：雅光葡萄酒厂仅有资产73.7万元，债务为159.7万元，亏损额达86万元，资产负债率为46.1%。法院立案，在规定时间内通知债权人，并于2009年1月5日在报上公告要求债权人申报债权，规定2月10日召开第一次债权人会议。有些债权人担心自己的债权得不到全额清偿，通过各种途径抢先清偿，例如从仓库提走产品抵债。2月10日主持召开第一次债权人会议，确认：24家债权人，各种债务累计159.7万元。银行的部分债务是有抵押权的。2月11日法院裁定破产。3月9日成立破产清算组。清算组提出财产分配方案，债权人会议通过：所有财产集体拍卖，全体债权人按比例受偿。清算组委托拍卖公司公开拍卖。最终，包括手续费以59.7万元成交。银行提出异议，不同意含有抵押债权的财产加入整体拍卖，要求优先受偿。法院裁定异议不成立，扣除破产费，按原方案分配后，裁定终止破产程序。

请问：

（1）银行有部分无财产担保债权，申请破产合法吗？

（2）根据《中华人民共和国企业破产法》和《中华人民共和国民事诉讼法》，破产还债程序包括什么？

（3）作为债权人某银行分行申请破产应向法院提交的材料包括什么？

（4）企业破产原因是什么？

（5）如果是作为债务人雅光葡萄酒厂提出破产申请，应向法院提交的材料包括什么？

（6）债权人会议召开和清算组成立时间有无不妥？

（7）进入破产程序后，个别清偿是否有效？

（8）银行有部分抵押债权，以上处理合法吗，你认为应该如何处理？

【涉及法律问题】

1. 破产案件的申请程序。

2. 破产债权的范围。

【学理解释】

一、破产案件的申请

破产申请是破产申请人请求法院受理破产案件的意思表示。能提出破产申请的主体有两个，即债务人和债权人。但有两个例外，一是在公司自行清算或指定清算情形下，如遇公司资不抵债，清算责任人为破产申请人；二是在法院受理破产案件后，破产宣告前，持有债务人注册资本 1/10 以上的出资人可为重整申请人。

1. 债务人申请

债务人出现破产或者重整原因，可以自己提出重整、和解或者破产清算申请。债务人申请破产，应当向人民法院提供下列材料：①企业亏损情况说明；②会计报表；③企业财务状况说明细表和有形财产的处所；④债权清册和债务清册（包括债权人和债务人的名单、住所、开户银行、债权债务发生的时间、债权债务数额、有无争议等）；⑤人民法院认为应当提供的其他材料。如果是国有企业申请破产，还必须向人民法院提供其上级主管部门或者政府授权部门同意其申请破产的意见。

2. 债权人申请

债权人的到期债权得不到清偿时，可以向法院申请对债务人进行重整或破产清算。债权人申请破产，应向人民法院提供下列材料：①债权发生事实及有关证据；②债权性质和债权数额；③债权有财产担保的，提供相关证据；④债务人不能清偿到期债务的有关证据。该破产申请是否受理，由人民法院审查。

3. 破产申请的撤回

根据《破产法》第九条的规定，人民法院受理破产申请前，申请人可以请求撤回申请。人民法院准许申请人撤回破产申请的，在撤回之前已经支出的费用由破产申请人承担。

二、破产案件申请的审查与受理

人民法院收到破产申请后，应自收到申请之日起 5 日内通知债务人。债务人对申请有异议的，应自收到法院的通知之日起 7 日内向法院提出。法院应自异议期满之日起 10 日内裁定是否受理。

审查可分为实质审查和形式审查。形式审查是审查申请人是否具有破产申请资格；申请材料是否符合法律规定；本院对该案有无管辖权；债务人是否属于破产法适用范围内的民事主体。法院若认为申请材料需要更正、补充的，可以责令申请人限期更正、补充。逾期未予更正、补充的，视为撤回申请。实质审查是审查债务人是否达到了破产界限，即债务的清偿期已届满而债务人明显缺乏清偿能力。如果债务人停止支付到期债务并呈连续状态，又无相反证据，可推定为"不能清偿到期债务"。

人民法院决定不受理破产案件的，应当作出裁定，并说明理由。破产申请人不服的，可以在裁定送达之日起 10 日内向上一级人民法院提出上诉。

人民法院决定受理破产案件的，一方面应当自裁定之日起 10 日内通知债务人，并要求其自收到人民法院的通知起 10 日内，向人民法院提交财产状况说明书、债务清册、债权清册和有关会计报表；另一方面应当自裁定之日起10日内通知有明确地址的债权人，并发布公告。通知和公告应包括下列内容：①立案时间；②破产案件的债务人；③债权申报期限、地点及逾期未报的法律后果；④第一次债权人会议召开的日期和地点等。债权申报期限最长不得超过90日，自人民法院裁定受理破产案件的公告生效之日起计算。

债权人在收到人民法院通知的1个月内，未收到通知的债权人应当自公告之日起3个月内，向人民法院申报债权，说明债权的数额、有无财产担保，并提供有关证明材料。逾期未申报债权的，视为自动放弃债权。人民法院对有财产担保的债权和无财产担保的债权应当分别登记，以便在破产清算时，对不同性质的债权依不同顺序受偿。

三、受理的效果

1. 对受理破产案件的法院

法院受理破产案件后，产生两项义务：一是指定破产管理人。法院裁定受理破产申请的同时应指定破产管理人。二是自受理破产申请之日起25日内通知已知债权人，并予以公告。

2. 对债务人及债务人的有关人员

自法院受理破产申请裁定送达债务人之日起至破产程序终结之日，对债务人的有关人员产生以下效果：①妥善保管其占有和管理的财产、印章和账簿、文字等资料。②根据法院、管理人的要求进行工作，并如实回答相关询问。③列席债权人会议并如实回答债权人的询问。④未经法院许可，不得离开住所地。⑤不得新任其他企业的董事、监事、高级管理人员。

3. 对破产管理人

法院受理破产申请后，管理人对破产申请受理前成立而债务人和对方当事人均未履行完毕的合同有权决定解除或者继续履行，并通知对方当事人。管理人自破产申请受理之日起2个月内未通知对方当事人，或者自收到对方当事人催告之日起30日内未答复的，视为解除合同。破产管理人决定继续履行合同的，对方当事人应当履行。但对方当事人有权要求管理人提供担保。管理人不提供担保的，视为解除合同。

4. 对债务人的债务人或者财产占有人

法院受理破产申请后，债务人的债务人或者财产持有人应向管理人清偿债务或者交付财产。

5. 对民事诉讼程序的影响

法院受理破产申请后，已经开始而尚未审结的有关债务人的民事诉讼或仲裁应当中止。在管理人接管债务人的财产后，该诉讼或者仲裁继续进行。

6. 对保全措施与执行程序的影响

法院受理破产申请后，有关债务人财产的促使措施应当解除，执行程序应当中止。

四、破产管理人

（一）破产管理人的组成

破产管理人是指在破产宣告后成立的、负责执行破产清算事务的机构。

人民法院裁定受理破产申请的，应当同时指定管理人，接管破产企业。管理人可以由有关部门、机构的人员组成的清算组或者依法设立的律师事务所、会计师事务所、破产清算事务所等社会中介机构担任。

人民法院根据债务人的实际情况，可以在征询有关社会中介机构的意见后，指定该机构具备相关专业知识并取得执业资格的人员担任管理人。个人担任管理人的，应参加职业责任保险。

管理人依法履行职务，向法院报告工作，并接受债权人会议和债权人委员会的监督。债权人会议认为管理人有不能依法、公正执行职务或者其他不能胜任职务情形的，可以申请人民法院予以更换。

有下列情形之一的，不得担任管理人：①因故意犯罪受过刑事处罚；②曾被吊销相关专业执业证书；③与本案有利害关系；④人民法院认为不宜担任管理人的其他情形。

（二）管理人的职责与义务

我国《企业破产法》（2006）第二十五条赋予管理人以下九项职权：①接管债务人的财产、印章和账簿、文书等资料；②调查债务人财产状况，制作财产状况报告；③决定债务人的内部管理事务；④决定债务人的日常开支和其他必要开支；⑤在第一次债权人会议召开之前，决定继续或者停止债务人的营业；⑥管理和处分债务人的财产；⑦代表债务人参加诉讼、仲裁或者其他法律程序；⑧提议召开债权人会议；⑨人民法院认为管理人应当履行的其他职责。

管理人没有正当理由不得辞去职务。管理人辞去职务应经法院许可。

【案情分析】

（1）银行有部分无财产担保债权，申请破产合法。

（2）根据《中华人民共和国企业破产法》和《中华人民共和国民事诉讼法》，破产还债程序是：A. 债权人或债务人的书面申请；B. 法院审查，决定是否进入破产还债程序；C. 进入破产还债程序后，在 10 日内通知债权人和债务人，并发布公告；D. 通知后 30 日内，公告 3 个月内，申报债权；E. 3 个月加 15 天内，由法院召集第一次债权人会议；F. 企业可以与债权人会议达成和解协议，法院认可，并发公告，中止破产程序；G. 法院裁定宣告企业破产，15 日内成立清算组，管理、处理有关事务并分配；H. 分配完毕，法院终结破产程序；I. 清算组向登记机关注销登记。

（3）债权人某银行分行申请破产应向法院提交的材料：①债权发生的证据；②债权的性质、数量；③有无财产担保和提供证据；④不能清偿到期债务的证据，如停止支付，并呈连续性。

（4）企业破产原因是：①企业经营不善；②严重亏损；③不能清偿到期债务。要符合三个要件：第一，债务的清偿期限已经届满；第二，债权人已要求清偿；第三，债务人明显缺乏清偿能力。该条还规定，债务人停止支付到期债务并呈连续状态，如无相反证据，可推定为"不能清偿到期债务"。

（5）债务人提出破产申请，应向法院提交的材料：①亏损情况；②会计报表；③财产状况；④债权债务清册；⑤其他。

（6）第一次债权人会议应于 4 月 5 日后的 15 天内召开，2 月 10 日召开不妥。清算组应于 2 月 11 日后 15 天内成立，3 月 9 日成立不妥。

（7）《中华人民共和国企业破产法》第十二条规定："人民法院受理破产案件后，债务人对部分债权人的清偿无效，但是债务人正常生产经营所必需的除外。"这是关于禁止个别清偿的现行规定。要构成"债务人正常生产经营所必需"这一例外，须同时具备四项条件：第一，债务人仍在从事生产经营；第二，这种生产经营是正常的，即有利于企业财产保值和债权人的清偿利益；第三，所为的个别清偿是必需的，即若不实施这一清偿，将有损于企业财产和债权人利益；第四，受理破产案件的人民法院的批准。所以，债务人在《中华人民共和国企业破产法》第十二条规定的期间实施的个别清偿，凡不具备这四项条件的，应认定为无效。

（8）银行有部分抵押债权，有权优先受偿，理论上属于个别除权。或把抵押财产单独拍卖优先偿受银行债务，如果拍卖会使整体财产价值减少，也可以整体拍卖，但是保证抵押债权优先充分受偿。

第三节　破产财产和破产债权

【案情摘要】

某企业因资不抵债，拟向法院申请破产，聘请律师代理破产中的法律事务。律师经过一段时间的工作后掌握了以下情况：①该企业系在省工商行政管理局注册登记的工业企业；②该企业的债权人之一甲公司因追索 150 万元货款而在一个月前起诉该企业，此案尚在审理中；③该企业欠当地工商银行贷款 1 200 万元，贷款时曾提供该企业的一套进出口成套设备作抵押，该套设备现值 800 万元；④该企业曾为乙公司向当地建设银行一笔 300 万元的贷款作为保证人，现乙公司对该笔贷款未予偿还；⑤该企业资不抵债已达 3 500 万元。

请问：

（1）甲公司与该企业之间尚未审结的追索货款之诉应如何处理？

（2）工商银行的 1 200 万元贷款应如何处理？

（3）建设银行能否参加破产程序、申报破产债权？简要说明理由。

【涉及法律问题】

1. 破产财产。
2. 破产债权。

【学理解释】

一、破产财产概述

破产财产是指企业在被宣告破产时或在破产终结前可以主张权利的、用以支付破产费用和清偿破产债务的财产。破产财产主要由下列财产构成：

①宣告破产时企业经营管理的全部财产；

②破产企业在破产宣告后至破产程序终结前所取得的财产；

③应当由破产企业行使的其他财产权利；

④担保物的价款超过其所担保的债务数额的，超过部分属于破产财产。

应注意与破产财产有关的几项特殊权利：

第一，撤销权与追回权。依据《企业破产法》第三十一条、三十二条的有关规定，法院受理破产申请前1年内，涉及债务人财产的不当转移，管理人有权请求人民法院予以撤销。具体情形包括：①无偿转让财产的。②以明显不合理的价格进行交易的。③对没有财产担保的债务提供财产担保的。④对未到期的债务提前清偿的。⑤放弃债权的。法院受理破产申请前6个月内，债务人有企业破产清算原因，仍对个别债权人进行清偿的，管理人有权请求人民法院予以撤销。但是，个别清偿使债务人财产受益的除外。债务人为逃避债务而隐匿、转移财产的以及债务人虚构债务或者承认不真实的债务的行为无效。

破产法第三十六条规定："债务人的董事、监事和高级管理人员利用职权从企业获取的非正常收入和侵占的企业财产，管理人应当追回。"这是针对我国企业特别是国有企业中大量存在的管理层在企业困境情况下继续领取高额薪金、奖金和各种补贴，或者为自己修建高档住房等"穷庙富方丈"现象作出的规定，目的在于遏制企业高层管理人员的不正当自利行为，以维护企业利益和改善法人治理。

第二，取回权。它是指不属于破产企业所有的财产，但由破产企业占有或使用，所有人或经营管理人有不依破产程序取回该财产的权利。取回权是以物权为基础的请求权。也就是说，取回权的发生依据不是债的关系而是物权关系。取回权人是以物的所有人的身份提出权利请求的。若无物的所有权（或者由所有权派生的其他物权，如国有企业的经营管理权）作为权利基础，则不得主张取回权。取回权是在破产程序中行使的特别请求权。其特殊性表现为不参加债权申报和债权人会议，而由权利人个别行使权利。取回权标的物在被取回以前，视同为债务人财产，由管理人管理和支配。该财产若受到不法侵犯，管理人得请求法律保护。

取回权分为一般取回权和特殊取回权。适用破产法概括性规定的取回权为一般取回权。适用破产法特别规定的取回权为特殊取回权。特殊取回权在我国破产法中仅规定了出卖人取回权，出卖人取回权由出卖人行使。取回权的行使以原物返还为原则，在不能原物返还的情况下以金钱赔偿方式予以满足。对赔偿取回权的满足，应作为共益债务。

第三，抵消权。它是指破产债权人在破产宣告前对破产人负有债务，不论债的种类和到期时间，得于清算分配前以破产债权抵消其所负债务的权利。破产抵消权的行使，不仅关系到破产抵消权人的利益，而且关系到破产财产及全体破产债权人的利益，因此，应当遵守以下规则：①抵消权的行使以债权进行申报并得到法院裁定确认为条件。②主张抵消的债权、债务均发生在破产申请受理前。③抵消权的行使以管理人为请求对象。

由于破产抵消权具有优先权的性质，能够使债权人得到优于清算分配的清偿结果，如果不加限制，则可能被滥用，从而损害破产清算的秩序和多数债权人的正当权益。有鉴于此，《破产法》第四十条具体规定了不适用破产抵消的以下三种情形：

（1）债务人的债务人在破产申请受理后取得的他人对债务人的债权，不得用于抵消。

（2）债权人已知债务人有不能清偿到期债务或者破产申请的事实，而对债务人负担的债务，不得抵消。但是，债权人因为法律规定或者在破产申请1年前发生的原因而负担债务的除外。

（3）债务人的债务人已知债务人有不能清偿到期债务或者破产申请的事实，而对债务人取得的债权，不得抵消。但是，债务人的债务人因为法律规定或者有破产申请1年前所发生的原因而取得债权的除外。

第四，优先受偿权。它是指享有破产企业特定财产担保债权的债权人可以不依破产程序从而直接从破产企业的特定财产上得到优先受偿的权利。狭义优先受偿权包括破产费用的优先权、有担保的债权及职工工资、劳动保险费用、税款等优先权，以及《民事诉讼法》（第二百零四条）类似的规定、《商业银行法》规定银行破产的优先权（第七十一条清算费用、职工工资和保险、保险金、税款）、《海商法》规定的请求权人对扣押船只的优先权等。

二、破产债权概述

破产债权是指债权人在破产宣告前成立的通过破产财产的分配能够得到公平受偿的财产请求权。

（1）破产债权主要包括：

①无财产担保的债权；

②放弃了优先受偿权的有财产担保债权；

③有财产担保债权的担保物未能完全清偿的所剩余债权；

④未到期的债权扣除未到期利息的部分；

⑤债权人对宣告破产的保证人的债权；

⑥破产人的保证人或其他连带债务人，因代替破产人清偿债务而取得的求偿权；

⑦票据出票人或背书人被宣告破产，而付款人或承兑人不知事实而付款或承兑，由此产生的债权；

⑧清算组决定解除合同，另一方当事人因合同解除受到损害的，经法院确定的赔偿额。

（2）下列债权不能成为破产财产：

①破产债权在破产宣告后的利息；

②债权人参加破产程序的费用；

③对破产人课处的罚金、罚款和没收的财产；

④超过诉讼时效期间的债权；

⑤未按法定期间申报的债权。

三、破产费用与共益债务

破产费用是指破产过程中，为保障破产程序的顺利进行而支付的费用。依《企业破产法》第四十一条规定，法院受理破产申请后发生的下列费用，为破产费用：①破产案件的诉讼费用；②管理、变价和分配债务财产的费用；③管理人执行职务的费用、报酬和聘用工作人员的费用。

共益债务是指在破产程序中为维护全体债权人的共同利益所形成的债务。依据《破产企业法》（2006）第四十二条规定，以下六项均属共益债务：①因管理人或者债务人请求对方当事人履行双方均未履行完毕的合同所产生的债务；②债务人财产受无因管理所产生的债务；③因债务人不当得利所产生的债务；④为债务人继续营业而应支付的劳动报酬和社会保险费用以及由此产生的其他债务；⑤管理人或者相关人员执行职务致人损害所产生的债务；⑥债务人财产致人损害所产生的债务。

根据《破产法》第四十三条的规定，破产费用和共益债务的清偿，采用以下原则：

（1）随时清偿。破产费用和共益债务由债务人财产随时清偿。在债务人财产足以清偿破产费用和共益债务时，二者的清偿不分先后。

（2）破产费用优先清偿。在债务人财产不足以清偿所有破产费用和共益债务的情况下，先行清偿破产费用。

（3）按比例清偿。债务人财产不足以清偿所有破产费用或者共益债务的，按照比例清偿。

（4）不足清偿时的终结程序。债务人财产不足以清偿破产费用的，管理人应当提请人民法院终结破产程序。如果此时尚未宣告债务人破产，则无须宣告。

【案情分析】

（1）甲公司与该企业之间尚未审结的追索货款之诉应终结诉讼，由债权人甲公司向法院申报债权。

（2）工商银行的 1 200 万元贷款中的 800 万元从抵押财产中优先受偿；剩余的 400 万元可申报破产债权。

（3）建设银行能参加破产程序、申报破产债权。破产案件中债务人作为保证人的，债权人享有是否将其债权作为破产债权的选择权。

第四节　债权人会议

【案情摘要】

江阴市宏伟机械有限责任公司由于经营管理不善，不能清偿到期债务。2007 年 10 月 22 日，法定代表人向公司所在区人民法院申请宣告破产。法院受理后，召集并主持了债权人会议。江阴市宏伟机械有限责任公司最大的债权人是江阴市某食品公司。江阴市某食品公司享有 20 万元有财产担保的债权。江阴市宏伟机械有限责任公司第二大债权人是杉南市咏顺贸易公司。江阴市宏伟机械有限责任公司欠杉南市咏顺贸易公司 15 万元。法院指定江阴市某食品公司担任债权人会议主席。经过一段时间的审理，法院作出裁定宣告江阴市宏伟机械有限责任公司破产，由其上级主管部门接管，进行清算活动。

请问：该企业申请破产过程中，有哪些违法之处？

【涉及法律问题】

债权人会议。

【学理解释】

一、债权人会议的概念

债权人会议是全体债权人参加破产程序并集体行使权利的决议机构。有关债权人权利行使和权利处分的一切事项，均由债权人会议作出决议。

二、债权人会议的组成

所有依法申报债权的债权人均为债权人会议的成员，包括：无财产担保的债权人；有财产担保的债权人；享有取回权的债权人；享有抵消权的债权人；清算组行使撤销权而产生的债权人；代替债务人清偿债务后获得代位求偿权的债务人的保证人等。其中有财产担保的债权人在放弃优先受偿权的情况下，享有表决权，否则不享有表决权。

职工为企业的内部成员，同时又与企业存在着劳动关系。职工基于劳动关系在企业享有的工资等请求权，受到破产法的特殊保护。因此，职工不是债权人会议的成员。但是，破产程序中，对于职工权益必须予以充分重视。为此，破产法规定，债权人会议应当有债务人的职工和工会的代表参加，对有关事项发表意见。

三、债权人会议的职权

根据《企业破产法》第六十一条规定，债权人会议行使下列职权：①核查债权；②申请人民法院更换管理人，审查管理人的费用和报酬；③监督管理人；④选任和更换债权人委员会成员；⑤决定继续或者停止债务人的营业；⑥通过重整计划；⑦通过和解协议；⑧通过债务人财产的管理方案；⑨通过破产财产的变价方案；⑩通过破产财产的分配方案；⑪人民法院认为应当由债权人会议行使的其他职权。

四、债权人会议的召开

（1）会议召集人。第一次债权人会议，由人民法院召集。以后的债权人会议由会议主席召集。

（2）会议召集的时间。第一次债权人会议为法定会议，应当在债权申报期限届满后15日内召开。以后的债权人会议：一是在人民法院认为必要时召开；二是在管理人、债权人委员会、占债权总额1/4以上的债权人向债权人会议主席提议时召开。

（3）会议召集通知。召开债权人会议，管理人应当提前15日通知已知的债权人。

五、债权人会议的决议

（1）债权人会议的决议由出席会议的有表决权的债权人过半数通过，并且其所代表的债权额占无担保债权总额的1/2。通过和解协议，须经出席会议的有表决权的债权人过半数同意，并且所代表的债权额占无财产担保债权总额的2/3以上。但是通过重整计划草案，须各表决组均通过重整计划草案，各表决组通过草案须经出席会议的同一表决组的债权人过半数同意，并且其所代表的债权额占该组债权总额的2/3以上。

债务人财产的管理方案、破产财产的变价方案经债权人会议表决未通过的，由法院裁定。债权人对该裁定不服的，可以自裁定宣布之日或者收到通知之日起15日内向该法院申请复议。复议期间不停止裁定的执行。破产财产的分配方案经债权人会议两次表决未通过的，由法院裁定。债权额占无财产担保债权总额1/2以上的债权人对裁定不服的，可以自裁定宣布之日起15日内向该法院申请复议。复议期间不停止裁定的执行。

（2）债权人会议的决议对全体债权人均有约束力。债权人会议的决议依法生效后，不论是否出席了会议，也不论是否投了赞成票，都要受其约束。

（3）债权人认为债权人会议的决议违反法律规定，损害其利益的，可以自债权人会议作出决议之日起15日内，请求人民法院裁定撤销该决议，责令债权人会议依法重新作出决议。这里所说的"违反法律规定"，解释上应包括实体法和程序法。常见的情况有：一是决议内容违法；二是决议程序违法；三是会议程序违法。

【案情分析】

有下述几处是违法的：

（1）向公司所在区的人民法院申请企业破产是不合法的。《中华人民共和国企业破产法（试行）》第五条规定："破产案件由债务人所在地人民法院管辖。"本案中的宏伟机械有限责任公司是在市工商局登记的，应向江阴市中级人民法院申请宣告破产，而不应向区人民法院申请宣告破产。

（2）江阴市某食品公司担任债权人会议主席是不合法的。根据《企业破产法》规定："所有债权人均为债权人会议成员。债权人会议成员享有表决权，但是有财产担保的债权人未放弃优先受偿权利的除外。债务人的保证人，在代替债务人清偿债务后可以作为债权人，享有表决权。债权人会议主席由人民法院从有表决权的债权人中指定。债务人的法定代表人必须列席债权人会议，回答债权人的询问。"本案中，作为债权人会议主席的江阴市某食品公司是有财产担保而又未放弃优先受偿权的债权人。根据法律规定，有财产担保而又未放弃优先受偿权的债权人在债权人会议中是没有表决权的，所以也就不能成为债权人会议主席。

（3）法院的裁定是不合法的。根据《企业破产法》规定："人民法院应当自宣告企业破产之日起十五日内成立清算组，接管破产企业。清算组负责破产财产的保管、清理、估价、处理和分配。清算组可以依法进行必要民事活动。清算组成员由人民法院从企业上级主管部门、政府财政部门等有关部门和专业人员中指定。清算组可以聘任必要的工作人员。清算组对人民法院负责并且报告工作。"本案中，破产企业由其上级主管部门接管并进行清算活动，是不合法的。清算组成员由人民法院从企业上级主管部门、政府财政部门等有关部门和专业人员中指定。清算组对人民法院负责并且报告工作。

第五节　重整程序与和解程序

【案情摘要】

2007年，朝华科技用38天成功重整，这是新破产法施行以来，用时最短的重整案件。

重整计划能得以实现的核心一般是债权人放弃、减免或延缓债权，而朝华科技最大的债权人——数家商业银行却表示，它们无法擅自减免，必须报总行批准，否则，它们不能在债权人会议上表决通过该重整计划。而一旦银行通不过，则整个重整计划就通不过。重庆市涪陵区好江贸易有限公司（以下简称好江公司）由此诞生，注册资金为100万元，承债式收购朝华科技的全部财产。

12月21日，在朝华科技所在地法院——重庆市第三中级人民法院（以下简称三中院）

主持下，朝华科技第一次债权人会议如期召开，并顺利通过了重整计划。

12 月 24 日，三中院裁定批准朝华科技重整计划：由建新集团出资全额清偿朝华科技劳动债权（含法律法规规定的其他劳动保险费用）和税务债权；按一定比例对普通债权人及有担保债权人进行清偿或补偿；将设定有担保的特定财产抵偿给享有担保债权的相关债权人；债权人在担保物变现范围内获得全额清偿；剩余债权与朝华科技剩余全部财产由好江公司承债式收购。承债式资产收购完成后，债权人未获清偿的债权数额，由债权人向好江公司主张权利，好江公司以其所有资产（包括承债式收购获得的朝华科技（集团）股份有限公司的资产）向债权人承担责任，朝华科技（集团）股份有限公司在重整计划执行完毕后，对债权人不再承担清偿责任。

【涉及法律问题】

破产重整。

【学理解释】

一、重整

（一）重整的概念与特征

1. 重整的概念

重整是指不对无偿付能力的债务人的财产立即进行清算，而是在法院的主持下由债务人与债权人达成协议，制订重整计划，规定在一定的期限内，债务人按一定的方式全部或部分地清偿债务，同时债务人可以继续经营其业务的制度。重整程序与破产清算程序、和解程序并称为现代破产制度的三大基本程序。

2. 重整的特征

重整具有以下特征：①重整申请时间提前、启动主体多元化；②重整程序适用优先；③参与重整活动的主体多样化、重整措施多样化；④担保物权受限；⑤重整程序具有强制性；⑥债务人负责执行重整计划。

（二）重整的原因

重整发生的条件有两个：一个是具备重整的原因；二是有主体申请重整。依据《破产法》的规定，债务人不能清偿到期债务，并且资产不足以清偿全部债务或者明显缺乏清偿能力的，或者有明显丧失清偿能力可能的，债务人或者债权人可以直接向法院申请对债务进行重整。

（三）重整程序的发动

按照新破产法的规定，重整程序的申请人分为两种情况：①破产案件受理前的初始重整申请，可以由债务人或者债权人提出。②破产案件受理人、破产宣告前的后续重整申请，初始申请为债权人申请债务人破产清算的，可由债务人或者持有债务人注册资本 1/10 以上的一名或数名出资人提出。人民法院经审查认为重整申请符合破产法的规定的，应当裁定许可债务人进行重整并予以公告。

（四）重整计划的制订，批准和执行

债务人自行管理财产和营业事务的，由债务人制作重整计划草案。管理人负责管理财产和营业事务的，由管理人制作重整计划草案。债务人或者管理人应自法院裁定债务人重整之日起 6 个月内，向法院和债权人会议同时提交重整计划草案。6 个月时间届满，有正当理由的，经债务人或管理人请求，法院可以裁定延期 3 个月。

法院在收到重整计划草案后，应当召开债权人会议，各类债权人按照债权的分类，分组对重整计划草案进行表决。出席会议的同一表决组的债权人过半数同意重整计划草案，并且其所代表的债权额占该组债权总额的 2/3 以上的，即为该组通过重整计划草案。重整计划草案涉及出资人权益调整事项的，应当设出资人组，对该事项进行表决。其表决通过的规则与债权人表决组相同。各表决组均通过重整计划草案时，重整计划即为通过。自重整计划通过之日起 10 日内，债务人或者管理人应当向人民法院提出批准重整计划的申请。

批准程序是人民法院行使司法审查权的过程。在审查过程中，人民法院可以根据案情的需要，进行开庭或不开庭的审理。人民法院审理后，可以针对不同情况作出不同结果的裁定。

重整计划的执行人。重整计划由债务人负责执行。管理人在重整期间主持营业的，应当在人民法院裁定批准重整计划后，将其接管的财产和营业事务移交债务人。按照重整计划减免的债务，自重整依法执行完毕时起，债务人不再承担清偿责任。

（五）重整期间的财产管理和营业事务

1. 重整期间

重整期间是重整程序开始后的一个法定期间，其目的在于防止债权人在重整管理期间对债务人及其财产采取诉讼或其他程序行动，以便保护企业的营运价值和制定重整计划。

《破产法》第七十二条规定：自人民法院裁定债务人重整之日起至重整程序终止，为重整期间。除了具备法定原因提前终止重整程序的外，重整期间包括两个阶段：

（1）重整计划制备阶段，即从人民法院裁定债务人重整之日起，到债务人或者管理人向人民法院和债权人会议提交重整计划草案时止。这一期间通常为 6 个月，但有正当理由的，经债务人或者管理人请求，人民法院可以裁定延期 3 个月。

（2）重整计划通过阶段，即从重整计划草案提交时起，到债权人会议表决后人民法院裁定批准或不批准重整计划并终止重整程序，或者依据表决未通过的事实裁定终止重整程序时止。这一期间没有法定期限，由人民法院酌情决定。

2. 管理人监督下的债务人自行管理

根据《破产法》第七十三条的规定，采用这种方案必须经债务人申请，人民法院批准。人民法院批准后，如果管理人已经接管了债务人的财产和营业事务，则应当办理移交。债务人在自行营业的情况下，行使破产法规定的管理人职权，并履行管理人对债权人会议和债权人委员会的报告义务。同时，债务人还要接受管理人的监督，其财产管理和营业的重要决定和有关信息，应当报告管理人。

3. 管理人负责及债务人参与的管理

在债务人没有提出自行营业的申请，或者其自行营业申请未获法院批准的情况下，管理人当然地负责重整期间债务人财产管理和营业事务。但是，为了提高经营效率，管理人不妨将债务人的全部或部分营业事务，以聘任方式委托债务人的经营管理人员负责办理。由于在聘任制下，管理人承担着法律上的责任，故受聘人员的营业行为自然应接受管理人的监督。所以，这些人员在签订重要合同和实施重大财产处分行为时，应当征得管理人的同意。

（六）重整的终结

重整终结有两种情况：

1. 重整期限届满而终结

重整期限届满，重整即应终结。期限届满有两种结果发生：

（1）重整取得实效，债务人恢复了清偿能力，能够按照协议履行债务，人民法院应当宣告该企业的破产程序终结，并予以公告。

（2）重整期满，企业没有恢复清偿能力，不能按照和解协议履行债务，人民法院应当终结和解重整程序，宣告该企业破产，并于终结和解重整程序后 10 日内通知债权人，发布公告，重新登记债权。该企业将进入破产宣告和破产清算程序。

2. 重整期间终结

在和解重整期间内，企业如果发生以下情况之一的，经人民法院裁定，终结企业的和解整顿，宣告其破产：

（1）不执行和解协议。因为和解协议是企业进入重整程序的重要前提，如果债务人不执行和解协议，即使重整很有成效，对债权人也毫无意义。因而，应当终结和解重整，继续进行破产程序。

（2）企业财务状况继续恶化，债权人会议要求终结重整或解除和解协议的。伴随着企业的整顿，企业财务状况不见好转，和解协议就不可能实现。债权人会议有权选择终结和解重整，继续进行破产程序。

（3）企业在和解重整期间内有严重损害债权人利益的行为。这些行为主要有：隐匿、瓜分或无偿转让财产；非正常压价出售财产；对原来没有财产担保的债务提供担保；对未到期债务提前清偿；放弃自己的债权等。债务人如果在和解重整期间内实施上述行为，说明该企业并无和解之诚意，而是假借和解整顿之名，行损害债权人利益之实。因此，人民法院将裁定宣告破产。

二、和解

（一）和解的概念和特征

和解是达到破产界限的债务人为避免破产清算，而与债权人会议达成通过让步来了结债务的协议，且经法院认可后该协议生效的法律程序。破产法应规定所有破产企业均可向法院提出破产和解申请，且这一申请是企业的自主行为，不受任何外来因素的干涉。

和解制度具有以下特征：

（1）债务人已经具备破产原因。设立和解制度的目的，在于为债务人提供避免破产清算的机会。若债务人不具备破产原因，破产清算程序无从适用，自然也没有适用和解制度的必要。

（2）由债务人提出和解请求。一般认为，适用和解制度以避免破产清算，是出于债务人的利益需要。通过和解，可以在债权人让步的基础上，使债务人免于破产清算，故债务人最有寻求和解的动机。但是，由于和解以后债务人将继续承担债务清偿责任，故破产清算有时也不失为破产企业的出资人或者破产自然人了结债务、重新开始的一种选择。因此，是否请求和解应由债务人自行决定。

（3）和解请求以避免破产清算为目的。在符合法律程序的情况下，债务人为避免破产清算而提出减少、延缓债务、第三人承担清偿等请求，为法律所允许。和解制度所遵循的法律政策是，尽可能地减少破产清算事件的发生，以避免破产清算可能带来的一系列消极后果。

（4）和解协议采用让步方法了结债务。破产清算是以债务人的现有财产即时了结债务。这虽然有及时清偿之利，但债权人清偿所得受到现有财产的局限，往往损失巨大。而和解不仅以债务人的现有财产，而且以其将来财产，作为债权人实现债权的基础。所以，债权人通过和解协议的执行，往往能够获得比在破产清算情况下更多的清偿。为了达到这一目的，债权人通常需要作出减少本金、放弃或减少利息、延长偿债期限以及同意第三人承担债务等方面的让步，以利于债务人保持继续经营的能力，并避免债务人选择适用破产清算程序。

（5）债务人与债权人团体达成协议，不能由国家加以强迫。以让步方法了结债务属于当事人对自己权利的处分行为，必须在平等自愿的基础上达成协议，而不能由国家加以强迫。法律设立和解程序，实际上是为当事人提供一种平等协商的谈判缔约机制。在这一缔约过程中，债务人提出的和解请求及和解协议草案属于要约，而债权人会议表决通过和解协议草案则为承诺。和解协议草案经债权人会议表决通过，即成为债务人与债权人团体之间有关债务清偿的具有法律约束力的合同。

（6）和解程序受法院监督。和解程序为债务人无力偿债状态下实现债务公平清偿的一种法律程序。为保证程序公正，各国将和解程序置于一定机关（审判机关，或审判机关指定的特别机关，或法律规定的其他机关）的监督之下。其监督职能的范围主要有：①对和解申请的认可；②债权人会议的召集；③对已达成的和解协议的认可；④对执行和解协议的监督。

（二）破产和解内容、必备条件及其生效要件

（1）破产企业在提出破产和解时，必须提出债务的清偿方法等破产和解条件。关于和解条件的内容，要保证债权人之间的平等，这是因为，破产和解既然是由法院进行的破产处理之一，那么，债权人平等的理念当然要起支配作用。能成为该平等适用对象的人只限于一般的破产债权人。

（2）破产和解的提供人或第三人没有遵守破产和解条件而向特定的破产债权人提供特别的利益时，将被视为无效。

（3）破产和解方案提出后，法院应对该方案是否由有资格的人提供或是否在规定的期间内提出等合法性进行审查，同时还要判断是否存在法定驳回事由。

（4）对于通过了法院审查的破产和解计划，还需交付债权人会议表决。

（5）若债权人会议否决了破产和解方案，即意味着要继续进行破产程序；对获得债权人会议通过的和解方案，还需要移送到法院进行确认。

（三）和解协议的执行

（1）和解协议的法律效果。生效的和解协议，具有如下法律效果：①破产程序终结和债务人恢复财产管理；②全体和解债权受和解协议的约束；③债务人受和解协议的约束。

（2）和解执行完毕的法律效果。《破产法》第一百零六条规定，按照和解协议减免的债务，自和解协议执行完毕时起，债务人不再承担清偿责任。

（3）和解失败的法律效果。按照《破产法》第九章的规定，和解实质上是一个合同的成立、生效和履行的过程。在这一过程中，如果出现和解协议不成立、不生效、无效、执行不能的事实，则法院应当裁定终止和解协议的程序或裁定其无效，并宣告债务人破产。

（四）法庭外的和解

法院受理破产申请后，债务人与全体债权人就债权债务的处理自行达成协议的，可以请求法院裁定认可，并终结破产程序。但为防止混用庭外和解和侵犯部分债权人利益的情况，对和解协议的法庭外成立规定了更加严格的条件：①必须经全体债权人一致的同意；②不损害有担保债权的权益；③经人民法院审查认可。

【案情分析】

朝华科技通过司法程序获得新生，无论对股东还是债权人都有利。建新集团在债权人会议上承诺：在朝华科技重整成功完成后，注入优良资产，通过重大资产重组使朝华科技恢复持续经营能力，满足上市条件，并最终实现恢复上市。走重整之路，债权人获得了最少10%的现金清偿，而走破产清算之路，清偿率将不到2%。同时，根据《破产法》第九十二条规定，债权人对债务人的保证人和其他连带债务人所享有的权利，不受重整计划的影响；债权人仍可向保证人和其他连带债务人主张权利。

第六节　破产清算程序

【案情摘要】

斯莱尔商贸公司系一中外合资企业，因亏损严重，账面出现赤字，被债权人温达公司申请宣告破产。人民法院于2009年1月25日立案，并通知债权人来申报债权。债权人星缘公司由于在异地，过了3个月都未到法院来申报债权。斯莱尔公司被宣告破产后，清算组接管了该企业。经过清理、估价，得出的债权人申报的债权破产财产和现有财产状况如下：

现有财产：现金5万元；公司办公场地作价160万元；卡车7辆，每辆4.5万元；轿车2辆，每辆35万元；借冠赢公司中型客车一辆，价值9万元；3月份向希望工程捐赠15万元；账面呆账5万元，尚未返还。

债权申报情况如下：A公司要求偿还560万元；B公司要求偿还130万元，约定以轿车一辆作抵押；C公司要求偿还5万元；温达公司要求偿还25万元，以一辆卡车作为抵押；清算费用1万元；工人工资21万元；欠国家税款19万元。

请问：

（1）人民法院能否适用《破产法》规定的程序处理本案？

（2）星缘公司逾期未申报债权是否应视为放弃债权？

（3）破产财产应如何分配？

（4）本案中A公司可分得多少财产？

（5）破产程序终结后，应由谁负责办理公司注销登记手续？

（6）假设破产程序终结后9个月时，法院查明斯莱尔商贸公司在2008年6月30日曾私分公司财产300万元。法院对此应如何处理？

【涉及法律问题】

1. 破产宣告效果。

2. 破产分配顺序。

【学理解释】

一、破产宣告

破产宣告是指债务人不能清偿其到期债务而又不能和债权人达成和解协议，或达成和解协议又不执行，或和解协议期满时仍不能清偿债务的，由人民法院宣告债务人破产的行为。

二、破产宣告的依据

债务人具备破产原因，是破产宣告的基本依据和必要条件。没有破产原因的事实存在，则不得进行破产宣告。债务人具备破产原因，但有法律规定的特定事由的，不予宣告破产。《破产法》第三条第二款规定，在债权人提出破产申请的案件中，具备以下情形之一者，不予宣告破产：

（1）公用事业和与国计民生有重大关系的企业，政府有关部门给予资助或者采取其他措施帮助清偿债务的。

（2）取得担保，自破产申请之日起6个月内清偿债务的。

三、破产宣告的法律效果

1. 对破产案件的效果

破产宣告对于破产案件的效果，就是破产案件转入破产清算程序。在破产案件受理后，破产宣告以前，债务人还可以通过和解或者其他方式（例如取得担保，在短期内清偿债务）而避免破产清算。而一旦破产宣告，则破产案件不可逆转地进入清算程序。

2. 对债务人的效果

破产宣告对债务人产生身份上、财产上的一系列法律后果。具体来说，主要有以下几项：

（1）债务人成为破产人。在我国，被申请破产的企业，在破产宣告前称为债务人，在破产宣告后称为破产企业。

（2）债务人财产成为破产财产。破产宣告后，债务人的财产成为破产财产，即成为归清算人占有、支配并用于破产分配的财产。

（3）债务人丧失对财产和事务的管理权。破产宣告后，债务人的财产和事务都由清算人全面接管，原则上破产企业应当停止其业务活动。

（4）债务人的法定代表人承担与清算有关的法定义务。为了保证破产程序的顺利进行，破产法规定了破产企业法定代表人的一些义务，如保管好破产财产，办理财产移交，随时回答询问，不得擅离职守，列席债权人会议，按照法院或清算组的要求进行工作等。

3. 对债权人的效果

破产宣告后，因破产宣告以前的原因而发生的请求权，得依照破产程序的规定接受清偿。为此，破产法对破产宣告后的债权行使作出了一些特别规定：

（1）未到期的债权视为到期。

（2）有财产担保的债权人可以随时由担保物获得清偿。

（3）对破产企业负有债务的债权人享有破产抵消权。

（4）无担保债权人依破产分配方案获得清偿。

四、破产财产的变价

1. 破产财产变价的概念

破产财产变价是指管理人将非金钱的破产财产，通过合法方式加以出让，使之转化为金钱，以便于清算分配的过程。破产清算以金钱分配为原则，实物分配为例外。

2. 破产变价的方法

破产财产在变价前，有必要进行估价的，应当进行估价。破产财产的估价应当由具备合法资格的评估机构或评估师进行。根据《破产法》第一百一十一条的规定，管理人进行破产变价，应当拟订破产变价方案，提交债权人会议讨论和表决。

变卖破产财产，原则上应当公开进行，实践中，变卖破产财产可采用的形式通常有以下几种：拍卖、招标出售、标价出售。《破产法》第一百一十二条还规定，破产企业可以全部或者部分变价出售。全部出售主要包括成套设备或生产线的出售和企业整体出售。整体变卖通常应采用拍卖或招标的方式。

五、破产财产分配

1. 破产财产分配的概念

破产财产分配，又称破产分配，是指破产管理人将变价后的破产财产，根据符合法定顺序并经合法程序确定的分配方案，对全体破产债权人进行公平清偿的程序。

2. 破产清偿顺序

根据《破产法》第一百一十三条的规定，破产财产在优先清偿破产费用和共益债务后，依照下列顺序清偿：

第一顺序：破产人所欠职工的工资和医疗、伤残补助、抚恤费用，所欠的应当划入职工个人账户的基本养老保险、基本医疗保险费用，以及法律、行政法规规定应当支付给职工的补偿金。

第二顺序：破产人欠缴的除前项规定以外的社会保险费用和破产人所欠税款。

第三顺序：普通破产债权。在计算第一顺序的债权分配时，破产企业的董事、监事和高级管理人员的工资按照该企业职工的平均工资计算。

破产财产不足以清偿同一顺序的清偿要求的，按照比例分配。

3. 破产财产的分配方案

破产分配方案是载明破产财产如何用于破产分配和各破产债权人如何获得破产分配的书面文件。破产分配方案的制备，由管理人负责进行。破产宣告后，管理人应当及时拟订破产财产分配方案，提交债权人会议讨论。经其所代表的债权额必须占无财产担保债权总额的1/2以上通过，该决议经债权人会议二次表决仍未通过的，由人民法院裁定。经债权人会议通过的分配方案，须报请人民法院裁定认可后，方可执行。破产分配方案由管理人执行。管理人应于人民法院裁定认可分配方案后，及时通知应接受分配的债权人限期到指定的地点领取分配。逾期不领取的，可以提存。现金分配的，债权人应提供注明其具体地址、开户银行账号的证明，由管理人直接将分配款项汇入债权人指定的银行账户。债权人领取分配财产的费用应当由其自行负担。破产分配可以一次分配，也可以多次分配。破产财产分配方案采用多次分配的，管理人进行分配时，应当公告本次分配的财产额和债权额。管理人实施最后分配的，应当在公告中指明，并载明对于附条件债权的提存额的分配事项。

4. 破产分配额的提存

破产分配额的提存是指管理人在执行破产分配时因为存在某种法律上或事实上的障碍，依法将给付标的物交给提存机关或者人民法院指定的机构，以留待进一步处理的制度。具体来说，有以下三种情况：

(1) 附条件债权的提存。对于附生效条件或者解除条件的债权，管理人应当将其分配额提存。由此提存的分配额，在最后分配公告日，生效条件未成就或者解除条件成就的，应当分配给其他债权人；生效条件成就或者解除条件未成就的，应当交付债权人。

(2) 未受领分配额的提存。对于债权人未受领的破产财产分配额，管理人应当提存。债权人自最后分配公告之日起满2个月仍不领取的，视为放弃受领分配的权利，管理人或者人民法院应当将提存的分配额分配给其他债权人。

(3) 诉讼未决债权的提存。破产财产分配时，对于诉讼或者仲裁未决的债权，管理人应当将其分配额提存。自破产程序终结之日起满2年仍不能受领分配的，人民法院应当将提存的分配额分配给其他债权人。

六、破产程序终结

破产程序的终结，是指破产程序不可逆转地归于结束。破产程序的终结，可能意味着破产程序预期目标的实现，也可能意味着预期目标的不能实现。

1. 破产程序终结的事由

(1) 第三人为债务人提供担保或者为债务人清偿全部到期债务。

(2) 债务人已清偿全部到期债务。

2. 破产程序终结的法律后果

(1) 破产企业的法人资格归于消灭，由管理人向破产企业原登记机关办理注销登记。

(2) 债权人会议自动解散。

(3) 未得到清偿的债权不再清偿。

3. 追加分配

破产程序终结后，对于新发现的属于破产人而可用于破产分配的财产，由法院按照破产程序对尚未获得满足的破产请求权进行清偿的补偿性程序，追加分配的财产范围为发现有可依照破产程序前无效行为而应追回的财产。追加分配应按照破产财产分配方案进行。

【案情分析】

(1) 本案符合《破产法》的规定，可以适用《破产法》。

(2) 星缘公司逾期未申报债权应视为放弃债权。

(3) 破产财产优先拨付破产费用后，依下列顺序清偿：①破产企业所欠职工工资和劳动保险费用；②破产企业所欠税款；③破产债权按清偿比例分配破产财产。

(4) A公司可分得的财产为153.1万元。

(5) 由清算组办理注销登记手续。

(6) 由人民法院追回该财产。财产被追回的，依（3）问答案中所示的方式分配。

【习题与思考】

1. 根据《破产法》的有关规定,人民法院受理破产案件后,对债务人财产的其他民事执行程序所带来的法律后果是( )。

A. 中止执行
B. 继续执行
C. 终结执行
D. 与破产程序合并执行

2. 下列有关管理人产生方式和组成的说法中,正确的是( )。

A. 管理人由债权人会议依法指定
B. 管理人可以由依法设立的律师事务所担任
C. 因故意犯罪受过刑事处罚但已经刑满释放的人可以担任管理人
D. 破产企业的法定代表人可以担任管理人

3. 根据《企业破产法》的有关规定,下列各项中,不属于管理人的职责的有( )。

A. 接管债务人的财产、印章和账簿、文书等资料
B. 管理和处分债务人的财产
C. 决定继续或者停止债务人的营业
D. 对破产企业未履行的合同决定解除或者继续履行

4. 假设人民法院于2007年9月10日受理某企业法人破产案件,12月10日作出破产宣告裁定。在破产企业清算时,下列选项中,管理人可依法行使撤销权的有( )。

A. 该企业于2006年3月1日对应于同年10月1日到期的债务提前予以清偿
B. 该企业上级主管部门于2006年4月1日从该企业无偿调出价值10万元的机器设备一套
C. 该企业于2007年5月8日与其债务人签订协议,放弃其15万元债权
D. 该企业于2006年9月1日将价值25万元的车辆作价8万元转让他人

5. 甲公司租赁乙公司的注塑设备1台,在租赁期间人民法院受理了甲公司的破产申请,进入破产程序。乙公司出租的该台设备,应由乙公司( )。

A. 向人民法院申报债权
B. 向甲公司申请收回
C. 向人民法院申请收回
D. 向管理人申请收回

6. 下列各项中,不属于破产费用的是( )。

A. 破产案件的诉讼费用
B. 管理人执行职务的报酬
C. 为债务人继续营业而应支付的劳动报酬和社会保险费用
D. 管理和分配债务人财产的费用

7. 下列属于共益债务的是( )。

A. 管理人对破产财产进行分配而发生的费用
B. 管理人为破产财产的估价聘请的资产评估专业人员而支付的劳动报酬
C. 管理人继续履行合同时发生的运送货物的运费和保险费
D. 人民法院受理债务人的破产案件依照职权发生的由债务人负担的调查费用、公告费和文件送达费用

8. 关于债权人会议主席的产生，下列表述符合《破产法》规定的是（　　）。

　　A. 由人民法院从有表决权的债权人中指定产生

　　B. 由债权人会议成员从有表决权的债权人中选举产生

　　C. 由管理人从有表决权的债权人中指定产生

　　D. 由债权人会议成员选举产生

9. 下列有关债权人会议的说法正确的是（　　）。

　　A. 债权人会议不是民事活动的主体，不能以其名义对外进行民事活动

　　B. 无财产担保的债权人可成为债权人会议成员，有财产担保的债权人不是债权人会议的成员

　　C. 债权人会议主席由无财产担保的债权人选举产生

　　D. 第一次债权人会议由人民法院召集，在法院受理破产案件后 15 日内召开

第六章　合同法

第一节　合同法概述

【案情摘要】

曲某和陈某原本是一对恋人，但是经常因一些琐事而吵得天翻地覆，于是曲某向陈某提出分手。但是曲某没有想到的是，陈某不但不愿意分手，还经常到她的家里及单位找她，纠缠不休。一天晚上，陈某找到曲某，并将曲某带到一处空房子里面，要求曲某别分手，但是曲某分手决心已定，于是陈某提出："分手可以，必须付我8万元的分手费，否则别想提出分手。"曲某无奈之下只得给陈某出具一份欠条，内容为"今欠陈某青春损失费人民币捌万元，八年付清，从2009年起付"。拿到欠条后，陈某放曲某回家。2010年2月，陈某在多次向曲某索要"青春损失费"无果后，一纸诉状将曲某告上了法庭，要求曲某给付欠款。

【涉及法律问题】

1. 合同的概念。
2. 合同的订立。
3. 合同法的适用范围。

【学理解释】

一、合同的概念及特征

合同是指平等主体的自然人、法人、其他组织之间设立、变更或者终止权利义务的意思表示一致的协议。但平等主体之间的收养、监护、婚姻、抚养、扶养等与身份有关的协议不适用合同法的有关规定。其主要法律特征有：

（1）合同是一种民事法律行为，是私法。合同法规范当事人之间因私人利益产生的合同法律关系，强调主体平等、意思自治。因此合同法为私法。

（2）合同法是自治法。合同法主要是通过任意性法律规范而不是强制性法律规范调整合同关系。合同法通过任意性规范或引导当事人的行为，或补充当事人意思的不完整。合同法对当事人意思自治的限制，即合同法中的强制性规范，被严格限制在合理与必要的范围之内。

（3）合同法是财产交易法。合同法与物权法均属财产法范畴，其中物权法主要调整财产归属及利用的财产关系，是从静态角度为财产关系提供法律保护，而合同法则调整财产的流转关系，即商品交换关系，是从动态角度为财产关系提供法律保护。

二、合同的分类

根据不同的原则，可以对合同进行不同的分类：

1. 有名合同与无名合同

以合同法或者其他法律是否对合同规定有确定的名称与调整规则为标准，可将合同分为有名合同与无名合同，有名合同是立法上规定有确定名称与规则的合同，又称典型合同。如《合同法》在分则中规定的买卖合同、赠与合同、借款合同、租赁合同等各类合同。无名合同是立法上尚未规定有确定名称与规则的合同，又称非典型合同。区分两者的法律意义在于法律适用的不同。有名合同可直接适用《合同法》分则中关于该种合同的具体规定。对无名合同则只能在适用《合同法》总则中规定的一般规则的同时，参照该法分则或者其他法律中最相类似的规定执行。

2. 单务合同与双务合同

以合同当事人是否相互负有对价义务为标准，可将合同分为单务合同与双务合同。此处的对价义务并不要求双方的给付价值相等，而只是要求双方的给付具有相互依存、相互牵连的关系即可。单务合同是指仅有一方当事人承担义务的合同，如赠与合同。双务合同是指双方当事人互负对价义务的合同，如买卖合同、承揽合同、租赁合同等。区分两者的法律意义在于，因为双务合同中当事人之间的给付义务具有依存和牵连关系，所以双务合同中存在同时履行抗辩权和风险负担的问题，而这些情形并不存在于单务合同中。

3. 有偿合同与无偿合同

以合同当事人是否因给付取得对价为标准，可将合同分为有偿合同与无偿合同。有偿合同是指合同当事人为从合同中得到利益要支付相应对价给付（此给付并不局限于财产的给付，也包含劳务、事务等）的合同。买卖、租赁、雇佣、承揽、行纪等都是有偿合同。无偿合同是指只有一方当事人作出给付，或者虽然是双方作出给付但双方的给付间不具有对价意义的合同。赠与合同是典型的无偿合同，另外，委托、保管合同如果没有约定利息和报酬的，也属于无偿合同。

4. 诺成合同与实践合同

以合同成立除当事人的意思表示以外，是否还要其他现实给付为标准，可以将合同分为诺成合同与实践合同。诺成合同是指当事人意思表示一致即可认定合同成立的合同。实践合同是指在当事人意思表示一致以外，尚须有实际交付标的物或者有其他现实给付行为才能成立的合同。确认某种合同属于实践合同必须有法律规定或者当事人之间有约定。常见的实践合同有保管合同、自然人之间的借贷合同、定金合同等。但赠与合同、质押合同不再是实践合同。区分两者的法律意义在于：除了两种合同的成立要件不同以外，实践合同中作为合同成立要件的给付义务的违反不产生违约责任，而只是一种缔约过失责任。

5. 要式合同与非要式合同

以合同的成立是否必须符合一定的形式为标准，可将合同分为要式合同与非要式合同。要式合同是按照法律规定或者当事人约定必须采用特定形式订立方能成立的合同。非要式合同是对合同成立的形式没有特别要求的合同。确认某种合同属于要式合同必须法律有规定或者当事人之间有约定。

6. 主合同与从合同

以两个或者多个合同相互间的主从关系为标准，可将合同分为主合同与从合同。主合同是无须以其他合同存在为前提即可独立存在的合同。这种合同具有独立性。从合同又称附属合同，是以其他合同的存在为其存在前提的合同。保证合同、定金合同、质押合同等相对于提供担保的借款合同即为从合同。从合同的存在是以主合同的存在为前提的，故主合同的成立与效力直接影响到从合同的成立与效力。但是从合同的成立与效力不影响主合同的成立与效力。

三、合同法的基本原则

合同法的基本原则是合同法的主旨和根本准则，也是制定、解释、执行和研究合同法的指导思想。合同法的基本原则的功能还在于：在合同约定不明或有漏洞时，可以依据合同法基本原则予以适当纠正，甚至可以以合同法的基本原则作为处理合同纠纷的依据。合同法的基本原则包括自愿原则、诚实信用原则、合法原则、鼓励交易原则和平等原则。

（一）自愿原则

《合同法》第四条规定："当事人依法享有自愿订立合同的权利，任何单位和个人不得非法干预。"自愿原则是指当事人依法享有在缔结合同、选择交易伙伴、决定合同内容以及在变更和解除合同、选择合同补救方式等方面的自由。合同自愿原则是合同法的最基本的原则，是合同法律关系的本质体现。

合同法确认合同自愿原则不仅表现在明确了"当事人依法享有自愿订立合同的权利"，而且在法条表述中尽量限制合同法的强制性规范，努力扩大任意性规范。在一般情况下，有约定时依约定，无约定时才依法律规定，即当事人的约定要优先于法律的规定。例如《合同法》中许多条文规定"当事人另有约定的除外"。此外，《合同法》对合同自愿原则的确认还表现在：

第一，在合同的订立方面，《合同法》极大地减少甚至消除了有关合同法规和规章对当事人的订约自由所施加的限制，允许当事人自由选择订约伙伴。

第二，在合同的效力认定方面，《合同法》充分尊重了当事人享有的订约自由，尽量减少了政府不必要的行政干预。《合同法》并未规定行政机关享有确认合同效力的权力，对行政机关监督检查合同的权力也作出了严格限制，以防止政府机关随意干涉合同当事人的合同自愿。

第三，在合同内容的确立方面，《合同法》充分尊重当事人的意志自由。《合同法》规定合同的内容由当事人约定，《合同法》虽然规定了合同所"一般包括"的条款，但这些条款都是示范性条款而非强行性条款，并不要求当事人所订立的合同都必须具备这些内容，也没有对适用于各类合同的必要条款作出统一规定，从而尊重了当事人在确立合同内容方面的自由。

第四，在合同的方式方面，《合同法》规定，除法律法规另有规定外，当事人订立合同可以采取书面形式、口头形式和其他形式。即使法律、行政法规规定当事人必须采取书面形式的合同，当事人未采取书面形式但一方已经履行主要义务，对方接受的，也认为合同成立。

第五，在合同解除方面，《合同法》允许当事人在订约时约定合同解除权，在合同生效后，如果出现了解除条件，允许享有解除权的一方通过行使约定解除权而解除合同。

第六，在违约责任方面，《合同法》充分尊重守约方在对方违约后所享有的选择补救方式的自由，尤其是废除了传统的继续履行原则，允许守约方选择要求继续履行、采取补救方式或者赔偿损失等违约责任。当事人可以约定赔偿损失额，也可以约定违约金条款。

当然，任何自由都是法律允许范围内的自由，绝对的、不受约束的自由是不存在的，合同法所确定的合同自愿也是一种相对的自由，而非绝对的自由。

（二）诚实信用原则

《合同法》第六条规定："当事人行使权利、履行义务应当遵循诚实信用原则。"诚实信用原则是指当事人在从事民事活动时，应诚实守信，以善意的方式履行其义务，不得滥用权利及规避法律和合同规定的义务。诚实信用原则主要体现在：

第一，当事人与他人订立、履行民事合同时，均应诚实，不作假，不欺诈，不损害他人利益和社会利益。

第二，当事人应当恪守信用，履行义务；不履行义务使他人利益受到损害时，应自觉承担责任。

（三）合法原则

《合同法》第七条规定："当事人订立、履行合同，应当遵守法律、行政法规，尊重社会公德，不得扰乱社会经济秩序，损害社会公共利益。"

合法原则的含义主要是要求当事人在订约和履行中必须遵守全国性的法律和行政法规。合同法主要是任意性规范，但在特殊情况下为维护社会公共利益和交易秩序，合同法也对合同当事人的自由进行了必要的干预。如对标准合同及免责条款生效的限制性规定，旨在对标准合同和免责条款的使用作出合理限制，这对于维护广大消费者利益、实现合同正义是十分必要的。同时，对于国家根据需要下达的指令性任务或者国家订货任务，有关法人和其他组织应当依照有关法律、行政法规规定的权利和义务订立合同，而不得拒绝依据指令性计划和订货任务的要求订立合同。

合法原则的含义也包括当事人必须遵守社会公德，不得违背社会公共利益，违背公序良俗。

（四）鼓励交易原则

合同法中所称的交易，是指独立的市场主体就其所有的或管理的财产和利益实行的交换。在市场经济条件下，几乎一切交易活动都是通过缔结和履行合同来进行的，交易活动是市场活动的基本内容，无数的交易构成了完整的市场，合同关系是市场经济社会最基本的法律关系。所以，为了促进市场经济的高度发展，就必须使合同法具有鼓励交易的职能和目标。只有鼓励当事人从事更多的合法的交易活动，才能活跃市场，推行竞争，优化资源配置，降低交易成本，加速社会财富积累，市场经济才能真正得到发展。

（五）平等原则

《合同法》第三条规定："合同当事人的法律地位平等，一方不得将自己的意志强加给另一方。"所谓当事人法律地位平等，是指在合同法律关系中，当事人之间在合同的订立、履行和承担违约责任等方面都处于平等的法律地位，彼此的权利和义务对等。这是市场经济的内在要求，市场经济的存在和发展要求公平、公正的交易，而市场主体地位平等是实现公平、公正交易的法律前提。这一原则的含义是：合同当事人，无论是法人和其他经济组织，还是自然人，只要他们以合同主体的身份参加到合同关系当中来，他们之间就处于平等的法律地位，法律给予他们一视同仁的保护。

陈某据以起诉曲某的欠条不具有真实的对价关系，即双方之间根本不存在真实的借贷关系。欠条的实质是，当曲某提出与陈某解除恋爱关系后，陈某强行让曲某出具赔偿青春损失费，进而解除恋爱关系的协议。依据《合同法》第二条之规定：身份关系的协议不适用《合同法》，陈某的诉请无法律依据；另外，青春损失费的约定有违公序良俗的原则，因此当事人的约定是无效的，不受法律保护。据此，法院判决驳回陈某的诉讼请求。

第二节　合同的订立

【案情摘要】

某水果批发商（简称"甲方"）曾向南方某县水果供应点（简称"乙方"）购买过荔枝。因该县荔枝质量好，价格便宜，投入市场后销售很好，甲方又向乙方传真购买荔枝10吨的合同。随后甲方担心乙方不继续供货，在发出传真一周后又向乙方寄去一封挂号信，信中除了提出再多购买5吨荔枝外，又提出双方在协商的基础上签订合同确认书。在挂号信寄出后的第二天，乙方收到甲方的传真，并同意按甲方传真中的条件供货10吨。挂号信及确认书一事双方没有再提及。不久，因供求关系变化，荔枝跌价，甲方要求其订购的荔枝价格也要下调5%，否则不收货。乙方没理睬甲方的要求，按原约定送来荔枝15吨。甲方要求按下调的价格支付货款，乙方不同意，认为自己按合同履行义务，对方也应当按合同支付价款。双方协商不成，诉至法院。

法院在核查事实时发现，乙方在收到甲方要求签订合同确认书之前已经发出同意供货10吨传真，故判决10吨荔枝按旧价格执行，后5吨荔枝通过当事人和解，按甲方提出的价格执行。

请问：法院的判决是否正确？

【涉及法律问题】

1. 要约、要约邀请、承诺。

2. 合同的订立。

【学理解释】

一、合同订立的程序

（一）要约

1. 要约的概念

要约又称发盘、发价、报价，是希望和他人订立合同的意思表示，是订立合同的必经阶段。发出要约的人是要约人，接受要约的人是受要约人。

2. 要约的构成条件

要约作为一种意思表示，除了必须具备意思表示的一般要件外，还有其特定的构成要件，包括以下几个方面：

（1）要约是由特定的人作出的意思表示。要约旨在与他人订立合同，所以，要约人必须是订立合同一方的当事人，这就要求要约人是特定的人。

（2）要约必须具有订立合同的意图。即要约应表明，一经受要约人的承诺，要约人即受该意思表示约束，与之建立合同关系。

（3）要约必须向要约人希望与之订立合同的受要约人发出。要约原则上应向特定的人发出，但法律并不禁止要约人向不特定人发出，如悬赏广告。

（4）要约的内容必须具体、明确。要约的内容必须是合同成立所必需的条款，且要具体明确，不能含糊不清。

（二）要约邀请

要约邀请，又称为要约引诱，根据《合同法》第十五条之规定，是指希望他人向自己发出要约的意思表示。它有以下几个方面的特点：①要约邀请的目的在于诱使他人向自己发出要约；②要约邀请只是引诱他人发出要约，不能因相对人的承诺而成立合同，也不能因自己作出某种承诺而约束要约人。

要约与要约邀请的比较：

①要约是当事人主动愿意缔结合同的意思表示，而要约邀请（要约引诱）是当事人表达某种意愿的事实行为，是希望他人向自己发出要约的意思表示。

②要约中含有当事人愿意承受拘束的意旨；要约邀请本身无任何法律意义。

③要约的内容要具备订立合同的必要条款；而要约邀请则不必具备。

1. 要约的效力

（1）对要约人的效力。要约于到达受要约人时生效。所谓到达，是指要约传递到受要约人可控制的任何系统，不论受要约人是否真实了解要约的内容，要约即生效。例如，要约到达受要约人所在单位的收发室，尽管受要约人还未实际看到要约的内容，要约也生效。

（2）对受要约人的效力。对受要约人的效力，是指要约经受要约人的承诺，合同即告成立。当然要约生效后，受要约人获得承诺的权利，除法律规定或预约外，受要约人不负承诺的义务，即使不承诺，也无须通知要约人，但一经承诺，合同即成立。

2. 要约的撤回与撤销

（1）要约的撤回，是指要约人对尚未生效的要约阻止其生效的意思表示。由于要约于到达受要约人生效，因此，撤回要约的意思表示须在要约到达之前或与要约同时到达时才产生消灭的效果。

（2）要约撤销，是指要约人对已经生效但未获承诺的要约消灭其拘束力的意思表示。撤销仅限于未被承诺的生效要约，若要约已获承诺，合同成立，自然不能撤销。因此，撤销要约的意思表示须在受要约人承诺通知发出之前，才能有效撤销要约。但是，有下列情形之一的，要约不得撤销：①要约人确定了承诺期限或者以其他形式明示要约是不可撤销的。②受要约人有理由认为要约是不可撤销的，并已经为履行合同做了准备工作。

3. 要约的失效

要约失效是指要约失去拘束力。要约失效的情况有：

（1）承诺期限已过。要约的意思表示中明确了承诺期限，受要约人未在承诺期限内承诺的，要约失去效力；要约未确定承诺期限，以对话方式要约的，未即时承诺，要约即失去效力；以非对话方式要约的，受要约人在合理期限内未承诺，要约即失去效力。

（2）拒绝要约。拒绝要约是受要约人表示不接受要约，或将要约的内容作了实质性变更。实质性变更是指对要约的主要条款作了更改，这在法律上为一项反要约，与不接受要约的效果相同。

（3）要约撤销。要约一经撤销，其效力即告消灭。

（三）承诺

1. 承诺的概念

承诺是指受要约人同意要约的意思表示。

2. 承诺的构成要件

（1）须由受要约人向要约人作出。

（2）承诺的意思表示须与要约一致。承诺是对要约无条件的同意，故承诺须与要约的内容一致。承诺对于要约的实质性条件不得变更，或虽非实质性条件，但要约人明确表示不得变更的，也不得变更，否则，不是承诺，可能构成反要约。

（3）须在承诺期限内作出。承诺的意思表示须在承诺期限内作出，如逾期作出的承诺，被视为要约。

3. 承诺的效力

承诺生效，合同即告成立。因此，确认合同的生效时间，即是合同的生效时间。我国合同法规定，对承诺的生效时间采取到达主义。但例外的是，在书面合同中，自当事人双方完成签字或盖章，合同才算成立，但签字或盖章前当事人一方已履行主要义务，对方也已受领的，合同自受领时成立；对信件、数据电文等形式的合同，有当事人要求签订确认书的，则于签订确认书时合同成立。

4. 承诺迟延

（1）通常迟延。它是指受要约人未在承诺期限内发出的承诺。一般情况下，逾期承诺不能成立合同，被视为新要约，但要约人及时通知该承诺有效的，合同成立。

（2）特殊迟延。它又称迟到的承诺。它是指受要约人在承诺期限内发出承诺，但承诺到达要约人时已过承诺期限。《合同法》第二十九条规定：受要约人在承诺期限内发出承诺，按通常能够及时到达要约人，但因其他非因当事人的原因导致承诺到达要约人超过承诺期限，除非要约人及时通知受要约人因承诺超过期限不接受外，该承诺有效。

二、合同的特殊订立方式

（一）悬赏广告

悬赏广告，是指以广告形式声明对完成广告中规定的特定行为的任何人给付广告中标明的报酬的广告行为。广告人发出悬赏广告为要约，行为人完成悬赏广告中规定的行为是承诺，合同因承诺而成立。

（二）招标广告

招标广告是指由招标人向数人或公众发出招标通知或公告，在诸多投标中选择自己认为最优的投标人并与之订立合同的方式。招标投标过程中，招标人发出招标通知或公告，是要约邀请行为；投标人按照招标文件的要求向招标人提出报价的行为，是要约；招标人根据评标委员会提出的评标报告，从其推荐的中标候选人中确定中标人，即构成对中标人的承诺。

（三）拍卖

拍卖是指以公开竞价的形式，将特定物品或者财产权利转让给最高价者的买卖方式。拍卖过程中，拍卖公告属要约邀请；竞买人以报价方式向拍卖人报价的意思表示属要约，但该意思表示在下一个竞买人作出一个更高价的意思表示时即失去效力；卖定是拍卖人同意与最后报价的竞买人成交的意思表示，拍卖若无保留价的，卖定为有效，若有保留价，竞买人最高报价低于该保留价的，最高价不发生卖定的法律效力。卖定在效力上应属于承诺，卖定生效时，合同即成立。

三、合同成立的时间和地点

（一）合同成立时间

1. 一般规定

承诺生效时合同成立。

2. 合同书形式的合同成立时间

当事人采用合同书形式订立合同的，自双方当事人签字或盖章时合同成立。双方当事人签字或盖章不在同一时间的，最后签字或盖章时为合同成立时间。

3. 确认书形式的合同成立时间

当事人采用信件、数据电文形式订立合同的，可以在合同成立之前要求签订确认书。签订合同确认书时合同成立。

4. 合同的实际成立

法律、行政法规规定或当事人约定采用书面形式订立合同的，当事人未采用书面形式，但一方已经履行主要义务，对方接受的，该合同成立。当事人一方不得以未采用书面形式或未签字盖章为由，否认合同关系的实际存在。

（二）合同成立地点

1. 一般规定

承诺生效的地点为合同成立地点。采用数据电文形式订立合同的，收件人的主营业地为合同成立地点；没有主营业地的，其经常居住地为合同成立地点。当事人另有约定的，从其约定。

2. 书面合同的成立地点

当事人采用合同书形式订立合同的，双方当事人签字或盖章的地点为合同成立的地点。

【案情分析】

法院的判决是正确的。关于甲方要求 10 吨的传真和乙方的同意是有效的要约和承诺，因此双方关于以协商的原价格购买 10 吨荔枝的合同成立，应予以履行。后面的挂号信在乙方未表示同意的前提下属于新要约，不属于对原要约的修改，新要约乙方并未作出承诺，所以可视为增购 5 吨的合同并未成立。民事诉讼允许当事人和解，经双方的协商后可自由履行，因此法院处理是正确的。

第三节 合同的内容与形式

【案情摘要】

2005 年 9 月 28 日，郑州消费者邢某从当天的《郑州晚报》上看到郑州某店刊登的一则标题为"开业盛典，再造辉煌"的广告，称奥克斯"X88 型"手机开业特价 98 元，"出机不限量"等。9 月 29 日一早，邢某不等商场开门营业，就等在商场门口。当她第一个来到手机销售的柜台前，要求购买这款手机时，却被告知"此款手机已经售完"。次日，邢某请来法律事务所工作人员对在此购买而遭拒绝的过程进行了见证。10 月 11 日，邢某向法院起诉。

请问：商店是否需要为该广告承担责任？

【涉及法律问题】

1. 合同的内容。
2. 合同的形式。

【学理解释】

当事人按照程序订立合同，意思表示一致，便形成合同条款，构成作为法律行为的合同内容。从合同关系的角度讲，合同的内容指合同权利和合同义务。合同的形式是当事人合意的表现形式，是合同内容的外部表现，是合同内容的载体。

一、合同的条款

当事人依程序订立合同，意思表示一致，便形成合同条款，构成作为法律行为的合同内容。合同条款固定了当事人各方的权利义务，成为法律关系意义上的合同的内容。

为了示范较完备的合同条款，《合同法》第十二条规定合同有以下主要条款：

1. 当事人的名称或者姓名和住所

当事人是合同权利和合同义务的承受者，没有当事人，合同权利义务就失去存在的意义，给付和受领给付也无从谈起。因此，订立合同必须有当事人这一条款。当事人由其名称或姓名及住所加以特定化、固定化，所以，具体合同条款的草拟必须写清当事人的名称或姓名和住所。

2. 标的

标的是合同权利义务指向的对象。标的是一切合同的主要条款。标的条款必须清楚地写明标的名称，以使标的特定化，能够界定权利义务的量。

3. 质量和数量

标的质量和数量是确定合同标的的具体条件，是这一标的区别于同类另一标的的具体特征。标的质量需订得详细具体，如标的技术指标、质量要求、规格等都要明确。标的数量要确切。首先应选择双方共同接受的计量单位，其次要确定双方认可的计量方法，再次应允许规定合理的磅差或尾差。

4. 价款或酬金

价款或酬金是有偿合同的条款。价款是取得标的物所支付的代价，酬金是获得服务所应支付的代价。价款，通常指标的物本身的价款，但因商业上的大宗买卖一般是异地交货，便产生了运费、保险费、装卸费、保管费、报关费等一系列额外费用。它们由哪一方支付，需在价款条款中写明。

5. 履行的期限

履行期限直接关系到合同义务完成的时间，涉及当事人的期限利益，也是确定违约与否的因素之一，因而是重要的条款。履行期限可以规定为即时履行，也可以规定为定时履行，还可以规定为在一定期限内履行。如果是分期履行，还应写明每期的准确时间。履行期限若能通过有关规则及方式推定出来，即使合同欠缺它，也不影响成立。

6. 履行地点和方式

履行地点是确定验收地点的依据，是确定运输费用由谁负担、风险由谁承受的依据，有时是确定标的物所有权是否移转、何时转移的依据，是确定诉讼管辖的依据之一。对于涉外合同纠纷，它是确定法律适用的一项十分重要的依据。履行方式事关当事人的物质利益，合同应写明，但对于大多数合同来说，它不是主要条款。履行的地点、方式若能通过有关方式推定，合同即使欠缺它们，也不影响成立。

7. 违约责任

违约责任是促使当事人履行债务，使守约方免受或少受损失的法律措施，对当事人的利益关系重大，合同对此应予明确。当然，违约责任是法律责任，即使合同中没有违约责任条款，只要未依法免除违约责任，违约方仍应负责。

8. 解决争议的方法

解决争议的方法，是有关解决争议运用什么程序、适用何种法律、选择哪家检验或鉴定机构等内容。

二、合同权利与合同义务

合同的内容，从合同关系的角度讲，是指合同权利和合同义务。它们主要由合同条款加以确定，有些则由法律规定而产生，如附随义务。

（一）合同权利

合同权利，又称合同债权，是指债权人根据法律或合同的规定向债务人请示给付并予以保有的权利。对此，宜从以下角度把握：

（1）合同债权是请求权，因为合同关系是具有特定性的法律关系，债权人在债务人给付之前，不能直接支配给付客体，也不能直接支配债务人的给付行为，更不许直接支配债务人的人身，只能通过请求债务人给付，达到自己的目的。就此看来，合同债权为请求权。但合同债权与请求权并非同一概念，因为从请求权方面看，除合同债权的请求权以外，尚有不当得利返还请求权、无因管理的请求权、侵权损害赔偿请求权、物上请求权、人格权的请求权等；从合同债权本身观察，除请求权以外，尚有选择、处分、解除等权能。

（2）合同债权是给付受领权。权利的基本思想，在于将某种利益在法律上归属某人。合同债权的本质内容，就是有效地受领债务人的给付，将该给付归属于债权人。

（3）合同债权是相对权。合同关系具有相对性，合同债权人仅得向合同债务人请求给付，无权向一般不特定人请求给付，因此，合同债权为相对权。但相对性原则在合同法上有所突破，如在由第三人履行的合同中，合同债权人有权请求第三人为给付；租赁权已物权化，具有绝对性；期房债权因登记备案而有绝对效力。

（4）合同债权具有平等性。

（5）合同债权具有请求力、执行力、依法自力实现和处分权能。所谓请求力，是指在债务人违约时，债权人得向法院诉请履行的效力。所谓执行力，是指债权人依其给付之诉取得确定判决后，得请求法院对债务人强制执行的效力。所谓依法自力实现，是指在合同债权受到侵害或妨碍，情事急迫而又不能及时请示国家机关予以救济的情况下，债权人自行救助，拘束债务人，扣押其财产的效力。所谓处分权能，是指抵消、免除、债权让与和设定债权质权等决定债权命运的效力。

具备上述效力的债权为完全债权，最利于债权的实现，达到债权人的合同目的。不过，在有的情况下，债权会欠缺某项效力，欠缺某项效力的债权叫做不完全债权。法律对完全债权与不完全债权的保护力度、配置制度不尽相同。例如，不安抗辩权制度用于保护未届清偿期的合同债权，而不得适用于已届清偿期的债权；不法侵害条件未成就的附停止条件的债权，被科以信赖利益的损害赔偿，但不履行已罹诉讼时效的债务时却不产生法律责任。

（二）合同义务

合同义务包括给付义务和附随义务。给付义务分为主给付义务与从给付义务。

所谓主给付义务，简称为"主义务"，是指合同关系所固有必备，并用以决定合同类型的基本义务。

所谓从给付义务，简称为"从义务"，是不具有独立的意义，仅具有辅助主给付义务的功能，其存在的目的，不在于决定合同的类型，而在于确保债权人的利益能够获得最大满足的义务。从给付义务发生的原因如下：

（1）基于法律的明文规定。如《合同法》第二百六十六条规定："承揽人应当按照定做人的要求保守秘密，未经定做人许可，不得留存复制品或者技术资料。"

（2）基于当事人的约定。如甲企业兼并乙企业，约定乙企业应提供全部客户关系名单。

（3）基于诚实信用原则及补充合同解释。如汽车之出卖人应交付必要的文件，名马之出卖人应交付血统证明书。

合同关系在其发展的过程中，不仅发生给付义务，还会发生其他义务。例如出租车车主应为其所雇司机投保人身险（照顾义务），出卖人在买卖物交付前应妥善保管该物（保管义务），技术受让方应提供安装设备所必要的物质条件（协助义务）等。此类义务的发生，是以诚实信用原则为依据，随着合同关系的发展而逐渐产生的。附随义务与主给付义务的区别有三：

（1）主给付义务自始确定，并决定合同类型。附随义务则是随着合同关系的发展而不断形成的，它在任何合同关系中均可发生，不受特定合同类型的限制。

（2）主给付义务构成双务合同的对待给付，一方在对方未为对待给付前，得拒绝自己的给付。附随义务原则上不属于对待给付，不能发生同时履行抗辩权。

（3）不履行给付义务，债权人得解除合同。不履行附随义务，债权人原则上不得解除合同，但可就其所受损害，依不完全履行的规定请求损害赔偿。当然，有些合同上的义务，系属于给付义务抑或附随义务，尚有争论。例如，在买卖合同中受领买卖物的义务，是属于给付义务还是附随义务，存有争论。

从整个合同法而言，尚有先合同义务和后合同义务。先合同义务，是指当事人为缔约而接触时，基于诚实信用原则而发生的各种说明、告知、注意及保护等义务。违反它即构成缔约过失责任。合同关系消灭后，当事人依诚实信用原则应负有某种作为或不作为义务，以维护给付效果，或协助对方处理合同终了善后事务，学说上称为后合同义务。违反后合同义务，与违反一般合同义务相同，产生债务不履行责任。

三、合同的形式

（一）合同的形式概述

合同的形式，又称合同的方式，是当事人合意的表现形式，是合同内容的外部表现，是合同内容的载体。我国《合同法》规定：当事人订立合同，有书面形式、口头形式和其他形式。法律、行政法规规定采用书面形式的，应当采用书面形式。

（二）口头形式

口头形式，是指当事人只用语言为意思表示订立合同，而不用文字表达协议内容的不同形式。口头形式简便易行，在日常生活中经常被采用。集市的现货交易、商店里的零售等一般都采用口头形式。合同采取口头形式，无须当事人特别指明。凡当事人无约定、法律未规定须采用特定形式的合同，均可采用口头形式。口头形式的缺点是发生合同纠纷时难以取证，不易分清责任。所以，对于不能即时清结的合同和标的数额较大的合同，不宜采用这种形式。

（三）书面形式

书面形式，是指以文字表现当事人所订合同的形式。合同书以及任何记载当事人要约、承诺和权利义务内容的文件，都是合同的书面形式的具体表现。《合同法》第十一条规定，书面形式是指合同书、信件以及数据电文（包括电报、电传、传真、电子数据交换和电子邮件）等可以有形地表现所载内容的形式。书面合同必由文字凭据组成，但并非一切文字凭据都是书面合同的组成部分。成为书面合同的文字凭据，必须符合以下要求：有某种文字凭据，当事人或其代理人在文字凭据上签字或盖章，文字凭据上载有合同权利义务。

书面形式的最大优点是合同有据可查，发生纠纷时容易举证，便于分清责任。因此，对于关系复杂的合同、重要的合同，最好采取书面形式。但双方当事人均承认的口头合同，已经履行了主要义务的口头合同，法律认可的其他口头合同有效。

（四）推定形式

当事人未用语言、文字表达其意思表示，仅用行为向对方发出要约，对方接受该要约，以作出一定或指定的行为作承诺，合同成立。例如商店安装自动售货机，顾客将规定的货币投入机器内，买卖合同即成立。

四、缔约过失责任

（一）缔约过失责任的概念及构成要件

所谓缔约过失责任，是指在订立合同过程中，一方当事人因违背依据诚实信用原则所应尽的义务，致使另一方当事人信赖利益的损失，依法应承担的民事责任。

缔约过失责任的构成应具备如下要件：

（1）缔约过失责任发生于合同订立阶段。这是它与违约责任的根本区别。只有在合同尚未成立，或者虽已成立，但因为不符合法定的有效要件而被确认为无效或被撤销时，才可能发生缔约过失责任。

（2）一方当事人违反了依诚实信用原则所承担的先合同义务。由于合同尚未成立，或被撤销，因此当事人并不承担合同义务。然而，在订约阶段，当事人依诚实信用原则负有告知、忠实、保密等义务，这是法定义务，若因过失而违反，则可能产生缔约过失责任。

（3）另一方的信赖利益受到损失。所谓信赖利益损失，是指一方实施某种行为后，另一方对此产生了信赖（如相信对方会与自己订立合同），并为此而支付了一定的费用，后因对方违反诚实信用原则导致合同未成立或无效，该费用不能得到补偿，因而受到损失。

（二）缔约过失责任的适用

缔约过失责任主要适用以下几种情形：

（1）恶意磋商，即非出于订立合同的目的而假借订立合同之名与他人磋商。其真实目的，可能在于阻止对方与他人订立合同，或使对方贻误商机，或套取他人的商业秘密，或仅为戏耍对方。

（2）故意隐瞒与订立合同有关的重要事实或者提供虚假情况。缔约当事人依诚实信用原则负有如实告知义务，主要包括：告知己方的财产状况与履行能力；告知标的物的瑕疵；告知标的物的性能和使用方法。若违反此项义务，即构成欺诈，如因此给对方造成损失，应负缔约过失责任。

（3）违反有效要约和要约邀请。如某房地产公司在售楼广告中声称，公司将免费提供给户主到市区的巴士服务，但开通不久即停止。

（4）违反初步协议或许诺。如李某对刘某说："你将你临街的房屋装修一下，我租用开饮食店，每月付你房租2 000元。"刘某表示同意。后刘某将房屋装修后通知李某，李某说："我近来资金紧张，开不了店，你将房屋租给别人吧。"

（5）未尽保护、照顾、通知、保密等附随义务。如商场地面滑，导致顾客摔伤。

（6）违反强制缔约义务。如公共汽车司机无正当理由拒载旅客。

（7）无权代理。无权代理若未被代理人追认，又不构成表见代理，则应由行为人承担缔约过失责任。

（三）缔约过失责任的赔偿范围

根据合同法的规定，缔约过失责任的形式是损害赔偿，即相对人因缔约过失而遭受的信赖利益损失，包括直接损失和间接损失。具体来说，包括以下几种情况：

（1）在合同不成立，或虽已成立但被宣告无效或被撤销的情况下，构成缔约过失责任的一方应赔偿对方的直接损失通常包括订立合同的费用、准备履行合同所支出的费用以及上述费用的利息，如差旅费、通信费、仓库预租费等；间接损失主要是指对方因丧失商机所造成的损失。

（2）由于一方当事人在订立合同的过程中未尽照顾、保护义务而使对方遭受人身伤害时，应赔偿因此产生的实际财产损失。

（3）由于一方当事人在订立合同的过程中未尽通知、说明义务致使对方遭受财产损失时，也应赔偿其实际财产损失。

法院判决：该店承担缔约过失责任，赔偿其公证费500元、交通费150元。法院认为：被告发布的特价手机广告，对所销售的手机的时间、地点、规格和价款等内容表述清楚、具体，其要约意思表示明确。原告邢某前往购机，被告应当履约，因被告未向原告提供此款手机，导致买卖合同不能成立，已经构成缔约过失。原告请求的交通费损失，合法有据，应予以支持。

第四节　合同的解释

【案情摘要】

2008年9月，王诚以自己的铺面房屋作抵押，与建设银行某市支行签订了《个人购房专项贷款借款合同》（为该银行提供的格式）。合同规定，建设银行贷给王诚人民币20万元，借款期限为5年；借款方保证于期满前偿还全部本金以及利息；贷款利息按月息11.1‰计算，逾期未归还部分加收利息20‰。该合同经该市公证处公证后，建设银行随之将20万元贷款划到王诚账户上。同年12月，建设银行即向王诚催讨利息，并将王诚在该银行一账户上的4000余元划归自己。在银行的多次催付下，王诚先后两次付银行利息5000元，同时提出按季付息，银行不同意，遂产生纠纷。次年8月，建设银行以借款人不按合同约定按月及时承付借款利息为由向法院起诉，要求终止合同，被告归还本金及相关利息。王诚则称双方在合同中约定借款5年期满后一次偿还，并没有按月付息的规定。

【涉及法律问题】

1. 合同的解释。
2. 格式条款的解释。

【学理解释】

一、合同解释概述

合同的解释是指对合同条款及与合同效力相关用语的含义进行说明。

（一）合同解释的主体

合同解释分为广义的合同解释与狭义的合同解释。广义的合同解释中，任何人都有权对合同及其相关资料的含义进行分析和说明，双方当事人、法官、仲裁员、诉讼代理人、学者等都可以成为解释的主体。

狭义的合同解释专指有权解释，即受理合同纠纷的法院或仲裁机构对合同及其相关资料的含义所作的有法律约束力的分析和说明。

（二）合同解释的客体

合同解释的客体，即合同解释工作指向的对象。从实际的合同解释看，在不同的合同争议中，解释的客体也不一致：

（1）在因合同中的语言文字表达含糊不清、模棱两可或相互矛盾而发生争议场合，合同解释的客体即意思含糊不清、模棱两可或相互矛盾的语言文字的含义。

（2）在当事人一方主张合同的语言文字所表达的含义与其内心真意相异或相悖场合，当事人的内心真意如何，即成为合同解释的客体。

（3）在合同纠纷系因欠缺某些条款而使当事人之间的权利义务关系不甚明确时，合同解释的客体即漏订的合同条款。

（4）在合同内容不符合法律要求，需要变更、修订其规定的场合，不适法的合同内容即合同解释的客体。

（三）合同解释的效力

狭义的合同解释的结果是制作调解书、裁决书或判决书的主要根据之一，对当事人具有强制执行的法律约束力，是一项非常严肃的工作，必须符合法律的要求始能生效。

二、合同解释的原则

解释合同应遵循一些基本思想，以达到合同目的，实现公平正义。根据《合同法》第一百二十五条等条款的规定及解释，合同解释应遵循以下原则：

（1）文义解释原则。欲确定合同条款的含义，必须先了解其所用的词句，来确定该意思表示在一定环境下的客观意思。

（2）整体解释原则。它是指不拘泥于个别文字而立足于合同订立的全过程和合同的全部条款对合同进行解释。当合同条款中的用语前后发生矛盾或有明显错误时，应参考合同的目的，结合条款之间的相关性，纵观全文而作出解释。

（3）合同目的解释原则。它是指合同使用的文字或用语有两种以上理解的，或者合同文本使用两种文字的现一合同的，应按最适合于合同目的的来解释。

（4）交易习惯或惯例解释原则。交易习惯或惯例是人们在交易过程中长期形成并被普遍遵循的交易规则。故当事人就合同发生争议时，可参照交易习惯或惯例解释合同。

三、合同漏洞的补充

所谓合同漏洞，是指合同关于某事项应有规定而未规定。有漏洞即应填补。

首先，按《合同法》第六十一条的规定，由双方协商补充，协商不成时按照合同有关条款或者交易习惯补充。

其次，按《合同法》第六十二条的规定补充。《合同法》第六十二条规定，当事人就有关合同内容约定不明确，依照本法第六十一条的规定仍不能确定的，适用下列规定：（一）质量要求不明确的，按照国家标准、行业标准履行；没有国家标准、行业标准的，按照通常标准或者符合合同目的的特定标准履行。（二）价款或者报酬不明确的，按照订立合同时履行地的市场价格履行；依法应当执行政府定价或者政府指导价的，按照规定履行。（三）履行地点不明确，给付货币的，在接受货币一方所在地履行；交付不动产的，在不动产所在地履行；其他标的，在履行义务一方所在地履行。（四）履行期限不明确的，债务人可以随时履行，债权人也可以随时要求履行，但应当给对方必要的准备时间。（五）履行方式不明确的，按照有利于实现合同目的的方式履行。（六）履行费用的负担不明确的，由履行义务一方负担。

再次，按其他任意性规范和补充的合同解释。合同漏洞之所以应由任意性规范加以补充，是因为法律设任意性规范的目的，实际上也着眼于漏洞的填补。而当事人对合同上非必要之点之所以未为约定，也多由于相信法律会设有适当合理的规定。

四、格式条款的解释

（一）格式条款的概念和特点

格式条款是当事人为了重复使用而预先拟定，并在订立合同时未与对方协商的条款。它有以下特征：①由一方当事人预先拟定；②可重复使用；③在订立合同时未与对方协商。

（二）格式条款提供者的义务

（1）公平拟约义务。采用格式订立合同的，提供格式条款的一方应当遵循公平原则确定当事人之间的权利义务。

（2）明示或提醒义务。提供格式条款的一方应当以合理的方式提请对方注意。这种提醒应达到合理的程度，具体可从文件的外形、提起注意的方法、清晰明了的程度、提起注意的时间和场合等方面综合判断。

（三）格式条款的无效

《合同法》第四十条规定："格式条款具有本法第五十二条和第五十三条规定情形，或者提供格式条款一方免除其责任、加重对方责任、排除对方主要权利的，该条款无效。"

（1）格式条款具有《合同法》第五十二条情形的：一方以欺诈、胁迫的手段订立合同，损害国家利益的；恶意串通，损害国家、集体或者第三人利益的；以合法形式掩盖非法目的的；损害社会公共利益的；违反法律、行政法规的强制性规定的。格式条款如果具有这些情形的，无效。

（2）格式条款具有《合同法》第五十三条情形的：造成对方人身伤害的；因故意或者重大过失造成对方财产损失的。格式条款中如果有这样的免责规定的，同样无效。

（3）格式条款对提供格式条款一方免除其责任、加重对方责任、排除对方主要权利的，该条款无效。

（四）格式条款的解释

根据《合同法》第四十一条规定，对格式条款的解释应遵循以下规则：①对格式条款的理解发生争议的，应当按照通常理解予以解释；②对格式条款有两种以上解释的，应当作出不利于提供格式条款一方的解释；③格式条款和非格式条款不一致的，应当采用非格式条款。

【案情分析】

当事人双方在签订的格式合同中有关利息的规定是这样的：借款方保证于期满前偿还全部本金以及利息；贷款利息按月息 11.1‰ 计算。按银行方面的解释，利息按月息计算，那么就要每月承付；按借款人王诚的理解，利息按月息来计算，并非一定也要按月来承付，也可以在贷款期限届满时一次偿清本金和利息。双方当事人对这一条款的理解有争议。按《合同法》规定，应采取不利于提供格式条款的一方，即银行方的解释，因此，本案中利息的偿付，不是按月，而是按月息计算，于贷款到期后一次偿清。

第五节 合同的效力

【案情摘要】

甲有一弟一妹，弟17岁，妹15岁，一年前其父母先后去世，留有三间房产。甲已出嫁，其弟妹生活十分困难。邻居乙怂恿甲之弟妹去海南投靠其叔叔，甲之弟妹遂产生去海南谋生的想法，但又苦于无路费。乙便想乘机购买该房产，提出："你们将房子卖给我，我付钱给你们作路费。"甲之弟妹无奈，三人共同签订了房屋买卖合同，乙交二人2 000元。甲之弟妹去海南因不能定居，谋生困难，于一年后返回，并要求乙退房自住，乙以买卖合同为据，拒绝退房。甲遂与其弟妹诉至法院，要求乙退还房屋。法院审理查明，三间房产面积为100平方米，按当时当地房价每平方米50～100元。房产作为遗产未曾分割。

【涉及法律问题】

1. 无效合同。
2. 效力待定的合同。
3. 可撤销、可变更的合同。

【学理解释】

一、合同效力

（一）合同效力概述

合同的效力，是指已经成立的合同在当事人之间产生的一定的法律拘束力，也就是通常说的合同的法律效力。

（二）合同效力主要体现

合同生效后，其效力主要体现在以下几个方面：

（1）在当事人之间产生法律效力。一旦合同成立生效后，当事人应当依合同的规定，享受权利，承担义务。当事人依法受合同的拘束，是合同的对内效力。当事人必须遵循合同的规定，依诚实信用的原则正确、完全地行使权利和履行义务，不得滥用权利，违反义务。在客观情况发生变化时，当事人必须依照法律或者取得对方的同意，才能变更或解除合同。

（2）合同生效后产生的法律效果还表现在对当事人以外的第三人产生一定的法律拘束力。合同的这一效力表现，称为合同的对外效力。合同一旦生效后，任何单位或个人都不得侵犯当事人的合同权利，不得非法阻挠当事人履行义务。

（3）合同生效后的法律效果还表现在，当事人违反合同的，将依法承担民事责任，必要时人民法院也可以采取强制措施使当事人依合同的规定承担责任、履行义务，对另一方当事人进行补救。

(三) 合同的生效要件

根据《民法通则》，民事法律行为应该具备下列条件："（一）行为人具有相应的民事行为能力；（二）意思表示真实；（三）不违反法律或者社会公共利益。"这是合同的一般生效要件。

《合同法》第四十四条规定：依法成立的合同，自成立时生效。法律、行政法规规定应当办理批准、登记等手续生效的，依照其规定。即：

（1）依法成立的合同，自成立时生效。也就是说，合同的生效，原则上是与合同的成立一致的，合同成立就产生效力。根据《合同法》第二十五条的规定："承诺生效时合同成立。"例如买卖合同，如果双方当事人对合同的生效没有特别约定，那么双方当事人就买卖合同的主要内容达成一致时，合同就成立并且生效。

（2）法律、行政法规规定应当办理批准、登记等手续生效的，自批准、登记时生效。也就是说，某些法律、行政法规规定合同的生效要经过特别程序后才产生法律效力，这是合同生效的特别要件。例如，我国的中外合资经营法、中外合作经营法规定，中外合资经营合同、中外合作经营合同必须经过有关部门的审批后，才具有法律效力。

合同生效与合同成立的区别：

（1）二者的构成条件不同。合同成立的条件包括：订约主体存在双方或多方当事人，订约当事人就合同的主要条款达成合意。至于当事人意思表示是否真实，则在所不问。而合同生效的条件主要有：行为人具有相应的民事行为能力；意思表示真实；不违反法律或者社会公共利益以及符合法定形式。

（2）二者的法律意义不同。合同成立与否基本上取决于当事人双方的意志，体现的是合同自由原则，合同成立的意义在于表明当事人双方已就特定的权利义务关系取得共识。而合同能否生效则要取决于是否符合国家法律的要求，体现的是合同守法原则，合同生效的意义在于表明当事人的意志已与国家意志和社会利益实现了统一，合同内容有了法律的强制保障。

（3）二者作用的阶段不同。合同成立标志着当事人双方经过协商一致达成协议，合同内容所反映的当事人双方的权利义务关系已经明确。而合同生效表明合同已获得国家法律的确认和保障，当事人应全面履行合同，以实现缔约目的。简单地说，合同的成立标志着合同订立阶段的结束，合同的生效则表明合同履行阶段即将开始。

二、附条件合同与附期限合同

(一) 附条件合同

1. 附条件合同的概念

附条件合同是指把某种将来在客观上可能发生的事实作为合同生效或终止的原因的合同。如甲向乙许诺，若乙考上重点大学，就送给乙一部电脑。

2. 条件在法律上的要求

合同所附的条件必须符合法律上的要求，否则不能发挥其效力。首先，条件须是将来可能发生也可能不发生的事实，如肯定发生或肯定不发生的事实，不能作为条件；已经发生的事实也不能是条件。其次，条件不能违背强制性规定和公序良俗。如甲、乙约定，若乙将丙打一顿，则甲将不要求乙偿还其 1 000 元借款。

3. 附条件合同的类型

一种是附生效条件的合同，即指合同自条件成就时生效；一种是附解除条件的合同，是指合同自条件成就时失效。当事人为自己的利益不正当地阻止条件成就的，视为条件成就；当事人不正当地促成条件成就的，视为条件不成就。

（二）附期限合同

1. 附期限合同的概念

附期限合同是指把某种将来肯定发生的事实作为合同生效或终止的原因的合同。

2. 期限在法律上的要求

期限是将来肯定发生的事实，不可能发生的事实不能作为期限。将来何时发生不确定，不影响期限的性质。

3. 附期限合同的类型

一种是附生效期限的合同，是指期限届至时，合同生效；一种是附终止期限的合同，是指期限届满时，则合同终止。

三、无效合同

无效合同是指虽已成立但因严重欠缺生效要件而导致自始、绝对、当然无效的合同。我国《合同法》规定，有以下情形的，合同无效：

（1）一方以欺诈、胁迫的手段订立合同，损害国家利益的。欺诈是指故意隐瞒真实情况或告知虚假事实使他人产生误解并作出错误的意思表示。胁迫是指以损害对方的生命、健康、财产及人格或者其亲友的生命、健康、财产及人格等权益为手段，使其产生恐惧，而作出违背自己真实意愿的意思表示。采取欺诈、胁迫手段订立的合同，只有损害国家利益的，才绝对、当然无效。

（2）恶意串通，损害国家、集体或者第三人利益的。

（3）以合法的形式掩盖非法目的的。

（4）违反法律、行政法规强制性规定的。此是指合同的内容违反了法律义务性和禁止性规定。

（5）损害社会公共利益的。此是指订立合同不得损害我国社会的基本道德准则及良好的风俗习惯。

四、效力待定的合同

效力待定合同是指合同欠缺生效要件，其效力处于不确定状态，尚待有权人承认与否来决定其效力的合同。效力待定合同，经有权人同意，即自始有效；有权人拒绝，则合同自始无效。效力待定合同有如下几种：

（1）限制行为能力人所签订的合同。此是指限制行为能力人订立了与其年龄、智力、精神健康状态不相适应的合同。这类合同须经限制行为能力人的法定代理人追认，合同方可有效。相对人可以催告法定代理人在 1 个月内予以追认，法定人未作表示的，视为拒绝追认。合同被追认之前，善意相对人有撤销的权利，撤销均应以通知的方式作出。

限制行为能力人订立的使自己纯获利益或与其行为能力相适应的合同，无须经其法定代理人追认即可有效。

（2）无权代理人所订立的合同。无权代理人以被代理人的名义与相对人订立的合同，未经被代理人追认，对被代理人不发生法律效力，由行为人承担责任。无权代理包括根本无代理权、超越代理权和代理权终止后的代理。相对人可以催告被代理人在 1 个月内予以追认，被代理人未作表示的，视为拒绝追认。被追认前，善意相对人可以撤销合同。撤销应以通知的方式作出。

（3）无处分权人订立的合同。无处分权人擅自处分他人财产，经财产权利人追认或者无处分权人订立合同后取得处分权的，该合同自始有效。行为人未取得处分权，权利人又不追认的，合同无效。但该无效不得对抗第三人的善意取得。

五、可撤销、可变更的合同

可撤销合同是指当事人在订立合同时，因意思表示不真实，法律允许撤销权人通过行使撤销权而使已经生效的合同归于无效。可撤销合同具有以下特点：

（1）可撤销的合同主要是意思表示不真实的合同。如当事人在订立合同时，因重大误解而使其表示出来的意思与其真实意思不符。

（2）必须要由撤销权人主动行使撤销权，请求撤销合同。对此类合同的撤销问题，法院应采取不告不理的态度。如果当事人不主动提出撤销，法院不能主动地宣告合同的撤销。

（3）可撤销合同在未被撤销以前仍然是有效的。对于可撤销合同，撤销权人有权决定是否提出撤销。如果撤销权人未在规定的期限内行使撤销权，或者撤销权人仅仅要求变更合同的条款，并不要求撤销合同，在此情况下，可撤销合同仍然有效，当事人仍应依合同规定履行义务，任何一方均不得以合同具有可撤销的因素为由而拒不履行其合同义务。而无效合同则是当然无效的，对无效合同也不得要求当事人继续履行。

（4）可撤销合同在《民法通则》称为可变更、可撤销的合同，也就是说对此类合同，撤销权人有权请求予以撤销，也可以不要求撤销，而仅要求变更合同的内容。所谓变更，是指当事人之间通过协商改变合同的某些内容，如适当调整标的价格，适当减少一方承担的义务，通过变更使当事人之间的权利义务趋于公平合理。

（一）显失公平的合同

显失公平的合同是指一方在订立合同时因情况紧迫或缺乏经验而订立的明显对自己有重大不利的合同。如因资金严重短缺或经营上的迫切需要，而向他人借高利贷，此种借贷合同大多属于显失公平的合同。我国《合同法》第五十四条规定，在订立合同时显失公平的，合同应予撤销，这不仅是公平原则的具体体现，而且切实保障了公平原则的实现。

显失公平的构成要件，应包括以下两个方面：

一是客观要件。显失公平的客观要件，是指当事人在给付与对待给付之间失衡或造成利益不平衡。由此可见，显失公平主要适用于双务合同。对于无偿合同，因不存在对价问题，所以不存在双方利益的不平衡和显失公平。

二是主观要件。它是指在订立合同时一方具有利用优势或利用对方轻率、无经验等而与对方订立显失公平合同的故意。这种利用他人的主观状态已表明行为人背离了诚实信用原则的要求。因此，受害人不能证明对方具有此种故意而仅能证明自己在订立合同时缺乏经验和技能、不了解市场行情、草率等，从而订立了于己不利的合同，则不能认为对方具备显失公平的主观条件。主要分为以下几种：

第一，利用优势。所谓利用优势，是指一方利用经济上的地位，而使对方难以拒绝对其明显不利的合同条件。

第二，未履行订约过程所应尽的告知等义务。在订约过程中，合同的订约双方都应当向对方告知其经济实力、标的物的性能、效用等情况，这些都是依据诚实信用原则所产生的义务，任何一方都不得隐瞒合同中对对方不利而对自己有利的重要条款。一方订立标准合同文件和免责条款时应及时提请对方注意，否则，也可认为利用了对方的无经验或轻率。

第三，利用对方没有经验或轻率。所谓没有经验，是指欠缺一般的生活经验或交易经验。一般认为，欠缺经验仅限于欠缺一般的生活经验或交易经验，不包括欠缺特殊的经验。所谓轻率，是指在订约时的马虎或不细心。

只有符合上述主客观两方面的要件，才能构成显失公平。

（二）因重大误解订立的合同

《合同法》第五十四条规定，因重大误解订立的合同，一方可以请求法院和仲裁机构变更或撤销。所谓重大误解，是指一方因自己的过错而对合同的内容等发生误解，订立了合同。误解直接影响到当事人所应享有的权利和承担的义务。误解既可以是单方面的误解，也可以是双方的误解。误解须符合一定条件才能构成并产生使合同变更或撤销的法律后果。

（1）必须是表意人因为误解作出了意思表示。首先，表意人要将其意思表示表达出来。其次，表意人作出的意思表示必须是因为误解所造成的，即表意人的错误认识与其作出意思表示之间具有因果关系。

（2）必须是对合同的内容等发生了重大误解。法律上，一般的误解并不都能使合同撤销。我国司法实践认为，必须是对合同的主要内容发生误解才构成重大误解，因为在对合同的主要内容发生误解的情况下，才可能影响当事人的权利和义务，并可能使误解的一方的订约目的不能达到。若仅仅是对合同的非主要条款发生误解且不影响当事人的权利义务，就不应作为重大误解。

（3）误解是由误解方自己的过失造成的，而不是因为受他人的欺骗或不正当影响造成的。

（4）误解是误解的一方的非故意的行为。如果表意人在订约时故意保留其真实的意志，或者明知自己已对合同发生误解而仍然与对方订立合同，均表明表意人希望追求其意思表示所产生的效果。在此情况下并不存在意思表示不真实的问题，因此不能按重大误解处理。

（三）因欺诈而订立的合同

欺诈是指一方当事人故意实施某种欺诈他人的行为，并使他人陷入错误而订立合同。最高人民法院《关于贯彻执行〈中华人民共和国民法通则〉若干问题的意见（试行）》（以下简称《意见》）第六十八条规定，"一方当事人故意告知对方虚假情况，或者故意隐瞒真实情况，诱使对方当事人作出错误意思表示的，可以认定为欺诈行为"，这是对欺诈所作出的准确定义。

欺诈的构成要件如下：

第一，欺诈方具有欺诈的故意。所谓欺诈的故意，是指欺诈的一方明知自己告知对方的情况是虚假的且会使被欺诈人陷入错误认识，而希望或放任这种结果的发生，可见，欺诈方实际上是有恶意的。欺诈方告知虚假情况，不论是否使自己或第三人牟利，不妨碍恶意的构成。

第二，欺诈方实施欺诈行为。所谓欺诈行为，是指欺诈方将其欺诈故意表示于外部的行为，在实践中大都表现为故意陈述虚伪事实或故意隐瞒真实情况使他人陷入错误的行为。所谓故意告知虚假情况，也就是虚伪陈述，是指行为人有义务向他方如实告知某种真实的情况而故意不告知。

第三，被欺诈的一方因欺诈而陷入错误。在欺诈的情况下，被欺诈人因欺诈陷入了错误的认识。

第四，被欺诈人因错误而作出了意思表示。被欺诈人在因欺诈发生了错误认识以后，基于错误的认识作出了意思表示并订立了合同。

（四）因胁迫而订立的合同

胁迫是以将来要发生的损害或以直接施加损害相威胁，使对方产生恐惧并因此而订立合同。胁迫行为包括两种情况：①以将要发生的损害相威胁。②胁迫者以直接面临的损害相威胁。

因胁迫而订立的合同应符合以下几个要件：

第一，胁迫人具有胁迫的故意。所谓胁迫的故意，首先，是指胁迫者意识到自己的行为将造成受胁迫者心理上的恐惧而故意进行威胁；其次，胁迫者希望通过胁迫行为使受胁迫者作出某种意思表示。一般来说，胁迫的故意并不包括胁迫者希望通过胁迫行为使自己获得某种利益，牟利只是其动机问题。正是因为胁迫者具有胁迫的故意，因此其过错程度是较大的。

第二，胁迫者实施了胁迫行为。如前所述，胁迫行为包括以将要发生的损害相威胁或直接施加损害威胁他人。胁迫者既可以给公民及其亲友造成损害相威胁，也可以给法人造成损害进行要挟。胁迫并不一定以危害是否重大为要件，只要一方所表示施加的危害或者正在施加的危害足以使对方感到恐惧，就可以构成胁迫行为。

第三，受胁迫者因胁迫而订立了合同。也就是说由于一方实施胁迫行为使另一方心理上产生恐惧，即因为面临损害或将要面临损害，而产生一种恐怖和惧怕心理，在此种心理状态的支配下，受胁迫人被迫订立了合同。

第四，胁迫行为是非法的。胁迫行为给对方施加了一种强制和威胁，这种威胁必须是非法的、没有法律依据的。如果一方有合法的根据对另一方施加某种压力，则不构成胁迫。另外，合同订立以后，一方拒不履行合同，另一方以将要提起诉讼等合法手段向对方施加压力，要求其履行合同，也不构成胁迫。

（五）一方乘人之危与对方订立的合同

所谓乘人之危，是指行为人利用他人的为难处境或紧迫需要，强迫对方接受某种明显不公平的条件并作出违背其真实意志的意思表示。

其构成要件有：

第一，一方乘对方危难或急迫之际逼迫对方。所谓危难，除了经济上的窘迫外，也包括生命、健康、名誉等的危难。所谓急迫，是指因情况比较紧急，迫切需要对方提供某种财物、劳务、金钱等。由于乘人之危是一方乘他方危难或急迫而要求对方订立的合同，因此不法行为人主观上具有乘人之危的故意。如果行为人在订立合同时，并不知道对方处于危难或急迫状态，即使提出苛刻条件并为对方所接受，也不能认为是乘人之危。

第二，受害人出于危难或急迫而订立了合同。也就是说，不法行为人乘人之危要求受害人订立合同，受害人明知对方在利用自己的危难或急迫而获得利益，但陷于危难或出于急迫需要而订立了合同。

第三，不法行为人所取得的利益超出了法律允许的限度。乘人之危的行为，往往使受害人被迫接受对自己十分不利的条件，订立了某种使自己受到损害的合同。而不法行为人则取得了在正常情况下不可能取得的重大利益，并明显违背了公平原则，超出了法律所允许的限度。

乘人之危的行为与欺诈、胁迫行为一样，都是指一方实施不法行为，而迫使对方作出违反其真意的意思表示。因此，《合同法》第五十四条修改了《民法通则》的规定，将该合同纳入到可撤销的合同范围之中，允许由受害人决定是否应撤销该合同。如果受害人愿意保持合同的效力，可提出变更合同的某些条款（如降低价格），甚至受害人认为虽然对方有乘人之危的行为但其自愿接受合同条款，也可以使合同有效。如果受害人不愿意保持合同的效力，可要求撤销该合同。

六、撤销权的行使

撤销权通常由因意思表示不真实而受损害的一方当事人享有，如重大误解中的误解人、显失公平中遭受重大不利的一方。撤销权的行使，不一定必须通过诉讼的方式。如果撤销权人主动向对方作出撤销的意思表示，而对方未表示异议，则可以直接发生撤销合同的后果；如果对撤销问题，双方发生争议，则必须提起诉讼或仲裁，要求人民法院或仲裁机关予以裁决。

撤销权人有权提出变更合同，请求变更的权利也是撤销权人享有的一项权利。《合同法》第五十四条规定："当事人请求变更的，人民法院或仲裁机构不得撤销。"因此，如果当事人仅提出了变更合同而没有要求撤销合同，该合同仍然是有效的，法院或仲裁机构不得撤销该合同。如果当事人既要求变更也要求撤销，在此情况下，从鼓励交易的需要出发，法院也应当首先考虑当事人变更的要求。只有在难以变更合同，或者变更的条款对当事人双方有失公平的情况下，才撤销合同。

撤销权人必须在规定的期限内行使撤销权。我国《合同法》第五十五条规定：具有撤销权的当事人自知道或者应当知道撤销事由之日起一年内没有行使撤销权或具有撤销权的当事人知道撤销事由后明确表示或者以自己的行为放弃撤销权，则撤销权消灭。据此可见，撤销权人行使撤销权的期限为一年，该期限从其知道或应当知道撤销事由（如知道或应当知道其受到欺诈）之日起开始计算。如果超过一年不行使权利，或者在知道具有撤销事由后以明示或者以行为的方式放弃撤销权（如在明知受欺诈以后主动要求欺诈行为人交付货物），则可撤销合同成为有效合同。

七、合同被确认无效和被撤销的法律后果

合同被确认无效或被撤销后，合同自始无效，但并非不发生任何法律后果。因为合同可能还未履行，也可能已经部分或完全履行，或者一方乃至双方有损害。因此，须根据不同情况采取相应的补救措施。具体包括：

（1）返还财产。合同被确认无效或被撤销后，当事人依据合同取得的财产，应当返还给对方，如果原物无法返还的（如原物不存在、他人合法取得），可折价补偿。

（2）赔偿损失。合同被确认无效或被撤销后，有过错一方应赔偿对方因此受到的损失，如果双方均有过错，根据过错大小承担相应的责任。

（3）收归国库或者返还集体或第三人。当事人恶意串通，损害国家、集体或者第三人利益的，因此取得的财产收归国有或者返还给集体或第三人。

【案情分析】

（1）该房屋买卖行为无效。

（2）无效的原因是：

①作为买卖合同的主体之一，甲之妹系限制民事行为能力人，没有完全处分其权益的能力。我国民法通则规定年满10周岁以上的未成年人是限制民事行为能力人，民事法律行为有效的要件之一是行为人具有民事行为能力。不具有相应民事行为能力的人所作出的民事行为为效力待定的民事行为。

②房产是其父母遗产，尚未分割，属甲兄弟姐妹三个共同所有，民法通则规定处分共有财产须全体共有人一致同意，甲之弟妹无权处分该房产。

③乙购房行为显属乘人之危，以显著低于房产价值的价格购房，不能认为是甲之弟妹真实意思表示，属于可撤销的民事行为。所以根据民法通则规定，该房屋买卖行为无效。

（3）此案，甲拒绝追认，并行使撤销权应认定房屋买卖行为无效，双方返还财产，乙方作为过错方还应赔偿甲之弟妹的损失。

第六节　合同的履行

【案情摘要】

甲、乙两公司签订钢材购买合同，合同约定：乙公司向甲公司提供钢材，总价款500万元，甲公司预支价款200万元。在甲公司即将支付预付款前，得知乙公司因经营不善，无法交付钢材，并有确切证据证明。于是，甲公司拒绝支付预付款，除非乙公司能提供一定的担保，乙公司拒绝提供担保。为此，双方发生纠纷并诉至法院。

请问：

（1）甲公司拒绝支付预付款是否合法？

（2）甲公司的行为若合法，法律依据是什么？

（3）甲公司行使的是什么权利？若行使该权利必须具备什么条件？

【涉及法律问题】

1. 合同履行原则。
2. 合同履行中的抗辩权。

【学理解释】

一、合同履行的概念

合同的履行，是指债务人全面、适当地完成其合同义务，债权人的合同债权得到完全实现。如交付约定的标的物，完成约定的工作并交付工作成果，提供约定的服务等。合同的履行是债务人完成合同债务的行为，即所谓债务人为给付行为，这是合同履行的起码要求。没有债务人完成债务的行为，就不会有债权人达到成立合同目的的结果。因此合同的履行应是债务人全面、适当地完成合同债务，使债权人实现其合同债权的给付行为和给付结果的统一。合同的履行不仅是合同的法律效力的主要内容，而且是整个合同法的核心。合同的成立是合同履行的前提，合同的法律效力既含有合同履行之意，又是合同履行的依据和动力所在。合同的担保是促使合同履行，保障债权实现的法律制度。合同的保全可起到间接强制债务人履行合同的作用。合同的解除系为适应变化了的主客观情况而设置的消灭合同关系的制度，虽与合同的履行对立，但在尽可能地保护当事人的合法权益这点上，两者又目标一致。违约责任既是违约补救手段，又是促使债务人履行合同的法律措施。正如有学者所说："合同履行是其他一切合同法律制度的归宿或延伸。"

二、合同履行的原则

合同履行的原则，是当事人在履行合同债务时所应遵循的基本准则。

（一）实际履行原则

实际履行原则指当事人按照合同规定的标的完成合同义务的原则。其含义是：

（1）在合同履行中，要履行标的，不能用其他标的代替原合同标的。就是说，对于有效成立的合同，其标的规定是什么，义务人就应当履行什么。

（2）要实际履行标的，不能轻易地以违约金或赔偿金代替履行标的。义务人如果不能按合同规定的标的给付，即使向对方偿付了违约金或赔偿金，也不能轻易免除其交付标的的义务。

当然，实际履行不是绝对的，在某些特殊情况下可不加以适用。如以特定物为标的的合同，当该标的灭失时，实际履行已不可能。

（二）诚实信用原则

合同履行中的诚实信用原则具体来说，包括适当履行原则和协作履行原则。

1. 适当履行原则

适当履行原则，又称正确履行原则或全面履行原则，是指当事人按照合同规定的标的及其质量、数量，由适当的主体在适当的履行期限、履行地点以适当的履行方式，全面完成合同义务的履行原则。

2. 协作履行原则

协作履行原则，是指当事人不仅适当履行自己的合同债务，而且应协助对方当事人履行债务的履行原则。协作履行是诚实信用原则在合同履行方面的具体体现，一方面需要双方当事人之间相互协助，另一方面也表明协助不是无限度的。一般认为，协作履行原则含有以下内容：

（1）债务人履行合同债务，债权人应适当受领给付。

（2）债务人履行债务时常要求债权人创造必要的条件，提供方便。

（3）因故不能履行或不能完全履行时，应积极采取措施避免或减少损失，否则还要就扩大的损失自负其责。

（4）发生合同纠纷时，应各自主动承担责任，不得推诿。

协作履行原则并不漠视当事人各自独立的合同利益，不降低债务人所负债务的力度。那种以协作履行为借口，加重债权人负担，逃避自己义务的行为，是与协作履行原则相悖的。

（三）经济合理原则

经济合理原则要求在履行合同时，讲求经济效益，付出最小的成本，取得最佳的合同利益。在履行合同中贯彻经济合理原则，表现在许多方面：债务人选择最经济合理的运输方式，选择履行期限履行合同义务，选择设备体现经济合理原则，变更合同，对违约进行补救也体现经济合理原则。如《民法通则》第一百一十四条规定："当事人一方因另一方违反合同受到损失的，应当及时采取措施防止损失的扩大；没有及时采取措施致使损失扩大的，无权就扩大的损失要求赔偿。"

（四）情势变更原则

情势变更原则，是指合同依法成立后，因不可归责于双方当事人的原因发生了不可预见的情势变更，致使合同的基础丧失或动摇，若继续维护合同原有效力则显失公平，从而允许变更或解除合同的原则。情势变更原则的适用条件有以下几项：①须有情势变更的事实。②情势变更须发生在合同成立以后，履行完毕之前。③须情势变更的发生不可归责于当事人，即由不可抗力及其他意外事故引起。④须情势变更是当事人所不可预见的。⑤须情势变更使履行原合同显失公平。

三、合同履行的规则

合同履行的规则主要是指当事人就某些事项没有约定时的处理方法。我国《合同法》第六十一条规定："合同生效后，当事人就质量、价款或者报酬、履行地点等内容没有约定或者约定不明确的，可以协议补充；不能达成补充协议的，按照合同有关条款或者交易习惯确定。"

（1）关于质量要求不明确。合同中质量要求不明确的，按照国家标准、行业标准履行；没有国家标准、行业标准的，按照通常标准或者符合合同目的的特定标准履行。

（2）关于价款或报酬条款要求不明确。价款或者报酬不明确的，按照订立合同时履行地的市场价格履行；依法应当执行政府定价或者政府指导价的，按照规定履行。

（3）关于履行地点要求不明确。履行地点，是指债务人应为履行行为的地点。在履行地点为履行，只要适当，即发生合同消灭的效力，在其他地点为履行则否。履行地点不明确，给付货币的，在接受货币一方所在地履行；交付不动产的，在不动产所在地履行；其他标的，在履行义务一方所在地履行。

（4）关于履行期限不明确。履行期限不明确，债务人可以随时履行，债权人也可以随时要求履行，但应当给对方必要的准备时间。

（5）关于履行方式约定不明确。履行方式是完成合同义务的方法，如标的物的交付方法、工作成果的完成方法、运输方法、价款或酬金的支付方法等。履行方式不明确的，按照有利于实现合同目的的方式履行。

（6）关于履行费用的负担约定不明确。履行费用的负担不明确的，由履行义务一方负担。

四、同时履行抗辩权

（一）同时履行抗辩权的概念

在未约定先后履行顺序的双务合同中，当事人应当同时履行，一方在对方未履行时，有权拒绝对方请求履行的要求。此项权利，称为同时履行抗辩权，仅适用于双务合同，如买卖、互易、租赁、承揽、保险等合同。

（二）同时履行抗辩权的成立条件

（1）在同一双务合同中互负对待给付义务。主张同时履行抗辩权，必须基于同一双务合同中的互负债务。否则，尽管相互负有债务，也不得主张同时履行抗辩权。

（2）双方债务均已届清偿期。只有在双方所负债务都到期时，才能主张同时履行抗辩权。

（3）一方未履行债务。只有一方未履行自己的债务，而要求对方履行时，对方可行使同时履行抗辩权，拒绝履行债务。

（4）对方的债务可能履行。同时履行抗辩权的宗旨是促使双方当事人同时履行债务，如果一方的对待给付已不可能，则不发生同时履行抗辩权问题，而应依合同解除制度解决。

五、先履行抗辩权

（一）先履行抗辩权的概念

先履行抗辩权，是指当事人互负债务，有先后履行顺序的，先履行一方未履行之前，或者履行债务不符合约定的，后履行一方有权拒绝履行对方的履行请求。

（二）先履行抗辩权成立的条件

（1）双方因同一合同互负债务。

（2）债务有先后履行顺序。

（3）对方未履行其义务或履行有瑕疵。

（三）先履行抗辩权的行使

先履行抗辩权的成立并行使，产生后履行一方可一时中止履行自己债务的效力，对抗先履行一方的履行请求，以此保护自己的期限利益、顺序利益；在先履行一方采取了补救措施的情况下，先履行抗辩权消灭，后履行一方须履行其债务。先履行抗辩权的行使不影响后履行一方主张违约责任。

六、不安抗辩权

（一）不安抗辩权的概念

不安抗辩权是指应先履行义务的一方在有证据证明后履行义务一方的经营状况严重恶化，或者转移财产、抽逃资金以逃避债务，或者谎称有履行能力的欺诈行为，以及其他丧失或者可能丧失偿债能力的情况下，可中止自己的履行；后履行义务一方收到中止履行的通知后，在合理期限内未恢复履行能力或者未提供适当担保的，先履行义务一方有权解除合同。

（二）不安抗辩权成立的条件

（1）双方当事人因同一双务合同而互负债务。

（2）后履行义务一方的履行能力明显降低，有不能偿债的现实危险。这些危险包括上述概念中提到的现象。应特别提醒的是，履行能力明显降低，有不能偿债的危险，须发生在合同成立后。如果订立合同时即已经存在，先履行义务一方明知此情而仍然缔约，则不能行使不安抗辩权。

（三）不安抗辩权的行使

（1）通知义务。为了兼顾后履行义务一方的利益，防止当事人滥用不安抗辩权，当事人在行使该权利时，应及时通知对方，该通知的内容包括中止履行的意思表示和要求对方提供适当担保的合理期限。

（2）举证义务。行使不安抗辩权，负有证明对方的履行能力明显下降、有不能偿债的现实危险的义务。

【案情分析】

（1）甲公司拒绝支付预付款是合法的。

（2）《合同法》第六十八条规定："应当先履行债务的当事人，有确切证据证明对方有下列情形之一的，可以中止履行：（一）经营状况严重恶化；（二）转移财产、抽逃资金，以逃避债务；（三）丧失商业信誉；（四）有丧失或者可能丧失履行债务能力的其他情形……"本案中甲公司作为先为给付的一方当事人，在对方于缔约后财产状况明显恶化，且未提供适当担保，可能危及其债权实现时，可以中止履行合同，保护权益不受损害。因此在发生纠纷时，法院应支持甲公司的主张。

（3）甲公司行使的是不安抗辩权。

不安抗辩权的适用条件：

①须是同一双务合同所产生的两项债务，并且相互为对价给付。

②互为对价给付的双务合同规定有先后履行顺序，且应先履行债务的一方的履行期届至。

③应后履行债务的一方当事人，在合同依法成立之后，出现丧失或有可能丧失对待履行债务的能力。

④应后履行债务的当事人未能为对待给付或为债务的履行提供适当的担保。

第七节　合同的保全

【案情摘要】

被告王某向原告张某借款 200 万元，并出具借条称自 2005 年 7 月 1 日起还款，至 2006 年 12 月 30 日还清。之后王某一直未还款，张某将王某诉至朝阳法院，法院判决王某偿还 200 万元欠款，判决生效后王某一直未予偿还。

2006 年 11 月 22 日，王某与第三人李某签订二手房买卖合同，约定李某购买王某所有的位于朝阳区小关北里 45 号世纪嘉园建筑面积为 179.83 平方米的房产，房产总价 120 万元。李某当庭陈述其实际支付了购房款 152 万余元，但没有充分的证据加以证明，其提交的房屋契税完税证显示房屋的计税金额为 120 万元。案件审理过程中，法院向朝阳房管部门调取了涉案房屋的相关资料，显示王某 2000 年购买该房屋时的售价为 8 500 元/平方米，房屋总价为 152 万余元。

庭审中，王某表示其无力偿还张某的债务。请问该案件应如何判决？

【涉及法律问题】
1. 合同的代位权。
2. 合同的撤销权。

【学理解释】

一、合同保全的概述

合同的保全，是指法律为防止因债务人的财产不当减少或不增加而给债权人的债权带来损害，允许债权人行使撤销权或代位权，以保护其债权。

合同保全的主要特征在于：

第一，合同的保全是合同相对性规则的例外。根据相对性规则，合同之债主要在合同当事人之间产生法律效力，然而在特殊情况下，因债务人怠于行使到期债权，或与第三人实施一定的行为致使债务人用于承担责任的财产减少或不增加，从而使债权人的债权难以实现时，法律为保护债权人的债权，允许债权人享有并行使代位权或撤销权，这两种权利的行使都会对第三人产生效力，此种现象可以看作是合同相对性规则的例外。

第二，合同的保全主要发生在合同有效成立期间。也就是说，在合同生效后至履行完毕前，都可以采取保全措施，但合同根本没有成立生效，或已被解除或被宣告无效、被撤销，则不能采取保全措施。

第三，合同的保全的基本方法是，确认债权人享有代位权或撤销权。

二、代位权

（一）代位权概述

代位权是指因债务人怠于行使其到期债权，对债权人造成损害的，债权人可以向人民法院请求以自己的名义代位行使债务人的债权。

代位权的特点是：

第一，代位权是债权人代替债务人向债务人的债务人主张权利，因此债权人的债权对第三人产生了约束力。

第二，代位权是债权人以自己的名义行使债务人的权利。

第三，代位权的行使必须在法院提起诉讼，请求法院允许债权人行使代位权。

（二）代位权行使的要件

第一，债权人与债务人之间必须有合法的债权债务的存在。

第二，债务人对第三人享有到期的债权。

第三，须债务人怠于行使其权利。

第四，须债务人怠于行使权利的行为有害于债权人的债权。

第五，债权人代位行使的范围，应以保全债权的必要为标准。

（三）代位权的行使方式

债权人的代位权的行使主体是债权人，债务人的各个债权人在符合法律规定的条件下均可以行使代位权，可作共同原告。当然，如果一个债权人已就某项债权行使了代位权，或者正在代位诉讼，其他债权人就不得就该项权利再行使代位权，提起代位权诉讼。债权人应以自己的名义行使代位权，并须尽到善良管理人的注意。债权人的代位权必须通过诉讼程序行使。

（四）代位权的行使效力

债权人行使代位权，只能代债务人行使权利，而不能处分债务人的权利。

1. 对债权人的效力

代位权的行使对债权人本身也会产生一定的效力，具体表现在：一方面，债权人对因行使代位权所获得的必要费用，有权要求债务人予以返还，如果其行使代位权所获得的利益已由数个债权人分享，或由数个债权人平均分配，则其行使权利的费用，其他债权人也应当分担。另一方面，如果债务人的债务人向债务人履行债务，债务人拒绝受领，则债权人有权代债务人受领。但是在接受以后，应当将财产返还给债务人，不能独占该财产并用该财产充抵自己的债权。

2. 对债务人的效力

代位权行使的直接效果应归属于债务人。但法院通过裁判允许债权人行使代位权，则债务人不能就其被债权人代位行使的权利作出处分，也不得妨碍债权人行使代位权，否则，代位权根本不能得到行使，债权更得不到保障。

3. 对债务人的债务人的效力

债权人代债务人行使权利，一般不影响债务人的债务人的权利和利益。因为不行使代位权，他们也要履行其应尽的义务。在债权人行使代位权以后，第三人对债务人所享有的一切抗辩权，如同时履行的抗辩权、诉讼时效届满的抗辩权等，均可以用来对抗债权人。尤其应当指出，在债权人行使代位权的情况下，债务人的债务人不能以债权人与其无合同关系为由拒绝履行自己的义务，而必须应债权人的请求及时向债务人作出履行。

三、撤销权

（一）撤销权的概述

债权人的撤销权，是指因债务人放弃其到期债权或者无偿转让财产，对债权人造成损害的，债权人可以请求人民法院撤销债务人的行为。债务人以明显的不合理的低价转让财产，对债权人造成损害，并且受让人知道该情形的，债权人也可以请求人民法院撤销债务人的行为。

撤销权与代位权都是法定的权利，都属于债的保全内容，且必须附随于债权而存在，但两者又有区别。

代位权针对的是债务人不行使债权的消极行为，通过行使代位权旨在保持债务人的财产。而撤销权针对的是债务人不当处分财产的积极行为，行使撤销权旨在恢复债务人的财产。

撤销权与可撤销合同中一方当事人所享有的撤销权也是不同的。后一种撤销权只是针对意思表示不真实的合同而设定的，享有撤销权的人只能是一方当事人。而前一种撤销权属于债的保全措施，并不是针对意思表示不真实的合同而设定的。

（二）撤销权行使的构成要件

撤销权的行使必须符合客观要件和主观要件。

客观要件，是指债务人实施了一定的有害于债权人的债权的行为，才能使债权人行使撤销权。具体包括：第一，债务人放弃到期债权。也就是说，债权到期后明确表示免除债务人的债务。第二，无偿转让财产，如将财产赠与他人。第三，以明显不合理的低价转让财产。

主观要件，是指债务人与第三人具有恶意。所谓恶意是指债务人知道或应当知道其处分财产的行为将导致其无资产清偿债务，从而有害于债权人的债权，而仍然实施该行为。

（三）撤销权的行使

撤销权的行使必须由享有撤销权的债权人以自己的名义向法院提起诉讼，请求法院撤销债务人的不当处分财产的行为。如果债权为连带债权，则所有的债权人可以共同行使撤销权，也可以由连带债权人中的一人提起诉讼。如果数个债权因同一债务人的行为而受到损害，则每个债权人均有权提起诉讼请求撤销债务人的行为。关于撤销权的行使还应注意以下问题：

第一，根据《合同法》第七十四条，撤销权的行使范围以债权人的债权为限。撤销权行使的效力并不是及于债务人处分行为的全部财产，而应仅限于保全债权的范围。对债务人不当处分财产的行为超出债权保全必要的部分，不应发生撤销的效力。

第二，关于撤销之诉中的被告。如果债务人实施的是单方行为（如单方免除债务），则应以债务人为被告；如果债务人与第三人共同实施无偿转让财产或低价转让财产的行为，则原则上应以债务人或第三人为被告。

【案情分析】

法院经审理后认为，债务人以明显不合理的低价转让财产，对债权人造成损害，并且受让人知道该情形的，债权人可以请求人民法院撤销债务人的行为。王某在2000年购买涉案房屋时的价格为每平方米8 500元，而在2006年11月22日将涉案房屋卖给第三人李某的价格为每平方米约6 600元，该价格明显低于涉案房屋现在应有的价值，王某的行为属于以明显不合理的低价转让财产的行为。王某非法转让财产的行为，致使张某的债权无法得到实现。李某作为第三人，其在购买房屋时应当知道王某所卖房屋的价格，其亦对涉案房屋现在应有的价值有所了解，李某在明知王某以明显不合理低价出售房屋的情形下仍然购买，可以推定李某与王某在签订二手房买卖合同时具有恶意，故张某有权行使撤销权。张某的诉讼请求，符合法律规定撤销权的成立要件及行使要件，应予以支持。

第八节　合同权利义务的终止

【案情摘要】

2000年3月15日，某纺织厂与某服装厂签订一份布料买卖合同，双方约定：由纺织厂于2000年4月15日前提供真丝双绉面料1 000米，服装厂先支付价款8万元，并于5月20日将货款一次性全部支付。2000年4月15日，服装厂通知纺织厂按合同约定的时间交货，纺织厂回函言：因设备老化，按时交付有一定困难，请求暂缓履行。服装厂因为要抢在夏季到来之前上市销售该批真丝服装，没有同意纺织厂迟延履行的要求。2000 年 4 月 25 日，因纺织厂没有履行合同，服装厂致函纺织厂，要求纺织厂最迟在 5 月 10 日前履行合同，否则解除合同。2000 年 5 月 20 日，纺织厂仍未履行合同，服装厂只好从别的渠道用每米 90 元的价格购买了真丝双绉面料 1 000 米，总价款 9 万元，同时通知纺织厂解除合同，返还 8 万元货款及利息，并要求纺织厂赔偿误工损失及购买布料多支付的 1 万元价款。2000 年 8 月 10 日，纺织厂要求履行合同，称服装厂解除合同没有征得纺织厂的同意，因而合同没有解除，服装厂应当接受货物。在遭到拒绝后遂起诉至法院。

请问：

（1）服装厂是否有权解除合同？

（2）法院能否支持纺织厂的主张？

（3）服装厂能否要求损害赔偿？

【涉及法律问题】

合同的解除。

【学理解释】

合同权利义务的终止，简称为合同的终止，又称合同的消灭，是指合同关系在客观上不复存在，合同权利和合同义务归于消灭。合同权利义务终止的原因大致有三类：一是基于当事人的意思，如免除及合意解除等；二是基于合同目的消灭，如不能履行、清偿及混同等；三是基于法律的直接规定，如我国解放初期以法律规定的方式废除劳动人民所欠地主的债务。

一、合同的解除

（一）合同解除的概念

合同解除是指合同有效成立后，在一定条件下通过当事人的单方行为或者双方协议同意终止合同效力，消灭合同关系的行为。合同解除有下列特征：

（1）合同解除是对有效合同的解除。合同解除以有效合同为前提，其目的在于解决有效成立的合同提前消灭的问题。

（2）合同的解除必须具有解除事由。合同一经成立，即具有法律约束力，不得擅自变更或解除。只是在主客观情况发生变化，使合同履行成为不必要或不可能的情况下，才允许解除合同。因此，解除合同须符合法律规定的条件。

（3）合同解除须通过解除行为来实现。具备合同解除的条件，合同并不必然和自然解除。要使合同解除，一般还需要解除行为。解除行为有两种类型：一是当事人双方协商同意；二是享有解除权一方单方的意思表示。

（4）合同解除的效果是使合同关系消灭。合同解除的法律效果是使合同关系消灭。

（二）合同解除的条件

1. 合同解除的法定条件

（1）因不可抗力致使合同不能实现合同目的。不可抗力是指当事人不可预见、不可避免、不能克服的因素，如战争、地震、水灾等。不可抗力致使合同不能实现，该合同失去意义，应归于消灭。

（2）在履行期限届满之前，当事人一方明确表示或者以自己的行为表明不履行主要债务，另一方当事人可主张解除合同。

（3）当事人一方迟延履行主要债务，经催告后在合理期限内仍未履行。根据合同的性质和当事人的意思表示，履行期限在合同的内容中非属特别重要时，即使债务人在履行期限届满后履行，也不致使合同目的落空。在此情况下，原则上不允许当事人立即解除合同，而应由债权人向债务人发出履行催告，给予一定的宽限期。债务人在该宽限期届满仍未履行的，债权人有权解除合同。

（4）当事人一方迟延履行债务或者有其他违约行为致使合同目的不能实现的。对某些合同而言，履行期限极为重要，如债务人不按期履行，合同目的即不能实现。此时，债权人有权解除合同。

（5）法律规定的其他条件。法律针对某些具体合同规定了特别法定解除条件的，从其规定。

2. 合同协议解除的条件

合同协议解除的条件，是双方当事人协商一致解除合同关系。其实质是在原合同当事人之间重新成立一个合同，目的在于废弃双方原合同关系，使双方基于原合同发生的债权债务归于消灭。

协议解除采取合同方式，当然应具备合同的有效要件：当事人具有相应行为能力；意思表示真实；内容不违反强行法律规范和社会公共利益；采取适当的形式。

（三）合同解除的效力

合同解除后，尚未履行的，终止履行；已经履行的，根据履行情况和合同性质，当事人可以请求恢复原状或者采取其他补救措施，并有权要求赔偿损失。也就是说，合同解除有两方面效力：一是向将来发挥效力，即从解除时起，终止履行；二是合同解除产生溯及力，即可以使已经履行的部分予以恢复。如当未履行的部分影响整个合同目的实现时，即可产生溯及力。

合同解除与损害赔偿可以并存，即因合同一方当事人的过错导致合同解除的，无过错方可以要求赔偿其所遭受的损失。

二、清偿

清偿是指按合同的约定实现债权目的的行为。债务一经履行，债权即因其达到目的而消灭。因此，清偿为合同的权利义务终止原因。从债权实现方面看，债务人履行债务属于清偿，第三人为满足债权人的目的而为给付，也属清偿。此外，即使依法强制执行或实现担保权而获得满足，也应属于清偿。

清偿必须符合以下条件：

（1）依合同性质，可以由第三人代为清偿。如作为合同关系内容的债务属于专属性的，则性质上不许代为清偿。普遍认可的基于债务性质不得代为清偿的情形有：不作为债务，以债务人本身的特别技能、技术为内容的债务，因债权人与债务人之间的特别信任关系所产生的债务等。

（2）债权人与债务人之间无不得由第三人代为清偿的约定。但该约定必须在代为清偿前为之，否则无效。

（3）债权人没有拒绝代为清偿的特别理由，债务人也无提出异议的正当理由。如果代为清偿有违社会公共利益或社会公德或诚实信用，对债权人、债务人或社会有不利的影响；或代为清偿违背其他强行性规范时，债权人就有权拒绝受领代为清偿，债务人也有权提出异议，不发生清偿的效力。

（4）代为清偿的第三人必须有为债务人清偿的意思。在这点上，代为清偿与债务承担不同：第一，若为清偿人的错误，误信为自己债务而为清偿时，不成立代为清偿。第二，连带债务人、不可分债务人，仅在其超过自己本来负担的给付义务而为清偿的范围内，始构成代为清偿。

三、抵消

（一）抵消的概念

抵消是指双方互负债务时，各以其债权充当债务之清偿，而使其债务与对方的债务在对等额内相互消灭。为抵消的债权，即债务人的债权，称为自动债权、抵消债权或反对债权。被抵消的债权，即债权人的债权，叫做受动债权或主债权。

抵消依其产生的根据不同，可分为法定抵消与合意抵消两种。法定抵消由法律规定其构成要件，当要件具备时，依当事人一方的意思表示即可发生抵消的效力。依当事人一方的意思表示即可发生抵消效力的权利，称为抵消权，属于形成权。合意抵消是指按照当事人双方的合意所为的抵消。它重视当事人的意思自由，可不受法律规定的构成要件的限制。当事人订立的这种合同叫做抵消合同，其成立应依民法关于意思表示的一般规定。抵消合同的效力是消灭当事人之间同等数额之内的合同关系。本节仅介绍法定抵消。

（二）抵消的要件

按照《合同法》第九十九条的规定，抵消必须具备一定的要件才能生效：

1. 双方当事人互负债务、互享债权

抵消系以在对等额内使双方债权消灭为目的，故以双方债权的存在为必要前提。抵消权的产生，在于当事人对于对方既负有债务，同时又享有债权。只有债务而无债权或者只有债权而无债务，均不发生抵消问题。当事人双方存在的两个债权债务，必须合法有效。任何一个债权债务的原因行为（合同）不成立或无效时，其债权不能有效存在，故当然不能抵消。

2. 双方互负债务，其给付种类必须相同

所谓给付种类相同，《合同法》称为标的物种类、品质相同，是指可以一方的给付清偿对方的债权。正因为如此，抵消通常在金钱债务或代替物债务以及其他种类物的债务中适用较多。双方当事人的给付物的种类虽然相同，但品质不同时，原则上不允许抵消，但允许高一等级抵消次一等级物。

3. 自动债权已届清偿期

因债权人通常仅在清偿期届至时，才可以现实地请求清偿。若未届清偿期也允许抵消的话，就等于在清偿期前强制债务人清偿，牺牲其期限利益，显属不合理。所以，自动债权已届清偿期才允许抵消。不过，自动债权未定清偿期的，只要债权人给债务人以宽限期，宽限期满即可抵消。

因债务人有权抛弃期限利益，在无相反的规定或约定时，债务人可以在清偿期前清偿。

所以，受动债权即使未届清偿期，也应允许抵消。

在破产程序中，破产债权人对其享有的债权，无论是否已届清偿期，也无论是否附有期限或解除条件，均可抵消。

4. 非依债的性质不能抵消

所谓非依债的性质不能抵消，是指依给付的性质，如果允许抵消，就不能达到合同目的。

（三）抵消方式

抵消为单独法律行为，应适用法律关于法律行为及意思表示的规定。抵消为处分债权的行为，故抵消人应有行为能力，并需要对债权有处分权。抵消应由抵消权人以意思表示向受动债权人为之，以受动债权人了解或通知到达受动债权人处为发生效力。受动债权人为无行为能力人或限制行为能力人时，以通知到达其法定代理人处为发生效力。

（四）抵消的效果

抵消使双方债权按照抵消数额而消灭。之所以如此，是因为从自动债权方面看，不能超过自己的债权额获得满足；从受动债权方面看，也仅于获得满足的范围，即仅就自动债权额消灭其债权。由此决定，一方的债权额大于对方的债权额时，前者仅消灭一部分债权额，后者则全部消灭。

四、提存

提存是指由于债权人的原因而无法向其交付合同标的物时，债务人将该标的物交给提存部门而消灭合同的制度。

（一）提存的原因

（1）债权人无正当理由拒绝受领。债务人现实地提出了给付，债权人无正当理由拒绝受领，使债务人无法履行，为保护其合法权益，尽早摆脱不合理的拘束，合同法允许债务人提存。

（2）债权人下落不明。债权人下落不明包括债权人不清、地址不详、债权人失踪又无代管人等情况。债权人下落不明使债务人无法履行，即使履行也达不到合同目的，故《合同法》允许债务人提存，以保护其合法权益（《合同法》第一百零一条第一款第二项）。

（3）债权人死亡或者丧失行为能力，又未确定继承人或者监护人。在债权人死亡或者丧失行为能力，又未确定继承人或者监护人的情况下，债务人失去履行受领人，或者即使履行也达不到合同目的，为使债务人从这一困境中解脱出来，合同法允许提存（《合同法》第一百零一条第一款第三项）。

（二）提存的主体

提存的主体，又称提存的当事人，包括提存人、债权人（提存受领人）和提存部门。提存人，是指为履行给付义务或担保义务而向提存部门申请提存的人，是提存之债的债务人。因为提存是一种民事法律行为，所以需要提存人在提存时具有民事行为能力，并且此时所为的提存意思表示须真实。提存受领人，是指提存之债的债权人。提存部门，按我国提存公证规则规定为公证处，但有的法律法规规定，在加工承揽中，债权人所在地的银行可办理提存事务。许多人主张，法院应为提存部门，在法院审理案件时，债务人申请提存，尤应如此。

（三）提存的标的

提存的标的，为债务人依约定应当交付的标的物。债务人为提存时，不得以合同内容不相符的标的物交付提存部门，换言之，提存标的必须与合同标的相符，否则，就是违约，而非提存。提存的标的物，以适于提存者为限。标的物不适于提存或者提存费用过高的，债务人依法可以拍卖或者变卖标的物，提存所得的价款。适于提存的标的物，包括货币、有价证券、票据、提单、权利证书、贵重物品、担保物（金）或其替代物、其他适于提存的标的物。标的物为不动产的，不得作为提存的标的物。

（四）提存的方法

提存人应在交付提存标的物的同时，提交提存书。提存书上应载明提存人的姓名（名称），提存物的名称、种类、数量以及债权人的姓名、住址等基本内容。此外，提存人应提交债务证据，以证明其所提存之物确系所负债务的标的物；提存人还应提交债权人受领迟延或下落不明等致使债务人无法履行的证据。如有法院或者仲裁机构的裁决书，也应一并提出。

提存部门通过审查确定提存人具有民事行为能力，意思表示真实，提存之债真实、合法，具备提存的原因，提存标的与合同标的相符时，应当准予提存。提存部门应当验收提存标的物并登记存档。对不能提交提存部门的标的物，提存部门应当派人到现场实地验收。对难以验收的提存标的物，提存部门可予以保全证据，并在笔录和证书中注明。对经验收的提存标的物应采用封存、委托代管等必要的保管措施。对易腐烂、易燃、易爆等物品，提存部门应在保全证据后，由债务人拍卖或变卖，提存其价款。提存人应将提存事实通知提存受领人。以清偿为目的的提存或提存人通知有困难的，提存部门应在适当时间内以书面形式通知提存受领人。提存受领人不清或下落不明、地址不详无法送达通知的，提存部门应当适时公告。

（五）提存的效力

关于提存的效力，应分债务人与债权人之间、提存人与提存部门之间和债权人与提存部门之间的效力三个方面。

1. 债务人与债权人之间的效力

自提存之日起，债务人的债务归于消灭。《提存公证规则》第十七条后段规定："提存之债从提存之日即告清偿。"提存物在提存期间所产生的孳息归提存受领人所有。提存人取回提存物的，孳息归提存人所有。

2. 提存人与提存部门之间的效力

提存部门有保管提存标的物的权利和义务。提存部门应当采取适当的方法妥善保管提存标的物，以防毁损、变质或灭失。对不宜保存的，提存受领人到期不领取或超过保管期限的提存物品，提存部门可以拍卖，保存其价款。

3. 债权人与提存部门之间的效力

债权人可以随时领取提存物，但债权人对债务人负有到期债务的，在债权人未履行债务或者提供担保之前，提存部门根据债务人的要求应当拒绝其领取提存物。债权人领取提存物的权利，自提存之日起5年内不行使而消灭，提存物扣除提存费用后归国家所有。

五、免除

免除，是指债权人抛弃其全部或部分债权，从而全部或部分消灭合同权利义务的单方行为。

（一）免除的性质

（1）无因行为。免除仅依债权人表示免除债务的意思而发生效力，其原因如何，在所不问。所以，免除为无因行为。

（2）无偿行为。虽然免除的原因可以是有偿也可以是无偿。如有的为赠与，有的为对等给付，也有的为和解，但免除本身则是无偿的。即使为使债权人免除债务而约定对待给付，也不因此而使免除具有有偿性。

（3）非要式行为。免除的意思表示不需特定方式，无论以书面或言词为之，或者以明示或默示为之，均无不可。所以，免除为非要式行为。

（4）处分行为。免除为债权人处分债权的行为，因而需要债权人具有处分该债权的能力，无行为能力人或限制行为能力人不得为免除行为，应由其法定代理人代为免除或征得其同意。

（5）免除是由债权人向债务人以意思表示为之的行为。向第三人为免除的意思表示，不发生免除的法律效力。

（6）免除为单独行为，自向债务人或其代理人表示后，即产生债务消灭的效果。因而，一旦债权人作出免除的意思表示，即不得撤回。

（二）免除的结果

免除发生债务绝对消灭的效力。免除全部债务时，全部债务绝对消灭；免除部分债务时，部分债务消灭，合同不终止。因免除使债权消灭，故债权的从权利，如利息债权、担保权等，也同时归于消灭。

六、混同

混同，是指债权和债务同归一人，致使合同权利义务关系消灭的事实。包括概括承受与特定承受两种。

概括承受是发生混同的主要原因。如企业合并，合并前的两个企业之间有债权债务时，企业合并后，债权债务因同归一个企业而消灭。

由特定承受而发生的混同，系指债务人由债权人受让债权，债权人承受债务人的债务。

合同关系及其他债之关系，因混同而绝对地消灭，但涉及第三人利益的除外。债权的消灭，也使从权利如利息债权、违约金债权、担保权等归于消灭。

【案情分析】

（1）服装厂有权解除合同。依照《合同法》第九十四条规定，当事人迟延履行主要债务，经催告后仍不履行的，当事人可以解除合同。本案中，纺织厂迟延履行主要债务，在服装厂的催告后，在合理的期限内仍未履行，因此服装厂有权解除合同。

（2）法院不能支持纺织厂的主张。这涉及法定解除权应当如何行使的问题。依照《合同法》第九十六条的规定，当事人依照法律规定解除合同的，应当通知对方，合同自通知到达对方时解除。本案中，服装厂在解除合同时通知了纺织厂，纺织厂对此没有提出异议，依照法律的规定，合同自解除的通知到达纺织厂时就已经生效，不需要纺织厂的同意。因此纺织厂的主张，法院不能支持。

（3）服装厂可以要求损害赔偿。依据法律有关规定，解除合同与损害赔偿可以并存，当事人解除合同后如果有其他损失的仍可以要求赔偿损失。

第九节 合同责任

【案情摘要】

甲油料厂与某供销社订立一份农副产品供销合同，双方约定由供销社在1个月内向甲油料厂供应黄豆30吨，每吨单价1 000元。在合同履行期间，乙公司找到供销社表示愿意以每吨1 500元的单价购买20吨黄豆，供销社见其出价高，就将20吨本来准备运给甲油料厂的黄豆卖给了乙公司，致使只能供应10吨黄豆给甲油料厂。甲油料厂要求供销社按照合同的约定供应剩余的20吨黄豆，供销社表示无法按照原合同的条件供货，并要求解除合同。甲油料厂不同意，坚持要求供销社履行合同。

请问：

（1）甲油料厂的要求是否有法律依据？

（2）在合同没有明确约定的情况下，甲油料厂要求供销社继续履行合同有无法律依据？

（3）供销社能否只赔偿损失或者只支付违约金而不继续履行合同？

【涉及法律问题】

1. 违约形式。

2. 违约承担的方式。

【学理解释】

一、违约责任

（一）违约责任的概念及特征

违约责任是指合同当事人不履行合同义务或履行合同义务不符合合同约定所应承担的民事责任。它具有如下特征：

（1）违约责任是一种民事责任，即平等主体之间因民事违法或基于法律的特别规定，依据民法应承担的民事法律后果。

（2）违约责任具有相对性。违约责任是违约的当事人一方对另一方承担的责任。这是由合同的相对性决定的，即违约责任只是合同当事人之间的民事责任，任何合同当事人以外的第三人对合同当事人之间的合同不承担违约责任。

（3）违约责任是当事人不履行或不完全履行合同的责任。首先，违约责任是违反有效合同的责任；其次，违约责任以当事人不履行或不完全履行合同为条件。

（4）违约责任具有补偿性和一定的任意性。其一，违约责任以补偿守约方因违约行为所受到的损失为主要目的，以损害赔偿为主要责任形式。其二，违约责任可以由当事人在法律规定范围内约定，具有一定的任意性。

（二）违约责任的构成要件

（1）违约责任的产生是以合同债务的有效存在为前提的，合同一旦生效以后，将在当事人之间产生法律约束力，当事人应按照合同的约定全面、严格地履行合同义务。

（2）违约行为，即不履行合同或不当履行合同的行为，不要求违约方主观上有过错。违约行为的主体是合同关系中的当事人。违约行为仅限于合同关系的当事人，也就是说违约行为的主体具有特定性。违约行为在性质上都违反了合同义务。合同义务主要是由当事人通过协商而确定的。在特殊情况下，法律为维护公共秩序和交易安全，也为当事人设定了一些必须履行的义务。尤其应看到，根据诚实信用原则，当事人还负有注意、忠实、协作、保密等附随义务。可见合同义务不限于当事人所约定的义务，而且包括了法定的和附随的义务，违反这些义务都可能构成违约行为。违约行为在后果上都导致对合同债权的侵害。违约行为包括了各种不同的类型，如不履行、迟延履行、不适当履行等，各种违约行为发生后，行为人如不存在着法定或约定的免责事由，都应当承担违约责任。

（3）无免责事由，即无法定或约定的免责事由。在现代合同法中，常常采纳了过错推定的归责原则。所谓过错推定，是指原告在证明被告构成违约以后，如果被告不能证明自己对此违约没有过错，则在法律上应推定被告具有过错，并应承担违约责任。

（三）免责事由

（1）不可抗力。所谓不可抗力，是指不能预见、不能避免并不能克服的客观情况。它主要包括：自然灾害，如台风、洪水、冰雹等；政府行为，如征收、征用等；社会异常事件，如战争、骚乱、罢工等。在适用不可抗力时，应注意几点：一是合同中是否约定不可抗力条款，不影响直接援用法律规定；二是不可抗力条款是法定免责条款，约定不可抗力条款如小于法定范围，当事人仍可援用法律规定主张免责；三是不可抗力作为免责条款，具有强制性，当事人不得约定将不可抗力排除在免责事由之外；四是不可抗力发生后，应当及时通知对方，以减轻可能给对方造成的损失，并在合理期限内提供证明。

（2）免责条款。所谓免责条款，是指当事人在合同中约定免除将来可能发生的违约责任的条款。但免责条款不能排除当事人的基本义务，也不得排除故意或重大过失的责任，否则，该免责条款无效。

此外，若是对方的过错导致合同的不能履行或不适当履行，违约方可据此要求免责；因货物本身的自然性质、合理损耗也不承担违约责任。

（四）违约行为的种类

违约行为是指合同当事人不履行合同义务或者履行合同义务不符合约定的行为。违约行为主要有两大类，即预期违约和实际违约。

1. 预期违约

预期违约又称先期违约。它是指在合同履行期限到来之前，一方当事人无正当理由明确表示其在履行期限到来后将不履行合同，或者其行为表明其履行期限到来后将不可能履行合同。预期违约有两种表现形态，即明示毁约和默示毁约。

（1）明示毁约。明示毁约，是指一方当事人无正当理由明确向对方表示将在履行期限到来时不履行合同。其具体构成要件是：

①必须是一方明确肯定地向对方作出毁约的表示。换言之，一方表示的毁约意图是十分明确、不附有任何条件的，如明确表示其不愿意付款或交货等。

②不履行合同的主要义务。正是由于一方表示其在履行期到来之后，将不履行合同的主

要义务（如不履行买卖合同中的付款或交货义务），从而会使另一方订约目的不能实现，或严重损害其期待利益，因此，明示毁约人应负违约责任。如果行为人只是表示其将不履行合同的次要义务，则不构成明示毁约。

③无正当理由不履行合同义务。在实践中，一方提出不履行合同义务常常会找出各种理由和借口，如果这些理由能够成为法律上的正当理由，则不构成明示毁约。正当理由主要包括：因债权人违约而使债务人享有解除合同的权利；因合同具有无效因素而应被宣告无效；合同应被撤销；合同根本没有成立；债务人享有抗辩权以及因不可抗力发生而使合同不能履行等。

（2）默示毁约。默示毁约，是指在履行期到来之前，一方以自己的行为表明其将在履行期到来之后不履行合同，而另一方有足够的证据证明一方将不履行合同，而一方也不愿意提供必要的履行担保。我国《合同法》第一百零八条规定："当事人一方……以自己的行为表明不履行合同义务的，对方可以在履行期限届满之前要求其承担违约责任"；《合同法》第六十八条和第六十九条也对此种毁约行为的构成要件作出了规定，具体来说有：

①一方当事人具有《合同法》第六十八条所规定的情况。包括经营状况严重恶化；转移财产、抽逃资金以逃避债务；丧失商业信誉；有丧失或者可能丧失履行债务能力的其他情形。

②另一方具有确凿的证据证明对方具有上述情形。如果另一方只是预见到或推测一方在履行期到来以后将不履行合同，不能构成确切的证据。

③一方不愿提供适当的履约担保。根据《合同法》第六十九条，另一方要确定对方违约，必须首先要求对方提供履约担保。只有在对方不提供履约担保的情况下，才能确定其构成违约并可以要求其承担预期违约的责任。

2. 实际违约

实际违约即实际已经发生违约行为。它具体包括以下形态：

（1）拒绝履行，是指合同期限到来后，一方当事人能够履行而故意不履行合同义务。拒绝履行的特点是：一方面，一方当事人明确表示拒绝履行合同规定的主要义务，如果仅仅是表示不履行部分义务则属于部分不履行的行为；另一方面，一方当事人无任何正当理由拒绝履行合同义务。在学理上，通常认为，一方严重违反合同使另一方订约目的不能实现，或者造成期待利益的重大损失，此种根本违约行为也等同于拒绝履行行为。在一方拒绝履行的情况下，另一方有权要求其继续履行合同，也有权要求其承担违约金或赔偿损失责任。

（2）迟延履行，是指合同当事人的履行违反了履行期限的规定。迟延履行在广义上包括债务人的给付迟延和债权人的受领迟延，狭义上仅指债务人的给付迟延。我国《合同法》第九十六条规定的迟延履行采纳了广义的概念，因此凡是违反履行期限的履行都可以称为迟延履行。迟延履行不同于拒绝履行。因为在迟延的情况下，违约当事人已经作出了履行并且愿意履行，而只是履行不符合期限的规定。而在拒绝履行的情况下，违约当事人不仅没有作出履行，而且明确表示不愿意履行合同义务，可见拒绝履行是一种公然的违约。

当然，在迟延以后，违约当事人不愿继续履行也可转化为拒绝履行。在迟延履行的情况下，关键是要确定合同中的履行期限。如果合同明确规定了履行期限，则应当依据合同的规定履行。如果合同没有规定履行期限，则应当依据《民法通则》第八十八条的规定："债务人可随时向债权人履行义务，债权人也可以随时要求债务人履行义务，但应当给对方必要的准备时间。"必要的准备时间也就是合理的履行期限。凡是违反履行期限规定的履行，无论是债务人还是债权人，都构成迟延履行。在迟延履行的情况下，非违约方有权要求违约方支付迟延履行的违约金，如果违约金不足以弥补非违约方所遭受的损失，非违约方还有权要求赔偿损失。

问题在于非违约方是否有权解除合同。由于在许多情况下，迟延履行不一定会给非违约方造成重大损失或者使其订立合同的目的落空，因此，非违约方不必要解除合同。依据我国《合同法》第九十四条的规定，非违约方可以行使解除权的情况主要有两种：一是"当事人一方迟延履行主要债务，经催告后在合理期限内仍未履行"，二是"当事人一方迟延履行债务……致使不能实现合同目的"，只有在这两种迟延的情况下，非违约方才能解除合同。

（3）不适当履行，是指当事人交付的标的物不符合合同规定的质量要求，也就是说履行具有瑕疵。根据《合同法》第一百一十一条："质量不符合约定的，应当按照当事人的约定承担违约责任。对违约责任没有约定或者约定不明确，依照本法第六十一条的规定仍不能确定的，受损害方根据标的的性质以及损失的大小，可以合理选择要求对方承担修理、更换、重作、退货、减少价款或者报酬等违约责任。"这就是说，在不适当履行的情况下，如果合同对责任形式和补救方式已经作出了明确规定（如规定产品有瑕疵应当首先进行修理替换），则应当按照合同的规定确定责任。如果合同没有作出明确规定或者规定不明确，受害人可以根据具体情况，选择各种不同的补救方式和责任形式。可见我国法律对瑕疵履行的受害人采取各种方式进行了保护。

（4）部分履行，是指合同虽然履行，但履行不符合数量的规定，或者说履行在数量上存在着不足。在部分履行的情况下，非违约方首先有权要求违约方依据合同规定的数量条款继续履行，交付尚未交付的货物、金钱以及提供未提供的服务。非违约方也有权要求违约方支付违约金。如果因部分履行造成了损失，非违约方有权要求违约方赔偿损失。由于在一般情况下，对部分不履行，债务人是可以补足的，因此不必要解除合同。如果因部分履行而导致合同的解除，则对已经履行的部分将作出返还，从而会增加许多不必要的费用。所以，除非债权人能够证明部分履行已构成根本违约，导致其订约目的不能实现，否则一般不能解除合同。

（5）履行不能，是指债务人在客观上已经没有履行能力。如在提供劳务的合同中，债务人丧失了劳动能力；在特定物买卖合同中，该特定物灭失。

二、违约责任的承担方式

（一）继续履行

继续履行也称为强制实际履行，是指违约方根据当事人的请求继续履行合同规定的义务。在适用继续履行时，因债务性质不同而有所不同。对于金钱债务，无条件适用继续履行。因为金钱债务只存在迟延履行，不存在履行不能。对于非金钱债务，有条件地适用继续履行。

1. 继续履行的特点

第一，继续履行是一种违约后的补救方式。这就是说，在一方违反合同后，另一方有权要求违约方继续履行合同，也有权要求其承担支付违约金和赔偿损失等责任。是否请求继续履行是非违约方的一项权利。

第二，继续履行的基本内容是要求违约方继续依据合同规定作出履行。

第三，继续履行可以与违约金、赔偿损失和定金责任并用，但不能与解除合同的方式并用。因为解除合同旨在使合同关系不复存在，债务人不再负履行义务，所以它是与继续履行相对立的补救方式。

2. 继续履行的构成要件

继续履行作为一种责任形式，必然具有自身的构成要件，这些构成要件包括：①必须有违约行为的存在；②必须要由非违约方在合理期限内提出继续履行的请求；③必须依据法律和合同的性质能够履行。

所以下列情形不适用继续履行：①法律上或者事实上不能履行，比如，合同标的物已灭失；②债务的标的不适用强制履行或者强制履行费用过高，如劳务合同中一般不得强制履行劳务的一方履行；③债权人在合理期限内未请求履行。

（二）赔偿损失

赔偿损失是指违约方以支付金钱的方式弥补受害方因违约行为所减少的财产或者丧失的利益的责任形式。赔偿损失是因债务人不履行合同债务所产生的责任，仅具有补偿性而不具有惩罚性。赔偿损失具有一定程度的任意性，当事人在订立合同时，可以预先约定一方当事人在违约时应向对方当事人支付一定数额的金钱。这种约定方式既可以用具体金钱数额表示，也可采用某种赔偿损失的计算方法来确定，同时，当事人也可以事先约定免责的条款从而免除其未来的违约责任，包括赔偿损失责任。赔偿损失以赔偿当事人实际遭受的全部损害为原则。一方违反合同后，另一方不仅会遭受现有财产的损失，而且会遭受可得利益的损失，这些损失都应当得到赔偿。

1. 适用损害赔偿时应遵循的原则

第一，完全赔偿原则。违约方应赔偿守约方因违约所遭受的全部损失，包括实际损失和预期损失。实际损失是指现实财产的减少，如标的物灭失、支出的费用、停工损失、诉讼费用等；预期损失是指缔约时可以预见到的履行利益，即合同适当履行后可以实现和取得的财产利益。我国《合同法》第一百一十三条规定："当事人一方不履行合同义务或者履行合同义务不符合约定，给对方造成损失的，损失赔偿额应当相当于因违约所造成的损失，包括合同履行后可以获得的利益。"只有赔偿全部损失才能在经济上相当于合同得到正常履行情况下的同等收益，由此才能督促当事人有效地履行合同。

第二，合理预见原则。违约损害赔偿的范围包括实际损失与可得利益。实际损失是非违约方因对方违约而已经造成的损失。而可得利益是指合同在履行以后可以实现和取得的利益。根据《合同法》第一百一十三条规定：只有当违约所造成的损害是违约方在订约时可以预见的情况下，才能认为损害结果与违约行为之间具有因果关系，违约方才应当对这些损害负赔偿责任。如果损害不可预见，则违约方不应赔偿。

第三，减轻损失原则。根据《合同法》第一百一十九条：当事人一方违约后，对方应当采取适当措施防止损失的扩大；没有采取适当措施致使损失扩大的，不得就扩大的损失要求赔偿。减轻损失的原则，是依据诚实信用原则而产生的，未尽到减轻损害的义务，已构成对诚信原则的违反。同时，按照过错责任原则的要求，一方在另一方违约后未能采取合理措施防止损失扩大，其本身也是有过错的，应对自己的过错行为所致的后果负责。

2. 赔偿损失与其他补救方式的区别

（1）赔偿损失与继续履行。《合同法》第一百一十二条规定："当事人一方不履行合同义务或者履行合同义务不符合约定的，在履行义务或者采取补救措施后，对方还有其他损失的，应当赔偿损失。"可见，这两种补救方式是各有特点、不能相互替代的。

（2）赔偿损失与解除合同。《民法通则》第一百一十五条规定："合同的变更或者解除，不影响当事人要求赔偿损失的权利。"可见，我国现行法律承认合同解除与赔偿损失是可以并存的。对于合同解除时的赔偿损失的范围，应包括因恢复原状而发生的赔偿损失。

（3）赔偿损失与支付违约金。赔偿损失通常要与实际损害相符合，而违约金数额与实际损失之间并无必要联系，即使在没有损害的情况下，也应支付违约金。所以当违约金等于或高于实际损害时，二者是不可以并用的。只有当支付补偿性违约金不足以补偿受害人所遭受的损失时，债务人才就承担违约金的不足弥补损失部分承担赔偿责任。

（4）赔偿损失与修理、重作、更换。在瑕疵履行的情况下，如果瑕疵可以修补，债权人有权要求债务人修补瑕疵，并由债务人承担修补费用。但修补后如仍使债权人遭受损失的，债权人仍有权要求赔偿损失。

3. 约定赔偿损失

约定赔偿损失，是指当事人在订立合同时，预先约定一方违约时，应向对方支付一定的金钱或约定赔偿损失额的计算方法。约定赔偿损失与法定赔偿损失相比，不同之处在于：一方面，一旦发生违约并造成受害人的损害以后，受害人不必证明具体损害的范围就可以依据约定赔偿损失条款而获得赔偿。例如，双方事先约定，一方违约后应支付给另一方10万元赔偿金，在一方违约后，另一方只需证明一方已构成违约并使其遭受损害，而不必证明自己遭受了10万元的损失，就可以要求对方依据约定支付10万元的赔偿金。当然，当事人如果只是约定了损失赔偿额的计算方法，则受害人还应当证明实际损害的存在。另一方面，在确定适用约定赔偿损失与法定赔偿损失的情况下，原则上约定赔偿损失应优先于法定赔偿损失。

约定赔偿损失与约定违约金也不相同。一方面，违约金的支付不以实际发生的损害为前提，只要有违约行为的存在，不管是否发生了损害，违约当事人都应支付违约金。而约定赔偿损失的适用应以实际发生的损害为前提。另一方面，违约金常常可以与法定赔偿损失并存，如违约金不足以弥补实际损失还应当赔偿损失。但如果当事人约定一笔赔偿金，则在适用该约定赔偿损失条款以后就不能再适用法定赔偿损失，要求违约方另外赔偿损失。

（三）采取补救措施

采取补救措施是用来矫正合同不适当履行，使履行缺陷得以消除的具体措施。补救措施作为一种单独的违约责任形式，与继续履行和赔偿损失具有互补性。一般采取的措施包括修理、更换、重作、退货、退还货款或者报务费、补足商品数量、减少价款或者报酬等。

在适用补救措施时，应注意几点：一是采取补救措施的适用以出现《合同法》第六十一条规定的情形为前提，即合同对质量不合格的违约责任没有约定或者约定不明，双方不能达成补充协议，又不能按照合同有关条款或者交易习惯确定的，才适用上述补救措施；二是应以标的物的性质和损失大小为依据，确定与之相适应的补救办法；三是受害方对补救措施享有选择权，但选定的方式应当合理。

（四）支付违约金

违约金，是指由当事人通过协商预先确定的、在违约发生后作出的独立于履行行为以外的给付。我国《合同法》第一百一十四条规定："当事人可以约定一方违约时应当根据违约情况向对方支付一定数额的违约金。"

违约金具有以下特点：第一，违约金是由当事人协商确定的。第二，违约金的数额是预先确定的。第三，违约金是一种违约后生效的责任方式。换言之，违约金责任在订立时并不能立即生效，而只是在一方发生违约后才能产生效力。

虽然违约金是约定的，但是对于违约金，国家可以进行适当干预。根据《合同法》第一百一十四条的规定："约定的违约金低于造成的损失的，当事人可以请求人民法院或者仲裁机构予以增加；约定的违约金过分高于造成的损失的，当事人可以请求人民法院或者仲裁机构予以适当减少。"实践中对违约金的调整主要是将过高的违约金减少，以防止当事人一方借违约金谋求不正当的利益；如违约金过低，则先支付违约金，不足部分再进行补偿。

（五）定金

定金是指合同当事人为了确保合同的履行，根据双方约定，由一方按合同标的额的一定比例预先付给对方的金钱或者其他替代物。《合同法》第一百一十五条规定："当事人可以依照《中华人民共和国担保法》（以下简称《担保法》）约定一方向对方给付定金作为债权的担保。债务人履行债务后，定金应当抵作价款或者收回。给付定金的一方不履行约定的债务的，无权要求返还定金；收受定金的一方不履行约定的债务的，应当双倍返还定金。"

1. 定金的特征

定金具有以下特征：

第一，我国《合同法》所规定的定金在性质上属于违约定金，适用于债务不履行的行为。换言之，定金具有惩罚性，是对违约行为的惩罚。

第二，定金具有担保作用。其基本内容是：给付定金的一方不履行约定的债务的，无权要求返还定金；收受定金的一方不履行约定的债务的，应当双倍返还定金。此种责任不仅能够有效地制裁不法行为，而且能够起到督促债务人履行债务的作用。

第三，定金合同属于从合同，它以主合同的存在为必要条件。当主合同不成立、无效或被撤销时，定金条款也不能生效。主合同消灭，约定的定金也发生消灭。

第四，定金合同属于实践性合同。即定金的成立不仅需要有当事人的合意，而且还必须要有定金的现实的交付行为。

根据《担保法》第九十一条的规定，定金的数额不得超过合同标的额的20%。这一比例为强制性规定，当事人不得违反。如果当事人约定的定金比例超过了20%，并非整个定金条款无效，而只是超过部分无效。例如，双方约定的定金比例为合同总价款的25%，则超过部分的5%为无效。

2. 定金与预付款的区别

预付款，是由双方当事人商定的在合同履行前所支付的一部分价款。预付款的交付在性质上是一方履行主合同的行为，合同履行时预付款要充抵价款，合同不履行时预付款应当返还。预付款的适用不存在制裁违约行为的问题，无论发生何种违约行为，都不发生预付款的丧失和双倍返还。所以，预付款与定金的性质是完全不同的。

3. 定金和其他责任形式的关系

（1）定金与违约金。根据我国《合同法》第一百一十六条的规定："当事人既约定违约金，又约定定金的，一方违约时，对方可以选择适用违约金或者定金条款。"这就是说，定金和违约金不能同时并用，而只能选择其一适用，适用了定金责任就不能再适用违约金责任，适用了违约金责任就不能再适用定金责任，二者只能是单罚而不能是双罚。是选择定金还是选择违约金，这一权利属于守约方，即被违约方。

（2）定金责任与赔偿损失。定金责任不以实际发生的损害为前提，定金责任的承担也不能替代赔偿损失。所以，在既有定金条款又有实际损失时，应分别适用定金责任和赔偿损失的责任，二者同时执行，这与前面所讲的定金与违约金的关系是不一样的。当然，如果同时适用定金和赔偿损失，其总值超过标的物价金总和的，法院应酌情减少定金的数额。

三、责任竞合

（一）责任竞合的概念及特征

责任竞合，是指由于某种法律事实的出现而导致两种或两种以上的责任产生，这些责任彼此之间是相互冲突的。在民法中，责任竞合主要表现为违约责任和侵权责任的竞合。《合同法》第一百二十二条规定，"因当事人一方的违约行为，侵害对方人身、财产权益的，受损害方有权选择依照本法要求其承担违约责任或者依照其他法律要求其承担侵权责任"。在民法上，责任竞合具有以下特点：

第一，责任竞合因某个违反义务的行为而引起。众所周知，有义务才有责任，责任乃是违反义务的结果。责任竞合的产生是由一个违反义务的行为所致。一个不法行为产生数个法律责任，是责任竞合构成的前提条件。若行为人实施数个不法行为，分别触犯不同的法律规定，并符合不同的责任构成要件，应使行为人承担不同的责任，而不能按责任竞合处理。

第二，某个违反义务的行为符合两个或两个以上的责任构成要件。这就是说，行为人虽然仅实施了一种行为，但该行为同时触犯了数个法律规定，并符合法律关于数个责任构成要件的规定。

第三，数个责任彼此之间相互冲突。此处所说的相互冲突，一方面，是指行为人承担不同的法律责任，在后果上是不同的；另一方面，相互冲突意味着数个责任既不能相互吸收，也不应相互并存。

（二）违约责任和侵权责任发生竞合的原因

违约行为和侵权行为的区别主要体现在不法行为人与受害人之间是否存在合同关系，不法行为人违反的是约定义务还是法定义务，侵害的是相对权（债权）还是绝对权（物权、人身权等），以及是否造成受害人的人身伤害等。然而在现实生活中，上述的区别可能只是相对的，同一违法行为可能符合不同的责任构成要件，具体来说：

第一，合同当事人的违约行为同时侵害了法律规定的强行性义务，包括保护、照顾、保密、忠实等附随义务和其他法定的不作为义务。

第二，在某些情况下，侵权行为直接构成违约的原因，这就是所谓侵权性的违约行为。例如，保管人依据保管合同占有对方的财产并非法使用，造成财产毁损灭失。同时违约行为也可能造成侵权的后果，这就是所谓违约性的侵权行为。

第三，不法行为人实施故意侵害他人权利并造成损害的侵权行为时，如果加害人与受害人之间事先存在一种合同关系，那么加害人对受害人的损害行为，不仅可以作为侵权行为对待，也可以作为违反了当事人事先规定的义务的违约行为对待。

第四，一种违法行为虽然只符合一种责任构成要件，但是法律从保护受害人的利益出发，要求合同当事人根据侵权行为制度提出请求和提起诉讼，或者将侵权行为责任纳入到合同责任的范围内（如产品责任）。

（三）对违约责任和侵权责任竞合的处理

根据《合同法》第一百二十二条的规定，在发生违约责任和侵权责任的竞合的情况下，允许受害人选择一种责任提起诉讼。法律允许受害人选择责任，是因为在责任竞合的情况下，行为人的行为已符合两种责任的构成要件，受害人选择任何一种责任都是加害人所应当承担的。

【案情分析】

（1）甲油料厂要求供销社继续供货是有法律依据的。因为双方合同约定由供销社供应甲油料厂黄豆 30 吨，现黄豆只供应了 10 吨，所以甲油料厂有权要求继续供货。

（2）若合同没有明确约定是否继续供应黄豆，依我国《合同法》的规定，甲油料厂有权要求供销社继续供货。《合同法》第一百零七条规定："当事人一方不履行合同义务或者履行合同义务不符合约定的，应当承担继续履行、采取补救措施或者赔偿损失等违约责任。"

（3）订立合同的目的就在于通过履行合同获取预定的利益，合同生效后当事人不履行合同义务，对方就无法实现权利。如果违约方有履行合同的能力，对方（受损害方）认为实现合同权利对自己是必要的，有权要求违约方继续履行合同。违约方不得以承担了对方的损失为由拒绝继续履行合同，受损害方在此情况下，可以请求法院或者仲裁机构强制违约方继续履行合同。所以供销社不能只赔偿损失或者只支付违约金而不继续履行合同。

【习题与思考】

案例一：

某市朝阳玻璃制品厂（以下简称"甲方"）与某市天然气供应公司（以下简称"乙方"）签订了常年供气合同。合同规定：乙方每天向甲方供应生产用气 4 000 立方米，如减少或停供须提前五天通知甲方做好准备；甲方按月结清天然气款；双方约定，甲方向乙方交付定金 5 万元。

合同签订后不久，随着用气单位的增多，天然气供应日趋紧张，有些用气单位向乙方许诺可以购买高价气。乙方为追求本单位的经济效益，要求甲方减少用气 2 000 立方米，甲方不同意。乙方在未提前通知的情况下，单方突然停止向甲方供气，致使甲方生产设备受损，造成损失约 4 万元。甲方派人前去与乙方交涉，要求其保证供气，并双倍返还其已交付的定金。乙方不同意。甲方遂向某市人民法院起诉，要求乙方继续履行合同，双倍返还其已交付的定金，赔偿其他损失。

请问：

（1）该合同是否为有效合同？

（2）甲方的诉讼请求有无法律依据？请说明理由。

（3）本案应如何处理？

案例二：

某村委会与村民张某签订了荒山植树承包合同。合同规定：村委会负责给张某提供果树苗 2 000 株和运输用车，张某每年向村委会上交承包费 1 000 元，3 年后荒山上的果树木所得归张某所有。合同签订后，张某如数上交了当年的承包费 1 000 元，但村委会只提供了 500 株树苗，而且未提供运输用车，张某为了能赶在当年植树季节将树苗全部种下，只好自己购买高价树苗和租用其他车辆，比原计划多支付 2 000 元。张某要求村委会赔偿因其不严格履行合同而给自己造成的经济损失，并继续提供运输用车。村委会拒绝赔偿，张某诉至法院。

请问：

（1）张某的诉讼请求有法律依据吗？

（2）此案应如何处理？

案例三：

2010 年 4 月 10 日，某商场欲购进春装，遂向几家服装厂发出电报，称：本商场欲进春装，如有 2010 年新款式，请附图样及说明，我商场将派人前往洽谈购进事宜。几家服装厂均回电，称自己有新款服装并附上了图样及说明。欣阳服装厂寄送图样和说明后，又送了 50 套服装到该商场。商场看货后不甚满意，决定不购买这些服装。欣阳服装厂认为，商场向自己发出的电报属要约，应受要约约束，自己送货上门是承诺行为，合同因承诺生效而成立。商场拒收服装属违约行为，应承担违约责任。商场认为，自己发出的电报是要约邀请而非要约，欣阳服装厂送货行为不属承诺，欣阳服装厂无权要求自己购买该厂服装，欣阳服装厂送货所造成的损失应自负。

请问：某商场与欣阳服装厂之间的合同成立吗？为什么？

案例四：

2009 年 11 月，经苏州市四海公司介绍，原告江苏昆山市城中金属材料公司与被告上海某切割厂签订了一份号码为 KB951128 - 1 的购销合同，合同规定：由被告供给原告直发卷 1 000 吨，原告应立即付预付款 100 万元，余款在收货后再付。原告即于签订合同的当日将 100 万元汇票交给切割厂，切割厂却出具了付款单位为四海公司、款项用途为 KB951110 - 7 合同（原切割厂与四海公司签订的合同）的货款的收据。经原告提出异议，切割厂遂将付款单位改为原告。之后，原告以切割厂未将合同文本另盖印章后交原告为由，要求切割厂返还 100 万元预付款。切割厂则称原告的 100 万元系代四海公司支付 KB951110 - 7 合同的款项，并未支付 KB951128 - 1 合同的预付款，导致切割厂钢材积压，要求赔偿损失。双方因此涉讼。原告称，四海公司从未委托原告支付切割厂与四海公司间的合同款项。因当时未拿到合同文本，对切割厂出具的收据上所示的 KB951110 - 7 合同号误认为是原、被告签订的合同的合同号，此系重大误解，请求法院予以撤销。

请问：该案中合同的效力如何？并作出解释。

第七章　反不正当竞争法

第一节　竞争法概述

【案情摘要】

康达公司主要经营白酒，但旗下的酒销量不佳，于是公司想到一些策略，提高酒的销量：第一招，做广告，其在广告中捏造事实，宣称与其竞争的某某品牌白酒有工业酒精成分，多喝会中毒，康达公司的酒则是 100% 粮食酿造，绝无其他成分。第二招，有奖促销，公司对外宣传，凡购买康达公司生产的白酒，均有机会中奖，最高奖金高达 10 000 元现金。第三招，向购买其白酒的单位付回扣，而没有记入账。

请问：康达公司在其提高酒的销量的策略中都存在哪些不正当竞争的行为？

【涉及法律问题】

不正当竞争行为。

【学理解释】

一、竞争法的概念

竞争法是指国家在协调经济运行中调整市场竞争关系和市场竞争管理关系的法律规范的总称。

为确立和维护竞争秩序，竞争法以效率优先、兼顾公平作为政策目标，旨在形成有效竞争、有序竞争，以维护合法竞争者的利益，维护消费者的利益和维护社会的公共利益。竞争法的调整对象是国家在协调经济运行的市场竞争活动中所形成的经济关系。这部分经济关系具体包括以下几种：

（1）竞争关系，是指经营者之间在交易过程中形成的以利害关系方为对手，相互争夺资金、技术、劳动力以及市场占有额的经济关系。竞争关系具有以下一些特征：第一，竞争关系形成于具有利害关系的平等经营者之间，任何一个经营者所面临的是同一市场范围内并且经营方向相同的竞争对手。由于市场是一个开放的系统，只要是具备一定资格的主体都可以参与竞争，所以竞争关系一般具有多个当事人。在竞争关系中某一个经营者既有特定的竞争对手，也有众多不特定的竞争对手。第二，竞争关系以竞争为手段，以追求利益最大化为目的，而竞争对手之间的利益又是对立的，相互排斥的，这就意味着争夺同一范围的市场及资源，此长彼消、此消彼长，结果是优胜劣汰。

竞争法对竞争关系的调整主要是通过法律规制创设平等、公平的竞争环境，保证公平竞争；同时法律保护正当竞争，制止非法垄断与不正当竞争，维护合法竞争者的利益。

（2）竞争管理关系，是指根据国家经济管理机关在依照经济职权实施监督、管理市场竞争活动的过程中所形成的经济关系。竞争管理关系有以下一些特征：第一，竞争管理关系的一方当事人是具有竞争管理职权的国家授权主管竞争关系的国家机关，其他当事人则是参与竞争关系的经营者。第二，在竞争管理关系中享有管理职权的主体与其他主体的地位是不平等的，双方是管理与被管理、命令与服从的关系。

竞争法对竞争管理关系的调整主要是确立监督管理体制，明确管理职责，规定监督管理的程序，确认违法的法律责任。

二、反不正当竞争法的调整对象

反不正当竞争法是调整市场竞争过程中因规制不正当竞争行为而产生的社会关系的法律规范的总称。《中华人民共和国反不正当竞争法》于1993年9月2日颁布，于该年12月1日起实施。其后国家工商行政管理局针对几种特殊的不正当竞争行为，发布了相关的行政规章，如《关于禁止公用企业限制竞争行为的若干规定》、《关于禁止有奖销售活动中不正当竞争行为的若干规定》、《关于禁止仿冒知名商品特有名称、包装、装潢的不正当竞争行为的若干规定》、《关于禁止侵犯商业秘密行为的若干规定》、《关于禁止商业贿赂行为的暂行规定》。此外，在其他法规中，也有涉及竞争规范的内容，如商标法、专利法、著作权法、价格法、广告法、招标法等。

在市场竞争中，经营者之间的不正当竞争关系及监督检查部门与市场竞争主体之间的竞争管理关系由反不正当竞争法调整。所谓不正当竞争行为，是指经营者违反法律规定，损害其他经营者的合法权益，扰乱社会经济秩序的行为。

不正当竞争行为一般具有以下特征：①主体的特定性。这是指不正当竞争是经营者的行为。②行为的违法性。这是指不正当竞争行为违反了《反不正当竞争法》的规定，既包括违反该法的原则规定，也包括违反该法列举的禁止不正当竞争行为的各种具体规定，还包括违反市场交易应遵循原则的规定。③行为的危害性。这是指不正当竞争行为损害其他经营者的合法权益，损害消费者的合法权益，扰乱了社会经济秩序。

所谓经营者，是指从事商品经营者或者营利性服务的法人、其他经济组织和个人。由于我国的特殊情况，反不正当竞争法亦调整在政府及其经营者之间产生的与竞争有牵涉的关系。

三、立法目的

竞争法是市场竞争的基本法和兜底法。凡是其他法律、法规没有明确规定，而经营者的市场行为与竞争法所确立的市场竞争原则相违背的，均应依照该法进行规范。

我国反不正当竞争法的立法目的可以分为三个层次：一是制止不正当竞争行为，这是该法的直接目的；二是保护经营者和消费者的合法权益，这是该法直接目的的必然延伸；三是鼓励和保护公平竞争，保障社会主义市场经济的健康发展。

四、市场竞争原则

在市场交易中，经营者应当遵循下列市场竞争原则：

1. 自愿原则

自愿原则，是指经营者在法律允许的范围内，可以根据自己的内心的真实意愿，自主地从事市场交易活动，可以自主地决定设立、变更和终止特定的法律关系。

2. 平等原则

平等原则，是指任何参与市场竞争的经营者在交易活动中的法律地位是平等的，彼此享有平等的权利能力，在平等的基础上表达各自真实的交易愿望，设定彼此之间的权利和义务。

3. 公平原则

公平原则，是指经营者在竞争的交易活动中都应受到公正合理的待遇。公平原则的基本含义有：一是在竞争活动中，经营者或其他交易主体之间在权利和义务的设定上应体现公正合理而不能显失公平，更不能一方只享有权利不承担义务，另一方只承担义务而不享有权利。二是所有经营者在竞争中遵循的是同一种"游戏规则"，所有经营者在交易手段的利用和交易机会的获得方面一律平等；在竞争中理应受到的限制，所有经营者无一例外。三是经营者的正常经营活动和其他合法权益不受非法干扰和不正当的妨碍。

4. 诚实信用原则

诚实信用原则，是指经营者在竞争行为中要守信用重承诺，以诚实善意方式从事交易。诚实信用原则有两层含义：一是经营者应切实履行合同，不得规避法律和合同，恪守诺言，讲究信用。二是经营者要善待对方，不欺诈胁迫消费者，不用不正当的手段牟取非法利益，不侵害其他经营者及消费者的合法权益。

【案情分析】

（1）根据《反不正当竞争法》规定，经营者不得利用广告和其他方法，对商品的质量、制作成分、性能、用途、生产者、有效期限、产地等作引人误解的虚假宣传。康达公司的白酒，没有100%粮食酿造，而它在广告中宣称是100%粮食酿造，令消费者产生误解，属于虚假宣传。

（2）康达公司捏造事实，损害其竞争对手的声誉，属于毁损商誉的行为。毁损商誉行为是不正当竞争行为的一种，指经营者捏造、散布虚假事实，损害竞争对手的商誉、商品声誉，从而削弱其竞争力，为自已取得竞争优势的行为。

（3）《反不正当竞争法》规定抽奖式的有奖销售，最高奖的金额不得超过5 000元。而康达公司的最高奖金额高达10 000元，明显超过了《反不正当竞争法》规定的最高金额。

（4）经营者不得采用财物或者其他手段进行贿赂以销售或者购买商品。在账外暗中给予对方单位或者个人回扣的，以行贿论处，康达公司的行为已经构成商业贿赂行为。

第二节　限制竞争行为

【案情摘要】

2002年2月，根据群众反映，东海工商局受连云港工商局委托对东海县邮政局强制收取包裹保价费行为进行了调查。国家邮政局于 2000 年出台并在 2001 年 3 月 1 日起开始执行的新《国内邮件处理规则》第十一条规定"信函、包裹、直递包裹和特快专递邮件可以作保价邮件交递",即从 2001 年 3 月 1 日起,用户交递包裹可以保价也可以不保价。经过对东海县邮政局 2001 年 3 月以后的业务的调查发现,该局及其下属支局仍然存在用户交递包裹必须交纳保价费的情况。其具体做法是:用户在向邮政局交递包裹时,邮政局工作人员在履行完必要的检查手续后,让用户填写一份国内包裹详情多联单。用户填写完收件人、寄件人的情况以及包内装有的物品及其价值,交给工作人员后,工作人员在未向其进行保价说明和询问,未征得用户同意的情况下,擅自在国内包裹详情单中的保价金额栏里人工填上数字并在保价费栏里人工填上或用微机打印上如 1.00 元字样的费用并予以收取。在用户不愿填写保价金额栏进行保价的情况下,邮政局工作人员以"必须填写,不填写不办理交递手续"为由强行让用户交纳保价费。

【涉及法律问题】
限制竞争行为。

【学理解释】
限制竞争行为是指妨碍甚至完全排除市场主体进行竞争的协议和行为。在我国,限制竞争行为主体通常来自两个方面,一是公用企业或其他依法享有独占地位的经营者,二是政府及其所属部门。除此之外,经营者在进行交易时通常采用两种方式限制竞争:一是附加不合理条件,二是在招标投标中的非法串通。因此我国反不正当竞争法将四种情形作为不正当竞争行为加以禁止。以下是四种限制竞争行为的表现:

一、公用企业或其他依法具有独占地位的经营者的限制竞争行为

根据《反不正当竞争法》第六条的规定:公用企业或者其他依法具有独占地位的经营者,不得限定他人购买其指定的经营者的商品,以排挤其他竞争者的公平竞争。这里的公用企业,是指涉及公用事业的经营者,包括供水、供电、供热、供气、邮政、电讯、交通运输等行业的经营者。由于各种原因,公用企业和依法具有独占地位的企业所提供的商品或服务一般具有某种程度的垄断,使这些企业天然具有某种经济优势,如何防止其滥用这种优势地位妨碍公平竞争及侵害消费者的合法权益,就成为反不正当竞争法的一项任务。

公用企业或者其他依法具有独占地位的经营者的限制竞争行为的表现形式有:

(1) 限定用户、消费者只能购买和使用其提供的相关产品,而不能购买和使用其他经营者提供的符合技术标准要求的同类商品。

(2) 限定用户、消费者只能购买和使用其指定的经营者生产或者经销的商品,而不得购买和使用其他经营者提供的符合技术标准要求的同类商品。

(3) 强制用户、消费者购买其提供的不必要的商品及配件。

(4) 强制用户、消费者购买其指定的经营者提供的不必要的商品。

(5) 以检验商品的性能为借口,阻碍用户、消费者购买和使用其他经营者提供的符合技术标准要求的其他商品。

(6) 对不接受其不合理条件的用户、消费者拒绝、中断或者削减供应相关商品,或者滥

收费用。

（7）其他限制竞争的行为。

根据上述规定，公用企业或者其他依法具有独占地位的企业限制竞争行为的构成要件有三个：

（1）主体必须是公用企业或者依法具有独占地位的企业。

（2）行为主体利用自己的优势地位实施了法律、行政法规明文禁止的限制竞争行为。

（3）行为具有现实或潜在的社会危害性，表现为排挤了其他竞争者的公平竞争，同时也损害了消费者和用户的合法权益。

二、政府及其所属部门的限制竞争行为

《反不正当竞争法》第七条规定：政府及其所属部门不得滥用行政权力，限定他人购买其指定的经营者的商品，限制其他经营者正当的经营活动。政府及其所属部门不得滥用行政权力，限制外地商品进入本地市场，或者本地商品流向外地市场。其中，第一款是禁止其实施行政性强制经营行为，第二款是禁止其实施地区封锁行为。

行政性强制经营行为是指政府及其所属部门滥用行政权力，对市场经营活动进行非法干涉，强制经营者从事或者不从事某种经营活动的行为。地区封锁行为是指地方政府及其所属部门以行政权力为后盾，无法律依据地限制商品在本地和外地之间正常流通，以牟取地方利益的行为。这两种行为都是滥用行政权力的表现，为了谋取行业或者地方的局部利益，而影响全国性市场经济体系结构的统一和完善，因此对这种行为必须予以禁止。

政府及其所属部门限制竞争行为的构成要件有：

（1）行为主体限于政府及其所属部门。

（2）政府及其所属部门实施了法律、行政法规禁止的限制竞争行为，亦即客观上有滥用行政权力的事实。

（3）政府及其所属部门滥用行政权力实施限制竞争的行为，其目的在于保护本部门、本地区的利益，从而损害外地经营者和本地消费者的合法权益。

三、搭售或附加其他不合理条件的行为

《反不正当竞争法》第十二条规定：经营者销售商品，不得违背购买者的意愿搭售商品或附加其他不合理的条件。该条涉及的是附条件交易行为。搭售是附加不合理条件行为中的一种，是指经营者出售商品时，违背对方的意愿，强行搭配其他商品的行为。在制定反不正当竞争法时，搭售行为相当普遍，因此被作为限制竞争的方式之一而特别予以禁止。其他不合理条件，是指搭售以外的不合理的交易条件，如限制转售区域、限制技术受让方在合同技术的基础上进行新技术的研制开发等。

搭售或附加其他不合理条件的行为构成要件有：

（1）行为的主体是具有一定市场优势地位的经营者，这种市场优势地位是经营者在市场竞争中形成的，主要指经济优势和技术优势。

（2）经营者实施行为利用的是其市场优势地位，而不是其他手段。这种优势地位主要表现为经营者提供的商品具有某种特殊性质，使购买者对其有着特殊需求，或者经营者在一定的市场范围内具有独占地位，购买者若不与其交易会带来极大的不便。

（3）该行为是在违背交易对方意愿的情况下实施的。

（4）搭售商品或者附加条件属不合理的。其合理与否的标准主要看是否符合自愿、平等、公平、诚实信用的市场交易原则和公认的商业道德。

四、招标投标中的串通行为

《反不正当竞争法》第十五条规定：投标者不得串通投标，抬高标价或者压低标价。投标者和招标者不得相互勾结，以排挤竞争对手的公平竞争。招标投标是一种竞争性缔约方式，它必须建立在公开、公平、公正的基础上，如果招标人与投标人或投标人之间相互串通，使招标投标的竞争性降低或丧失，就完全失去了招标投标制度的意义和作用。因此反不正当竞争法将其作为限制竞争行为予以禁止。

依照法律规定，招标投标中的限制竞争行为可分为两类：第一类，投标者之间串通投标，抬高标价或压低标价；第二类，投标者和招标者相互勾结排挤竞争对手。两者都是招标投标中的限制竞争行为，但两者有几点区别：

（1）主体不同，前者的主体是投标者，既可以是投标者的一部分，也可以是全体投标者；而后者的主体包含两方，即招标者和投标者。

（2）客观方面不同，前者是投标者之间实施了串通行为，其方式如进行联络，进行私下协议，作出共同安排；而后者招标者和投标者之间有共谋行为。

（3）目的不同，前者串通的目的是通过某种安排排挤其他投标者或使招标者得不到竞争利益，即理想的价位及其他合同条件。而后者的目的是为了让参与共谋的投标者中标，以排挤其他的投标者。

【案情分析】

邮政局属于提供邮政服务的公用企业。用户在接受其提供的邮政服务时，有选择是否接受其提供的保价服务的权利。邮政局利用其独占地位，在未向用户明示的情况下，即擅自在保价费用栏中填写保价费用并收取费用的行为，限定用户接受其提供的保价服务，侵害了消费者的自由选择权，也排斥了其他经营者提供同类或相竞争业务（如可以选择包裹投递保险）的竞争机会，扰乱了市场经济秩序。

本案中，东海县邮政局在2001年3月国家新的《国内邮件处理规则》执行后，仍然我行我素，沿袭以前的做法，使用旧式资费单向用户提供邮政服务，并强制收取保价服务费的行为主观故意明显，且滥用其独占优势地位，对不接受其不合理条件的用户，以"必须填写，不填写不办理交递手续"相胁迫，属公用企业限制竞争行为。

第三节　违反诚实信用和商业道德的不正当竞争行为

【案情摘要】

某市甲、乙两厂均生产一种"记忆增强器"产品。甲厂产品的质量比乙厂产品好得多，因而其市场占有率远远高于乙厂。王某是甲厂技术人员。乙厂为提高本厂的市场占有率，付给王某一大笔"技术咨询费"，获取其提供的甲厂技术秘密。乙厂运用这些技术对自己的产品进行了改进。同时，乙厂在本市电视台发布广告，声称本厂生产的记忆增强器功效迅速、质量可靠，其他厂家生产的同类产品质量无保证，呼吁消费者当心。另外，乙厂还以高额回扣诱使本市几家大型商场的购货人员不再采购甲厂产品。本市消费者李某等人在使用乙厂产品一段时间后，不仅记忆力没有增强，反而出现了神经衰弱症状。李某等人在电视台的协助下，向乙厂反映了情况。乙厂随后发现，王某提供的甲厂技术资料缺少几项关键技术，致使乙厂产品存在质量缺陷。

请指出以上案例中存在的法律问题。

【涉及法律问题】
1. 假冒注册商标。
2. 虚假宣传。
3. 侵犯商业秘密。
4. 诋毁商誉。

【学理解释】
违反诚实信用和商业道德的不正当竞争行为主要包括以下几类：

一、欺骗性标志交易行为

采用欺骗性标志从事交易的行为，是指经营者采用伪造或仿冒的标志或采用其他虚假的标志从事交易，引起公众的误解，诱使消费者误购，牟取非法利益的行为。

（一）欺骗性标志交易行为的主要类别

我国《反不正当竞争法》第五条规定，经营者不得采用的从事市场交易、损害竞争对手的欺骗性标志行为有：

（1）假冒他人的注册商标。

（2）擅自使用知名商品特有的名称、包装、装潢，或者使用与知名商品近似的名称、包装、装潢，造成和他人的知名商品相混淆，使购买者认为是该知名商品。

（3）擅自使用他人的企业名称或者姓名，引人误认为是他人的商品。

（4）在商品上伪造或者冒用认证标志、名优标志等质量标志，伪造产地，对商品质量作引人误解的虚假表示。

（二）欺骗性标志交易行为的危害性

欺骗性标志交易行为的危害性主要表现为：

首先，采用欺骗性标志从事市场交易的行为损害其他经营者的合法权益。假冒、仿冒他人商标、商品名称、包装、装潢……的行为，给被侵权的专用权人带来了重大的经济损失，妨碍了诚实竞争者正常的经营。

其次，采用欺骗性标志从事市场交易的行为损害广大消费者的合法权益。假冒伪劣商品充斥市场，使众多的消费者上当受骗，不仅造成物质上的重大损失和精神上的伤害，更有甚者，有些伪劣商品给消费者的生命安全带来威胁。

再次，采用欺骗性标志从事市场交易的行为损害国家利益，影响我国的对外经济贸易合作关系的发展。近年来假冒、仿冒国际驰名商标的行为时有发生，侵犯外国经营者的合法权益，使我国的国际信誉蒙上污渍，给我国的涉外投资及对外贸易环境带来损失。

最后，采用欺骗性标志从事交易的行为破坏竞争秩序，影响经济的健康发展。假冒、仿冒等行为，一方面欺骗了消费者，使市场真正的"上帝"无法客观、公正地进行选择与评价；另一方面使得致力于技术开发与改善管理的诚实经营者在竞争中反而可能失去优势。这样的竞争结果与竞争本来的对生产的活力作用大相径庭。

（三）欺骗性标志交易行为的主要表现

1. 假冒商标行为

假冒商标，是指伪造或仿造他人已经注册的商标。擅自制造或销售他人注册商标标识的行为，也是假冒商标行为。

我国《商标法》第三十八条对侵犯注册商标专用权的行为作了明确规定，下列行为之一，均属商标侵权行为：

（1）未经注册商标权人许可，在同一种商品或者类似商品上使用与其注册商标相同或者相似的商标的行为。

（2）销售明知是假冒注册商标的商品的行为。

（3）伪造、擅自制造他人注册商标标识或者销售伪造、擅自制造的注册商标标识的行为。

（4）给他人的注册商标专用权造成其他损害的行为。

《商标法》为保护注册商标专用权提供了基本的法律保障，但假冒他人注册商标的行为，不仅侵犯了商标注册人的商标专用权，从竞争的角度讲这类行为同样是侵害了诚实竞争对手的财产权利，也损害了消费者的利益，扰乱了社会主义市场经济秩序。

假冒注册商标行为是典型的不正当竞争行为，在《反不正当竞争法》与《商标法》上都有规定。如果一项违法行为既构成假冒商标的不正当竞争行为，又违反了《商标法》对注册商标专用权的保护规定，《商标法》作出规定的，根据特别法优于普通法的原则，应优先适用《商标法》；《商标法》没有作出规定则适用《反不正当竞争法》。

2. 假冒、仿冒知名商品其他标志的行为

除了商标，商品名称、包装、装潢在市场竞争中具有同商标一样的作用，它们是商品的外在表现，具有商品外表形象的特征，它们既是区别不同商品的一种显著标志，也在一定程度上反映经营者的商业信誉和商品声誉。尤其是知名商品的名称、包装、装潢本身就会成为知名商品享有盛誉的表征。

《反不正当竞争法》第五条第（二）项规定"擅自使用知名商品特有的名称、包装、装潢，或者使用与知名商品近似的名称、包装、装潢，造成和他人的知名商品相混淆"的行为是不正当竞争行为。该规定确定了该行为构成违法的三个要件：

第一，被假冒、仿冒的商品须为知名商品。一般认为，所谓知名商品是为广大消费者所知，在市场上较为畅销，有一定知名度的商品。判断商品是否为知名商品重要的是以该商品在相关的一定市场领域内是否有较高的知名度为标准。知名度达到何种程度的商品才符合《反不正当竞争法》所称的"知名商品"标准，则需要综合考察销售地区、时间、拥有消费者市场的大小、广告宣传的数量及效果等因素来作出判断。一般来说，凡是商品长久并广泛行销、使用，在其相关领域广为人知并有较好的信誉，树立独特、良好形象的，即可认定为

知名商品。

第二，该外观标志须为知名商品所特有。所谓特有的名称、包装、装潢，是指经营者为自己的知名商品所设计的具有创造性和显著特点的外部形象，有别于通用的名称、包装、装潢。

第三，对他人知名商品特有的名称、包装、装潢，擅自作相同的使用或者作相近似的使用，致使与他人知名商品发生混淆。

3. 擅自使用他人企业名称或姓名，引人误认为是他人的商品的行为

《反不正当竞争法》中所称企业名称或姓名，是指参与市场交易的经营者的名称，包括各种所有制形式的企业的名称，各种组织形式的企业的名称，同时也包括了个体工商户和从事生产经营活动的事业单位的名称。构成擅自使用他人企业名称或姓名这类不正当竞争违法行为的基本要件是：

第一，擅自使用他人的企业名称或者姓名。

第二，在擅自使用他人的企业名称或姓名的行为中，被仿冒的企业名称或姓名，一般都具有良好信誉或一定的知名度。

第三，此类仿冒行为的目的是引人误认为是他人的商品。

4. 质量虚假标志行为

质量虚假标志行为包括伪造或者冒用认证标志、名优标志等质量标志，伪造产地，对产品质量作引人误解的虚假表示等行为。主要包括以下几类：

（1）伪造或冒用认证标志、名优标志行为。此类行为是以伪造或冒用的手段，以假乱真，欺骗消费者。通过伪造或冒用认证标志、名优标志等质量标志，对产品的质量、信誉作引人误解的虚假表示，引人误认、误购。

（2）伪造产地的行为。商品的产地，是指商品的制造、加工、择选地或商品生产者的所在地。

商品的产地与商品的其他质量标志一样，它从地理上标志着产品的一定品质。同时，商品的品质也常常与产地的技术优势、地区信誉等联系在一起。在商品上标注虚假的产地标志，不标注真实产地的行为，就是伪造产地的不正当竞争行为。我国《反不正当竞争法》将伪造产地列为不正当竞争手段予以禁止。

（3）对商品质量作引人误解的虚假表示。对商品质量作引人误解的虚假表示，是指经营者在商品或其包装上对反映商品质量的基本内容，全部或部分地作不真实的或令人误解的表示。这种虚假表示有两种情况：第一种是完全不真实的；第二种是在质量标志上使用的文字含糊其辞，在最引人注意的部位上作令人误解的表示。

经营者有过错，其主观心理上故意引起消费者的误解造成误购是构成“对商品质量作引人误解的虚假表示”不正当竞争行为的最主要要件。

二、引人误解的虚假宣传行为

《反不正当竞争法》第九条规定，经营者不得利用广告和其他方法，对商品的质量、制作成分、性能、用途、生产者、有效期限、产地等作引人误解的虚假宣传。广告的经营者不得在明知或者应知的情况下，代理、设计、制作、发布虚假广告。虚假宣传行为违反诚实信用原则，违反公认的商业准则，是一种严重的不正当竞争行为。

引人误解的虚假宣传行为从本质上也属于欺骗性交易行为，它与采用欺骗性标志从事交易的行为相同的是，这两种行为都是运用欺骗性手段，引起公众的误解，诱使消费者误购而牟取非法利益的行为。然而，两种行为又有各自的特点，采用欺骗性标志从事交易的行为突出的是在商品的商标、产主名称、质量标志方面作虚假表示令人误解；而引人误解的虚假宣传行为的表现形式是采用广告等宣传手段欺骗消费者。

虚假宣传行为有以下构成要件：①行为主体是经营者（广告主）、广告制作者和广告发布者；②行为者客观上对其商品或服务做虚假广告或以其他方式进行虚假宣传；③虚假宣传达到了引人误解的程度，即具有社会危害性；④主观方面，广告经营者在明知或应知情况下，方对虚假广告负法律责任；对广告主来说，不论其主观上处于何种状态，均须对虚假广告负法律责任；⑤宣传结果将会引起公众的误解。

利用广告等方式进行宣传，经常会有一定的艺术夸张，因此判断是否构成虚假宣传，主要不是在于其内容是否与真实相符，而是其传达的信息是否会引起公众的误解，如果其内容与真实稍有出入，但是不会误导公众，依然不构成虚假宣传，反之如果宣传内容虽然与实际相符，但是传达的信息却会引起公众的误解，依然构成虚假宣传。

三、商业贿赂行为

《反不正当竞争法》第八条规定，经营者不得采用财物或者其他手段进行贿赂以销售或者购买商品。在账外暗中给予对方单位或者个人回扣的，以行贿论处；对方单位或者个人账外暗中收受回扣的，以受贿论处。商业贿赂行为是一种典型的不正当竞争行为，也是一种历史悠久的不正当竞争行为。这种行为损害了其他经营者的合法权益，扰乱了社会经济秩序，增强了社会的拜金主义，是社会的"腐蚀剂"之一，同时，该行为也严重地损害了广大消费者的利益。因此，对这种行为必须予以制止。

商业贿赂行为的构成要件有：

（1）进行商业贿赂行为的主体可以是经营者；既可以是商品的购买者，也可以是商品的销售者；既可以是经营性服务的提供者，也可以是经营性服务的接受者；既可以是单位，也可以是个人。交易的双方均可以成为主体，主体的范围非常广泛。

（2）商业贿赂的目的是为了销售商品或者购买商品，提供经营性服务或者接受经营性服务。这种目的使商业贿赂行为与其他贿赂行为相区别。其他贿赂行为的目的不是为了上述目的，而是为了其他目的。

（3）商业贿赂的对象为交易对方、交易的经办人或者对交易有影响的人，也包括单位。商业贿赂可以是给交易对方财物或者其他利益，也可以是给经办人财物或者其他利益，还可以是给对交易有影响的其他人财物或者其他利益。

（4）商业贿赂行为的主体在主观上是故意的，商业贿赂行为的主体在主观上不存在过失问题。

（5）商业贿赂的手段包括财物手段或者其他手段。财物手段是指直接给对方财物，其他手段是指不是直接给对方财物，而是给对方某种利益，如提供旅游、度假、物的使用权、免费考察等。

四、侵犯商业秘密

侵犯商业秘密的行为，多被认为是一种典型的不正当竞争行为。我国《反不正当竞争法》规定：商业秘密是指不为公众所知悉、能为权利人带来经济利益、具有实用性并经权利人采取保密措施的技术信息和经营信息。

可见，我国法律规定的商业秘密可分为两大类，一类是技术信息，如专有技术（Know - How）；另一类是经营信息，如产品推销计划、客户名单等。

商业秘密具有以下特性：

（1）秘密性。商业秘密必须是不为公众所知悉的信息，这是商业秘密的本质特征。不为公众所知悉不是指不为一切人所知悉，而是指不为权利人以及相关人员以外的其他人知悉。比如企业内部接触商业秘密的员工、合作企业等知悉商业秘密，不代表该商业秘密为公众知悉。

（2）价值性。商业秘密能给权利人带来经济上的利益，包括现实的经济利益以及潜在的经济利益。商业秘密的价值性通常是权利人在市场竞争中优势地位的保障，一旦发生侵权，必然导致权利人的利益受损。

（3）信息性。商业秘密的信息性是指它是商业活动中的技术信息或经营信息。

（4）保密性。保密性是商业秘密所具有的本质属性。权利人必须采取合理的保密措施，保障商业秘密不被公众知悉。

（5）实用性。商业秘密必须是能够在经营中运用的，具有现实的或潜在的使用价值，客观上具有具体性和确定性的方案或信息。体现为：配方、图样、程序、方法、技术、编辑物、工序、设计等。商业秘密必须能够运用到一定行业，没有实用性的经营信息和技术信息，不能称之为商业秘密。抽象的概念、原理、原则，如不能转化为具体的可以操作的方案，是不能获得法律保护的。

（一）商业秘密的内容

一般来说，商业秘密的内容是非常广泛的，根据各国商业秘密保护的理论与实践，商业秘密一般包括如下内容：

（1）在企业组织方面，包括企业组织结构的变更计划、企业合并与分立、企业投资方面的计划等。

（2）在企业经营方面，包括产品推销计划、广告策略、客户名单等。

（3）在生产技术方面，包括化学合成物的配方，某种制造、处理、贮存材料的工序、设计图案等。

（4）在企业财务方面，包括企业的经营状况、资信状况、资产购置计划、融资情况等。

（5）在企业人事方面，包括企业人员的变更计划、高级职员的调配计划等。

由此可见，商业秘密的内容是很广泛的，在我国《反不正当竞争法》对此未作具体规定的情况下，在实践上应当按照国际上通常的认识，对商业秘密的内容作较为广泛的解释，只有这样才能更好地、更充分地保护商业秘密，推动国际经济技术交流和发展。

（二）侵犯商业秘密行为的表现

侵犯商业秘密的行为，其表现形式是多种多样的，各国在立法上的分类也不尽相同。我国《反不正当竞争法》第十条规定：经营者不得采用下列手段侵犯商业秘密：

（1）以盗窃、利诱胁迫或者其他不正当手段获取权利人的商业秘密。

（2）披露、使用或者允许他人使用以前项手段获取的权利人的商业秘密。

（3）违反约定或者违反权利人有关保守商业秘密的要求，披露、使用或者允许他人使用其所掌握的商业秘密。

第三人明知或是应知前项所列违法行为，获取、使用或者披露他人的商业秘密，视为侵犯商业秘密。

五、低价倾销行为

《反不正当竞争法》第十一条规定，经营者不得以排挤竞争对手为目的，以低于成本的价格销售商品。低价倾销违背市场经济规律，而且往往引发价格大战，这不仅损害了经营者的自身利益，也扰乱了正常的经济秩序。

低价倾销行为的构成要件有：

（1）行为的主体只能是处于卖方地位的经营者。由于这种行为是针对销售行为而言的，因而处于买方地位的经营者不可能构成这种行为的主体。而且在大多数情况下，是大型企业或者在特定市场上具有经营优势地位的企业。

（2）行为人客观上实施了以低于成本的价格销售商品或者提供服务的行为。成本是构成商品价格的主要成分和基础依据，商品价格应是成本、税金和合理利润的总和，因此，正常的价格总是高于成本的。但是低价倾销以排挤竞争对手为目的，违背价值规律，以低于成本的价格进行销售，这势必扰乱正常的竞争秩序。正是基于此，在判断是否构成低价倾销时，必须以行为人客观上是否实施了低价倾销行为为要件。

（3）经营者低价倾销行为的目的是排挤竞争对手，以独占市场。

（4）侵犯的客体是社会正常竞争秩序。

《反不正当竞争法》第十一条规定，经营者不得以排挤竞争对手为目的，以低于成本的价格销售商品。如果因特殊原因而低于成本价格销售商品，则不构成低价倾销行为。对此，《反不正当竞争法》第十一条列举了四种除外情况：①销售鲜活商品；②处理有效期即将到期的商品或者其他积压商品；③季节性降价；④因清偿债务、转产、歇业降价销售商品。

六、不正当有奖销售行为

不正当有奖销售是指经营者在销售商品或提供服务时，以欺骗或其他不正当手段，附带提供给用户和消费者金钱、实物或者其他好处，作为对交易的奖励。

有奖销售是一种有效的促销手段，其方式大致可分为两种：一种是奖励给所有购买者的附赠式有奖销售，另一种是奖励部分购买者的抽奖式有奖销售。

《反不正当竞争法》第十三条以列举方式禁止经营者从事三类有奖销售行为。国家工商行政管理局1993年12月9日颁布的《关于禁止有奖销售活动中不正当竞争行为的若干规定》，对第十三条加以细化，禁止以下列方式进行有奖销售：

（1）谎称有奖销售或对所设奖的种类，中奖概率，最高奖金额，总金额，奖品种类、数量、质量、提供方法等作虚假不实的表示。

（2）采取不正当手段故意让内定人员中奖。

（3）故意将设有中奖标志的商品、奖券不投放市场或不与商品、奖券同时投放，或者故意将带有不同奖金金额或奖品标志的商品、奖券按不同时间投放市场。

（4）抽奖式的有奖销售，最高奖的金额超过5 000元（以非现金的物品或者其他经济利益作为奖励的，按照同期市场同类商品或者服务的正常价格折算其金额）。

（5）利用有奖销售手段推销质次价高的商品。

（6）其他欺骗性有奖销售行为。

不正当有奖销售行为的构成要件有：

（1）行为主体是经营者。有关机关、团体经政府和政府有关部门批准的有奖募捐及彩票发售活动不适用反不正当竞争法。

（2）经营者实施了法律禁止的不正当有奖销售行为。

（3）经营者实施不正当竞争有奖销售，目的在于争夺顾客，扩大市场份额，排挤竞争对手。

七、诋毁商誉行为

诋毁商誉行为是指经营者捏造、散布虚假事实，损害竞争对手的商誉、商品声誉，从而削弱其竞争力，为自己取得竞争优势的行为。商誉是社会公众对市场经营主体名誉的综合性积极评价。它是经营者长期努力追求，刻意创造，并投入一定的金钱、时间及精力才取得的。良好的商誉本身就是一笔巨大的无形财富。

诋毁商誉行为的构成要件有：

（1）行为主体是经营者，其他主体有时候也可能造成对某些经营者的商誉损害，但是这只是一般民事侵权行为，不构成商业诋毁行为。

（2）经营者实施了诋毁行为，手段上是捏造和散布虚假事实，如果传播的是真实的事实，即使对其竞争对手的商誉有损，也不构成商业诋毁行为。

（3）诋毁行为是针对一个或多个特定竞争对手的。如果捏造、散布的虚假事实不能与特定的经营者相联系，商誉主体的权利便不会受到侵害。

（4）必须在主观上存在故意，而且侵权人与受害者之间具有竞争关系，其目的必须是为了占领市场，排挤竞争对手。

【案情分析】

在以上案例中，乙厂向甲厂的工作人员行贿，以获得甲厂的技术秘密侵犯了甲厂的商业秘密，通过向本市大型商场的购货人员行贿，使他们只采购本厂产品，属于商业贿赂，同时在电视广告中发布使人误解的虚假宣传、散布虚假事实，损害竞争者的商品声誉，不仅构成虚假宣传，也侵犯了竞争者的商誉。

第四节　不正当竞争的监督检查与法律责任

【案情摘要】

某市 A、B 两家大商场，都处于闹市区。近时期来，由于 A 商场经营有方，货真价实，价廉物美，颇受顾客欢迎，A 商场销售额直线上升。而处于 A 商场对面的 B 商场顾客很少光顾，效益欠佳。随着一段时间的推移，在本市报纸上的读者来信中登有一些消费者到 A 商场购物遭到服务员的冷遇的信件，还有一些消费者反映在 A 商场买到了假货，退换都不允许等。于是 A 商场效益受损，B 商场顾客盈门。为此 A 商场经理专门到报社查询这些读者来信，准备让职工亲自登门道歉以避免更大的影响。当将这些读者的来信地址一一查出后，发现其中绝大部分的消费者来信地址都是 B 商场职工的地址。A 商场经理非常气愤，找到了 B 商场的这些职工，当问及他们为什么这样做时，B 商场职工回答这些都是他们的经理让做的。A 商场经理告到法院，要求 B 商场经理在报纸上公开赔礼道歉，挽回损失、消除影响，赔偿因此而遭受的经济损失。

请问：

（1）本案中 B 商场的行为是否构成了不正当竞争行为？

（2）B 商场需要承担怎样的法律责任？

【涉及法律问题】

1. 不正当竞争行为的监督。

2. 不正当竞争需承担的法律责任。

【学理解释】

一、监督检查

我国《反不正当竞争法》不仅在总则部分对有关不正当竞争行为的监督检查作了原则性的规定，而且在第三章专门对不正当竞争行为的监督检查作了较为具体的规定。这些规定是实现鼓励和保护竞争、禁止不正当竞争，保护经营者和消费者合法权益的必要条件和措施。对不正当竞争行为进行的监督检查，既包括专门机构的监督检查，也包括其他组织和公民个人进行的社会监督。

（一）监督检查部门

我国《反不正当竞争法》第三条第二款规定："县级以上人民政府工商行政管理部门对不正当竞争行为进行监督检查；法律、行政法规规定由其他部门监督检查的，依照其规定。"在我国，县级以上人民政府工商行政管理部门及法律、行政法规规定的其他部门是对不正当竞争行为进行监督检查的部门。

（二）监督检查部门的职权

县级以上监督检查部门对不正当竞争行为，可以进行监督检查。监督检查部门在监督检查不正当行为时，有权行使下列职权：

第一，按照规定的程序询问被检查的经营者、利害关系人、证明人，并要求提供证明材料或者与不正当竞争行为有关的其他资料；被检查的经营者、利害关系人和证明人应当如实提供有关资料或者情况。

第二，查询、复制与不正当竞争行为有关的协议、账册、单据、文件、记录、业务函电和其他资料。

第三，检查与《反不正当竞争法》第五条规定的不正当竞争行为有关的财物，必要时可以责令被检查的经营者说明该财物的来源和数量，暂停销售，听候检查，不得转移、隐匿、销毁该财物。

需要指出的是，监督检查部门的工作人员监督检查不正当竞争行为时，应当出示检查证件。这既是监督检查工作的程序之一，也是监督检查部门工作人员应遵守的义务。

二、违反《反不正当竞争法》的法律责任

经营者在经营活动中的不正当竞争行为，依违法行为程度、性质之不同，法律责任有民事、行政、刑事之分。我国《反不正当竞争法》对于不正当竞争行为的法律调整，采取民事责任、行政责任、刑事责任相结合的综合性法律责任制度。实施不正当竞争的行为人具体应当承担何种法律责任，要按照其所实施的具体行为，依据《反不正当竞争法》及有关法律的相应规定加以确认。民事法律责任、行政法律责任和刑事法律责任三者并不是互相排斥的，同一不正当竞争行为，既可能触犯民事法律，也可能同时触犯行政法律及刑事法律。因此，行为人可能既承担民事责任，又同时承担行政责任和刑事责任。

1. 民事责任

《反不正当竞争法》第二十条规定：经营者违反本法规定，对被侵害的经营者造成损害的，应承担损害赔偿责任；并且应承担被侵害的经营者因调查该经营者侵害其合法权益的不正当竞争行为所支付的合理费用。此条规定，适用于反不正当竞争法禁止的所有违法行为造成的损失。

2. 行政责任

行为人违反《反不正当竞争法》的规定，实施了不正当竞争行为，而由监督检查部门根据本法及有关法律、法规的规定，对行为人给予各种行政处罚，其中包括责令停止违法行为，消除影响；没收违法所得；罚款；吊销营业执照；责令改正；给予处分等。行政责任是《反不正当竞争法》中的主要责任形式。

3. 刑事责任

违反《反不正当竞争法》的规定，实施了不正当竞争行为，依据我国刑事法律规定构成犯罪的，行为人应承担刑事法律责任。目前，根据《反不正当竞争法》和有关刑事法律的规定，可以追究刑事责任的不正当竞争行为有：以贿赂手段销售或者购买商品，构成犯罪的；擅自使用知名商品特有的或者与知名商品近似的名称、包装、装潢，销售伪劣商品，构成犯罪的；假冒他人注册商标，构成犯罪的；侵犯商业秘密，构成犯罪的；虚假广告行为，构成犯罪的；侵犯他人商誉，构成犯罪的。

【案情分析】

法院经过调查核实，认为 B 商场的这些做法客观上损害了 A 商场的商业信誉、商品信誉，根据《反不正当竞争法》第十四条的规定：经营者不得捏造、散布虚假事实，以此损害竞争对手的商业信誉、商品信誉。B 商场为了达到打击竞争对手的目的，指使职工冒充消费者写信，无中生有，攻讦 A 商场的商业信誉和商品信誉，已构成了不正当竞争行为，侵害了 A 商场的名誉权，应承担法律责任。B 商场应立即公开向 A 商场赔礼道歉，停止侵害，消除影响，赔偿 A 商场的经济损失。

【习题与思考】

1. 根据《反不正当竞争法》，下列各项不属于经营者的是（　　　）。

　　A. 商场　　　　　　　　　B. 理发店

C. 公立学校　　　　　　　　　D. 美容院

2. 下列各项，不属于不正当竞争行为构成要件的是（　　）。

　　A. 经营者违反法律规定

　　B. 损害其他经营者的合法权益

　　C. 扰乱社会秩序

　　D. 不正当竞争行为给受害人造成了重大损失

3. 下列属于正常竞争行为的是（　　）。

　　A. 季节性降价

　　B. 擅自使用他人的企业名称

　　C. 对商品质量作引人误解的虚假表示

　　D. 在商品上伪造认证标志

4. 下列行为属于不正当竞争的是（　　）。

　　A. 低于成本价销售鲜活产品

　　B. 商场为了促销，在成本价以上将商品打折出售

　　C. 企业经营不善，因为歇业而降价销售产品

　　D. 商场抽奖式的有奖销售，最高奖的金额达到 10 000 元

5. 甲酒店向该市出租车司机承诺，为酒店每介绍一位客人，酒店向其支付该客人房费的 20% 作为奖励，与其相邻的乙酒店向有关部门举报了这一行为。有关部门调查发现甲酒店给付的奖励在公司的账面上皆有明确详细的记录。甲酒店的行为属于（　　）。

　　A. 正当的竞争行为　　　　　　B. 商业贿赂行为

　　C. 限制竞争行为　　　　　　　D. 低价倾销行为

6. 某省于 2008 年元旦开通有线电视公共频道，该有线电视台为了提高收视率，每月抽取 2 万元的大奖 1 名。关于该行为，下列说法正确的是（　　）。

　　A. 违反了《反不正当竞争法》

　　B. 有利于电视事业的发展，应该提倡

　　C. 是有线电视台正当的竞争手段

　　D. 属于不正当竞争行为，因为奖金额超过了国家规定的 3 000 元的限制

7. 甲商场与乙公司因为货款问题产生纠纷，甲商场拒绝出售乙公司生产的产品，并对外宣称乙公司产品中含有有害身体健康的物质，所以拒绝销售，乙公司的经营因此受到严重打击。关于这一事件，下列说法正确的是（　　）。

　　A. 商场的行为属于限定他人购买其指定的经营者的商品的不正当竞争行为

　　B. 商场的行为属于侵犯他人商业秘密的不正当竞争行为

　　C. 商场诋毁了该企业的商业信誉、商品声誉

　　D. 商场有权决定是否销售某件产品，因此商场的行为属于正当的经营行为

8. 乙工厂为了增加自己产品销量，模仿某著名厂家甲生产的同类产品的包装，足以使消费者认为该产品是甲工厂生产的。关于这一事件，下列表述正确的是（　　）。

　　A. 两种产品的包装类似，足以使消费者产生混淆，故乙工厂行为属不正当竞争行为

　　B. 尽管包装类似，如果消费者经过仔细判断仍然能够区分出来是乙工厂生产，就不属于不正当竞争行为

　　C. 乙工厂的产品如果表明了自己的商标和厂址，就不构成侵权

D. 如果甲工厂没有就该包装申请专利权，则乙工厂的行为就是正当行为

9. 某商场在电视上做广告，声称其新进一批法国巴黎时尚服装，现正进行打折优惠，消费者纷纷前往购买，后来消费者发现服装并非产自法国，而是由国内厂家生产的，则该商场的行为是（　　　）。

A. 假冒他人注册商标行为　　　B. 虚假宣传行为

C. 伪造产地的行为　　　　　　D. 正当广告宣传行为

10. 甲厂获悉其竞争对手乙厂发明出了一种新型产品后，组织人员借参观的名义进入乙厂偷偷拍下该产品的照片。甲厂通过对照片进行分析制造出了与乙厂相同的产品，并投入大规模生产，给乙厂造成了巨大经济损失。乙厂向法院起诉，要求甲厂停止生产，并赔偿相应的损失。关于该案例，下列说法正确的是（　　　）。

A. 甲厂不构成不正当竞争，因为偷拍照片的技术人员并不能代表甲厂

B. 甲厂构成不正当竞争，但只能停止生产这种机器，而不能赔偿损失

C. 人民法院无权管辖此案

D. 乙厂的诉讼请求应予支持

第八章　消费者权益保护法

第一节　消费者权益保护法概述

【案情摘要】

居住某市南区的唐某向本市电信局支付 2 000 元初装费安装电话一部。2 个月后，唐某发现话费单上出现自己从未打过的长途电话，话费 150 余元，遂找电信局交涉。经查系电信局设备技术故障所致。唐某多次要求电信局作进一步的解释并保证以后不再发生此类事情，电信局未予确认。不久，此类事情再次发生。唐某再次找电信局交涉，并要求电信局双倍返还多收的话费共计 600 余元。电信局遂派人到唐某所在单位，要求其单位领导做唐某的工作，让唐某不要再去电信局纠缠。此举引起唐某单位同事、邻居多人围观，议论纷纷，有人认为唐某意图趁机讹诈电信局。唐某甚怒，遂又找到电信局。电信局负责接待的人说："我们把多收的话费退给你，你不要，那你去法院告我们好了。你不是想要钱吗？开个价，10 万、20 万都可以。"唐某觉得羞辱无比，决意起诉电信局。

资料来源：http：//iask. sina. com. cn/b/9793204. html

请问：

（1）此案是否属于消费者权益保护法调整范围？

（2）唐某要求电信局双倍返还多收的话费的诉讼请求能否得到法院的支持？

（3）对于电信局在与唐某交涉中的一系列行为，应当如何定性？

【涉及法律问题】

1. 消费者的范围。

2. 消费者权益保护法的调整范围。

3. 消费者权益保护法的立法原则。

【学理解释】

消费者权益保护法，是指调整在保护消费者权益过程中发生的经济关系的法律规范的总称。我国《中华人民共和国消费者权益保护法》（以后简称《消法》）是现代市场经济法律体系中一个专门的、独立的部门法律，是维护消费者利益、保护消费者合法权益的基本法律，是国家对基于消费者弱势地位而给予的特别保护，是维护真正的公平交易市场秩序的法律。

一、消费和消费者

消费有生产消费和生活消费之分，所谓生产消费是指在生产过程中生产工具、原料、燃料等生产资料和劳动力的消费。因此，生产消费的过程也就是生产的过程，包含于生产之中。所谓生活消费是指人们为了满足生活需要而购买、使用商品或接受服务，它是人类生存和发展的基本需求，既包括人们吃饭、穿衣、住房以及使用日用品、交通工具等物质消费活动，也包括人们为满足精神文化需要的精神消费行为，如看电影、唱卡拉 OK、旅游等。

我国《消法》第二条间接地指出："消费者为生活需要购买、使用商品或者接受服务，其权益受本法保护。本法未做规定的，受其他有关法律、法规的保护。"据此，消费者权益保护法主要调整为生活消费需要购买、使用商品或者接受服务而产生的关系。消费者就应该是指为满足生活消费的需要而购买、使用商品或接受服务的人。这里值得大家注意的一个问题是，法律意义上的消费者包不包括单位呢？对于这个问题，在立法过程中有过争议，但未有定论。国际上的通行做法是把消费者限定在个人的范围内，以体现保护社会弱者的主旨。基于此，把消费者界定在公民个人为宜。国内学者多数认为单位是否划为消费者不应一概而论，单位本身并不能自己进行生活消费，所以一般不是消费者，但是在我国的特殊国情下，单位消费又并非都是生产性消费，比如单位购买日用商品作为职工福利分给职工使用，这种情况是十分普遍的。此时，应当也将其纳入《消法》保护范畴，当然消费者权利的主体还是个人，如果出现消费侵权，职工个人可以以消费者的身份依法维护自己的合法权益，单位则可以依据《合同法》和其他法律追究责任人的责任。

二、消费者权益保护法

消费者权益保护法有广狭义之分，广义上的消费者权益保护法是指所涉及消费者保护的各种法律规范所组成的有机整体。狭义上的消费者权益保护法是指国家有关消费者权益保护的专门立法。在我国，广义上的消费者权益保护法包括《广告法》、《价格法》、《食品卫生法》、《产品质量法》等诸多有关消费者权益保护的法律、法规；而狭义上的消费者权益保护法则仅指 1993 年 10 月 31 日第八届全国人大常委会第四次会议通过的《中华人民共和国消费者权益保护法》，这是我国制定的第一部保护消费者权益的专门法律，该法于 1994 年 1 月 1 日开始实施。该法与《反垄断法》、《反不正当竞争法》、《产品质量法》等有着天然的内在联系和许多共通之处，只是在立法的角度和侧重点方面各不相同而已。

除此之外，近年来，随着最高人民法院陆续发布了《关于确定民事侵权精神损害赔偿若干问题的解释》（2001）、《关于民事诉讼证据的若干规定》（2002）、《关于审理商品房买卖合同纠纷若干问题的解释》（2003）以及《关于审理人身损害赔偿案件适用法律若干问题的解释》（2003）等司法解释，也逐步为消费者维权提供了比较完善的法律依据。

（一）《消费者权益保护法》的立法宗旨

《消费者权益保护法》作为我国经济法的部门法，其宗旨与经济法在根本上是一致的，即协调个体盈利性和社会公益性的矛盾，兼顾效率与公平，以推动经济的稳定增长，保障社会公共利益和基本人权。此外，作为独立的部门法，它同时也有自己更为直接和具体的立法宗旨。我国《消法》第一条开宗明义，明确规定该法的立法宗旨是：保护消费者的合法权益，维护社会经济秩序，促进社会主义市场经济健康发展。

（二）《消费者权益保护法》的立法原则

作为我国第一部以保护消费者权益为基本内容的法律，《消法》体现了我国保护消费者权益的以下几个基本原则：

1. 交易自愿、平等、公平、诚实信用原则

根据这一原则，消费者应当享有知情权、自主选择权、公平交易权，而对于经营者来说，任何欺诈交易、显失公平的交易、限制性交易、强制性交易和利用不公平格式合同的交易都将受到禁止。比如，某市电信部门规定，电话用户开通长途功能的必须交纳2 000元押金，以防止电话费的漏交，该市消费者提出异议，后经物价局协调，电信部门将无偿占有的电话押金全部退回，并按银行利率向用户支付利息。本案电信部门正是利用其在本行业的垄断地位，在要求用户交纳初装费、月租费的同时，交纳长途电话押金，实际上是将经营者应当自己承担的合理风险转嫁到了消费者身上，其权利和义务是明显不对等的，违反了平等、公平原则。

2. 国家保护原则

在市场经济条件下，消费者作为分散、无序的个人与作为有组织、有经济实力和专业知识的经营者相比，虽然所处法律地位平等，但在经济实力和经营知识上都处于弱势地位，如果在这种情况下，仍然强调立法上的权利和义务平等，那么对消费者来说，必然造成事实上的不平等。因此，《消法》必须体现国家以特有的权力对消费者和经营者之间的关系进行适度的干预，给消费者以特别的保护。

3. 全社会保护原则

保护消费者的合法权权是全社会的共同责任，社会保护是国家保护的必要补充，只有调动社会各方面的力量来关注消费者问题，维护消费者的合法权益，与各种损害消费者权益的行为作斗争，才能建立起全社会共同保护消费者权益的机制，使消费者的合法权益得到最充分、最有效的保护。为此《消法》赋予消费者享有依法成立维护自身合法权益的社会团体的权利，我国消费者于1985年1月12日经国务院批准成立了全国性的消费者权益保护组织——中国消费者协会，《消法》对该组织的性质、职能都作出了规定并同时明确，各级人民政府对消协履行职能都应当予以支持。同时，消法鼓励和支持一切组织和个人对损害消费者合法权益的行为进行社会监督，尤其是大众媒体应当作好维护消费者权益的宣传，对损害消费者权益的行为进行舆论监督。

（三）消费者权益保护法的适用范围

我国《消法》还从主体及其行为的角度规定了该法的适用范围，即：

（1）消费者为生活消费需要购买、使用商品或者接受服务，其权益受该法保护。

（2）经营者为消费者提供生产、销售的商品或者提供服务，应当遵守该法。

（3）在消费者权益保护法对某些问题未作规定时，经营者应当遵守其他有关法律、法规，如《合同法》、《价格法》等。

（4）农民购买、使用直接用于农业生产的生产资料，参照该法执行。

【案情分析】

（1）根据我国《消法》第二条，消费者权益保护法主要调整为生活消费需要购买、使用商品或者接受服务而产生的关系。从本案来看，唐某向本市电信局支付2 000元初装费安装电话一部，事实上就与该电信局形成了一种服务合同关系，应受我国《消法》调整。

（2）唐某要求电信局双倍返还多收的话费的诉讼请求要想得到法院的支持，必须要符合《消法》第四十九条的规定。《消法》第四十九条规定，经营者提供商品或者服务有欺诈行为的，应当按照消费者的要求增加赔偿其受到的损失，增加赔偿的金额为消费者购买商品的价款或者接受服务的费用的一倍。要适用《消法》第四十九条的惩罚性赔偿，关键是要确定被告是否有欺诈行为，而市电信局多收了唐某的300多块钱长途费是由于技术故障，并不存在欺诈行为，故唐某要求电信局双倍返还多收的话费的诉讼请求不会得到法院的支持。但消费者享有公平交易的权利。消费者在购买商品或者接受服务时，有权获得质量保障、价格合理、计量正确等公平交易条件，有权拒绝经营者的强制交易行为。所以电信局由于技术故障所导致的多收账款应当退还并承担利息。

（3）市电信局通过唐某单位领导向唐某施加压力，并在交涉过程中对唐某进行羞辱，侵害了唐某作为消费者的公平交易权和人格受尊重权。《消法》第十条规定，消费者享有公平交易的权利。消费者在购买商品或者接受服务时，有权获得质量保障、价格合理、计量正确等公平交易条件，有权拒绝经营者的强制交易行为。根据《消法》第十四条的规定，消费者在购买、使用商品和接受服务时，享有其人格尊严、民族风俗习惯得到尊重的权利。消费者在消费的时候享有人格尊严受尊重权。

第二节　消费者的权利与经营者的义务

【案情摘要】

2006年1月，在某市繁华商品区的某时装店内，当地某厂的3名女工来买鞋。其中一位女工让女营业员拿出一双价值370元的女鞋试穿，试穿后觉得不理想，准备离开。这时营业员将她拦住说，不能只试穿，要么将这双鞋买了，要么得给20元的试穿费，否则不许离开店堂。无奈之下，另外两名女工离开时装店找到区消协投诉。区消协同志到达该店后，两名营业员仍然态度蛮横，口出污言，扣留那名女工长达1个多小时。为了严肃法纪，区消协的同志找到该时装店的主管单位，要求他们向被无理扣留的消费者赔礼道歉并给予精神赔偿。公司经理对营业员无理扣留消费者事件很重视，当即表示将那两名营业员辞退，并郑重向消费者道歉，赔偿消费者1 000元的精神损失费。

资料来源：http：//cms. szu. edu. cn/course/jingpin2008/jingjifa/E_ReadNews. asp？NewsID =626

请问：

（1）本案涉及哪些法律问题？

（2）本案中的时装店是否需要承担侵权责任？

【涉及法律问题】

1. 消费者的权利。

2. 经营者的义务。

【学理解释】

一、消费者的权利

消费者的权利也称消费者权益，是指消费者在消费领域中，即在购买、使用商品或者接受服务中所享有的权利和利益的合称。消费者利益由多种利益因素构成，主要包括物质经济利益、精神文化利益、安全健康利益、时效利益、环境利益等。消费者的权利是保护消费者的权益的核心问题。

（一）安全权

消费者的安全保障权是消费者权利中最为重要的一项权利。

安全权主要包括人身安全权和财产安全权。人身安全权是指消费者的身体、健康、生命不受侵害的权利；财产安全权是指消费者的财产不受损害的权利，表现为财产外观、价值的不减少。其源于《民法》中的人身权和财产权的规定，但又不同于《民法》中的财产权和人身权的规定。与《民法》规定的公民人身权和财产权相比，消费安全权具有以下特点：对消费者的安全权的侵害，主要来自于商品存在的缺陷或者服务中的危险。

（二）知情权

知悉真情权或称获取信息权、了解权、知情权，即消费者享有知悉其购买、使用的商品或者接受服务的真实情况的权利。从消费者的角度而言，要对商品和服务有更多的了解，更好地享有知情权，提高自我保护意识，还可以行使另一项权利——受教育权。

（三）受教育权

受教育权是从知情权中引申出来的一种消费者权利。

消费者的受教育权是指消费者享有获得有关消费知识和消费者权益保护知识的权利。

消费者的受教育权，包括两方面内容：

（1）消费者有获得消费知识的权利。

（2）消费者有获得消费者权益保护方面知识教育的权利。

消费者的受教育权与消费者的知情权十分相似，都是指获得有关消费知识的权利，但是，两者也有重要区别。

（四）自主选择权

消费者的自主选择权，是指消费者在购买、使用商品或接受服务的过程中，可以根据自己的意愿自主决定是否购买或接受经营者提供的商品或服务，以及接受什么样的商品或服务、接受哪一个经营者提供商品或服务等权利。具体来讲，消费者的自主权包括以下内容：

（1）自主选择商品和服务的权利。

（2）自主决定交易对象的权利。

（3）对商品或服务进行比较、鉴别、挑选的权利。

（4）自主作出决定的权利。

（五）公平交易权

消费者的公平交易权是指消费者在与经营者进行的消费交易活动中所享有的获得公平交易结果和公平交易条件的权利。

《消法》规定的公平交易条件主要包括以下几方面内容：质量有保障、价格合理、计量正确、其他公平交易条件、交易自愿。

（六）消费者的受尊重权

消费者的受尊重权是指消费者在购买、使用商品或者接受服务时所享有的人格尊严、民族风俗习惯受到尊重的权利。

维护消费者的人格尊严既是消费者的权利，也是经营者的义务，要求经营者做到"三个不得"，即《消法》第二十五条规定："经营者不得对消费者进行侮辱、诽谤，不得搜查消费者的身体及其携带的物品，不得侵犯消费者的人身自由。"

（七）受害求偿权

消费者的受害求偿权也称消费者的索赔权，是指消费者在购买、使用商品或者接受服务过程中合法权益受到损害时，所享有的依法获得赔偿的权利。消费者在购买、使用商品或接受服务时，既可能人身权受到侵害，也可能财产权受到侵害。人身权受到的侵害，包括生命健康权，人格方面的姓名权、名誉权、荣誉权等受到侵害。财产损害，包括财产上的直接损失和间接损失。直接损失，指现有财产上的损失，如财物被毁损、伤残后花用的医药费等。间接损失，指可以得到的利益没有得到，如因侵害住院而减少的劳动收入或伤残后丧失劳动能力而得不到劳动报酬等。

享有求偿权的主体，是指因购买、使用商品或者接受服务而受到侵害的受害者。受害者包括：①购买者，即购买商品为己所用的消费者；②商品的使用者，即不是直接购买商品为己所用的消费者；③接受服务者。

消费者的受害求偿权，其含义包括以下三个方面：第一，消费者在消费活动中的合法利益受到损害；第二，经营者负有赔偿责任；第三，消费者依法要求赔偿。

（八）依法结社权

消费者的结社权是指消费者为了维护自身的合法权益而依法组织社会团体的权利。在我国，目前消费者社会团体主要是中国消费者协会和地方各级消费者协会（或消费者委员会）。消费者依法成立的各级消费者协会，使消费者通过有组织的活动，在维护自身合法权益方面正发挥着越来越大的作用。

（九）监督批评权

消费者监督权是指消费者对于商品和服务以及消费者保护工作进行监察和督导的权利。

消费者监督具体表现为：有权检举、控告侵害消费者权益的行为；有权检举、控告消费者权益的保护者的违法失职行为；有权对保护消费者权益的工作提出批评、建议。

二、经营者的义务

经营者是指向消费者提供其生产、销售的商品或者服务的公民、法人和其他经济组织。它是以盈利为目的的从事生产经营并与消费者相对应的另一方当事人。

在消费领域，与消费者广泛的权利相对应，经营者则要承担相应的义务。所谓经营者的义务，是指由《消法》以及其他有关法律所确认或经营者与消费者所约定的，在消费领域经营者对消费者必须作出一定行为或不得作出一定行为的约束。经营者必须作出一定的行为又叫做积极义务或者作为义务，即经营者必须以自己的行为来履行该项义务，否则就将承担相应的法律责任，比如经营者必须明码标价、必须出具购货凭证和服务单据、必须保证商品质量等；经营者不得作出一定的行为又叫消极义务或者不作为义务，这种义务只要经营者不实施法律所禁止的行为即视为履行，比如经营者不得虚假宣传、不得侵犯消费者人格尊严和人身自由、不得以格式合同作出对消费者不公平的规定等。

（一）听取消费者意见，接受消费者监督的义务

我国《消法》第十七条规定："经营者应当听取消费者对其提供的商品或者服务的意见，接受消费者的监督。"经营者听取消费者意见，接受消费者监督的义务，是与消费者的监督权相对应的。听取消费者意见，接受消费者监督作为经营者的一项法定义务，经营者必须忠实地履行。经营者听取消费者意见，主要是通过与消费者面对面的交流，书面征询消费者对商品和服务的意见与建议，从新闻媒介了解消费者对商品和服务的看法与反映等方式来进行。

（二）保证商品和服务安全的义务

我国《消法》第十八条规定："经营者应当保证其提供的商品或者服务符合保障人身、财产安全的要求。对可能危及人身、财产安全的商品和服务，应当向消费者作出真实的说明和明确的警示，并说明和标明正确使用商品或者接受服务的方法以及防止危害发生的方法。经营者发现其提供的商品或者服务存在严重缺陷，即使正确使用商品或者接受服务仍然可能对人身、财产安全造成危害的，应当立即向有关行政部门报告和告知消费者，并采取防止危害发生的措施。"该条包括了以下三个内容：

（1）经营者应当保证其所提供的商品或服务符合保障人身、财产安全的要求。

（2）经营者对可能危及人身、财产安全的商品和服务，应当向消费者作出真实的说明和明确的警示，并说明和标明正确的使用方法及防止危害方法。在现实生活中，商品或者服务对消费者人身财产的威胁主要来自两个方面：一是商品或者服务本身有缺陷，这主要通过设置各种技术性标准，加强对产品与服务的质量检验来预防。二是商品和服务本身并没有质量缺陷，但由于消费者使用不当构成威胁，对于这种威胁，则应当通过经营者明确的警示和说明来预防。

（3）经营者发现其提供的商品和服务存在严重缺陷，即使正确使用商品或接受服务仍然可能对人身、财产安全造成危害的，应立即向有关行政部门报告和告知消费者，并采取防止危害发生的措施。

（三）提供真实信息的义务

消费者在购买、使用商品或接受服务时享有知情权。为保障消费者这一权利的实现，法律要求经营者承担向消费者提供真实信息的义务。对此，我国《消法》第十九条明确规定："经营者应当向消费者提供有关商品或者服务的真实信息，不得作引人误解的虚假宣传。经营者对消费者就其提供的商品或者服务的质量和使用方法等问题提出的询问，应当作出真实、明确的答复。商店提供商品应当明码标价。"这里所称的真实信息，是指有关商品或者服务的相关情况必须真实、明确，不得有虚假成分。这些情况包括：商品的价格、产地、生产者、用途、性能、规格、等级、主要成分、生产日期、有效期限、检验合格证明、使用方法说明书、售后服务，以及服务的内容、规格、费用等。

（四）标明真实名称和标记的义务

经营者的名称，是经营者法律人格的体现，是一企业区别于他企业的主要形式。我国《消法》第二十条规定："经营者应当标明其真实名称和标记。租赁他人柜台或者场地的经营者，应当标明其真实名称和标记。"这就以法律的形式，赋予经营者以标明其真实名称和标记的义务。它要求经营者在进行经营活动中，必须如实标明自己的名称或标记，而不得假冒其他经营者的名称或标记，以使消费者能对其准确识别，并作出正确的选择，这也是满足消

费者知情权的途径之一。

（五）出具购货凭证或者服务单据的义务

所谓购货凭证，是指消费者向经营者购买商品后从经营者处获得的发票或其他购物单据。所谓服务单据，是指消费者接受服务后从经营者处获得的发票或其他书面凭据。发票、购货凭证、信誉卡、服务单据、价格单、保修单等，都是购货凭证与服务单据的具体表现形式。

我国《消法》第二十一条明确规定："经营者提供商品或者服务，应当按照国家有关规定或者商业惯例向消费者出具购货凭证或者服务单据；消费者索要购货凭证或者服务单据的，经营者必须出具。"这就以法律的形式赋予经营者以出具购货凭证或者服务单据的义务，经营者对此义务必须依法予以履行。

（六）保证商品或者服务质量的义务

经营者提供商品或者服务时，除应保证其安全外，还应当保证其商品或者服务与其用产品说明、广告等方式表明的质量状况相符，以使消费者的消费目的得以真正实现。为促使经营者提供的商品或者服务符合质量要求，我国《消法》第二十二条规定："经营者应当保证在正常使用商品或者接受服务的情况下其提供的商品或者服务应当具有的质量、性能、用途和有效期限；但消费者在购买该商品或者接受该服务前已经知道其存在瑕疵的除外。经营者以广告、产品说明、实物样品或者其他方式表明商品或者服务的质量状况的，应当保证其提供的商品或者服务的实际质量与表明的质量状况相符。"这就以明确的法律形式，要求经营者承担保证商品或者服务质量的义务。

（七）"三包"义务

所谓"三包"，是指经营者提供商品或者服务，按照国家规定或者与消费者的约定，承担包修、包换、包退的责任。我国《消法》第二十三条规定："经营者提供商品或者服务，按照国家规定或者与消费者的约定，承担包修、包换、包退或者其他责任的，应当按照国家规定或者约定履行，不得故意拖延或者无理拒绝。"

一般要求产品自出售之日起 7 日内，发生性能故障的，消费者可以选择退货、换货或修理；产品自出售之日起 15 日内，发生性能故障的，消费者可以选择换货或修理；保修期内经两次修理仍不能正常使用的，经营者应负责更换或退货。此外，对包修、包换、包退的大件商品，消费者要求经营者修理、更换、退货的，经营者应当承担运输等合理费用。

（八）不得以格式合同等方式损害消费者权益的义务

我国《消法》第二十四条规定："经营者不得以格式合同、通知、声明、店堂告示等方式作出对消费者不公平、不合理的规定，或者减轻、免除其损害消费者合法权益应当承担的民事责任。格式合同、通知、声明、店堂告示等含有前款所列内容的，其内容无效。"

【案情分析】

（1）本案涉及侵犯消费者的自主选择权、人身自由权及其法律责任问题。

（2）第一，时装店侵犯了消费者的自主选择权。我国《消法》第九条明确规定："消费者享有自主选择商品或者服务的权利，消费者有权自主选择商品或服务的经营者，自主选择商品品种或者服务方式，自主决定购买或者不购买任何一件商品、接受或不接受任何一项服务。消费者在自主选择商品或者服务时，有权进行比较、鉴别和挑选。"商店卖鞋，理应让消费者试穿，以便消费者自主选择，决定买与不买。可是，该时装店却在顾客不愿购买商品时非要顾客付 20 元试穿费，这很显然侵犯了消费者的自主选择权。

第二，时装店侵犯了消费者的人身自由权。我国《消法》第二十五条规定，经营者不得对消费者进行侮辱、诽谤，不得搜查消费者的身体及其携带的物品，不得侵犯消费者的人身自由，而本案中的时装店在消费者拒绝其无理要求后，竟强行扣留顾客，不让她们离开商店。这显然侵犯了消费者的人身自由。

第三，该时装店应当承担相应的法律责任。根据我国《消法》第四十三条的规定，时装店侵害消费者人格尊严或人身自由的，应停止侵害、恢复名誉、消除影响、赔礼道歉并赔偿损失。

另外根据该法第五十条第八款的规定，工商行政管理部门应责令该时装店改正，并可以根据情节单处或并处警告、没收违法所得、处以违法所得一倍以上五倍以下的罚款，没有违法所得的，处以一万元以下的罚款；情节严重的，可以责令其停业整顿、吊销其营业执照。

第三节　争议解决途径及法律责任

【案情摘要】

2010 年 2 月 20 日，赵某在本市某商场购买由 A 厂生产的冰箱一台，同年同月 24 日又购得一部 B 公司生产的多功能电源保护器，次日，赵某在家中安装好冰箱和电源保护器。半个月后，一日赵某下班回家发现，因冰箱电路出现故障，高温下导致冰箱起火，烧毁部分家具及用品，因发现及时，幸未发生重大火灾。为此，赵向法院起诉，状告某商场、A 冰箱厂和 B 公司，要求维护消费者权益，赔偿损失，由三个单位负连带责任。

某商场辩称，该冰箱是本商场销售的商品，赔偿责任应由产品的制造者承担，销售者不应承担责任。

A 冰箱厂辩称，本厂生产的产品均符合国家标准，以往从未发生过此种情况，无证据证明生产者有过错，无法认定生产者应承担责任。B 公司的电源保护器失灵可能是事故的主要原因。

B 公司辩称，赵某违反有关安装说明的要求，违章安装，无视说明书的警示说明，导致电源器失效酿成事故，冰箱电源线路有问题使冰箱起火是根本原因。

法院在调查过程中，经技术监督局对 A 厂的冰箱和 B 公司的电源保护器进行质量鉴定，认定：①该品牌和型号的电冰箱线路连接上存在某些缺陷，一般情况下不会出故障，在特定的情况下会产生高温；②电源保护器已经被烧毁无法鉴定，但对同样商品检测，没有发现质量问题；③赵某在安装电源保护器与冰箱时，未按说明书正确安装，使保护器无法发挥正常作用，导致冰箱等物品被烧毁。

请问：赵某的财产损失到底该谁承担？

【涉及法律问题】

1. 消费争议的解决途径。
2. 经营者需要承担的法律责任。

【学理解释】

一、消费争议的解决途径

在市场经济条件下，市场主体各种利益关系存在冲突，而经营者又受自身利益的驱使，这就使得消费争议在所难免。那么，在争议发生后，通过什么样的途径使争议取得公正、合理的解决，就成为立法者必须回答的一个问题。鉴于消费争议涉及的范围广、数量大、情况复杂等一系列特殊情况，为了便于消费争议能够得到切实有效的解决，改变消费者投诉难的现状，立法者为消费者设计了五种解决争议的途径，供消费者根据案件的具体情况加以选择。对此，我国《消法》第三十四条明确规定："消费者和经营者发生消费争议的，可以通过下列途径解决：①与经营者协商和解；②请求消费者协会调解；③向有关行政部门申诉；④根据与经营者达成的仲裁协议提请仲裁机构仲裁；⑤向人民法院提起诉讼。"

（一）与经营者协商和解

与经营者协商和解，是指消费争议发生以后，消费者与经营者在自愿、互谅的基础上，通过直接对话摆事实、讲道理，分清责任，从而使争议得以解决。协商和解是一种快速、简便的争议解决方式，无论是对消费者还是对经营者，它都不失为一种理想的途径。事实上，日常生活中大量的消费争议都是通过这种方式解决的。这种方式具有及时、直接、平和等特点，对于标的物较小的纠纷或者讲信誉、重质量的经营者来说，采用这种方式解决矛盾能获得较满意的结果。但该方式缺乏国家的强制力和约束力，有时达不到目的，对此，消费者应当有采用其他方式的准备。

（二）请求消费者协会调解

消费争议发生后，双方如能协商和解，当是上上之策。但实践中，总有一些消费争议由于双方的观点相去甚远，虽经反复协商仍不能取得一致。在此情形下，就有必要借助第三方的力量居中调解，使争议得以妥善处理。根据我国《消法》的有关规定，消费者协会具有调解消费争议的职能。据此，消费者在不能与经营者协商和解时，可请求消费者协会居中调解，以使争议得以及时处理。消费者协会在接到消费者请求调解的要求后，可在查清事实、分清责任的基础上，就争议的事项居中进行调解，或者代表受损害的消费者与经营者进行交涉，以求得争议的妥善解决。实践证明，在一般情况下，只要消费者协会站在公正的立场上，不偏袒消费者，经营者都会接受消费者协会的调解，从而使得争议迅速得以解决。当然消协在调解过程中，也应遵循自愿原则和合法原则。

一般来说，消费者协会对消费争议的调解应按以下程序进行：

（1）消费者提出调解请求或投诉。

（2）消费者协会接受调解请求或投诉。

（3）调查、了解情况，搜集证据。

（4）组织调解。

（5）制作调解书。

这里应明确的是，消费者协会主持调解所达成的协议不具有强制执行力，如果一方或双方对调解协议反悔的，就需要采取别的解决方式。

（三）向有关行政部门申诉

消费者与经营者发生消费争议后，在与经营者协商而不能达成和解时，可以直接向有关行政部门申诉，以求得行政保护。与其他解决途径相比，这种方式具有高效、快捷、力度强等特点。

我国没有专门从事消费者权益保护工作的行政机构，但有许多行政部门从不同的角度实际履行着保护消费者合法权益的职能，这些行政部门主要有工商、物价、技术监督、卫生、商检等机关。对此，我国《消法》第二十八条明确规定："各级人民政府工商行政管理部门和其他有关行政部门应当依照法律、法规的规定，在各自职责的范围内，采取措施，保护消费者的合法权益。有关行政部门应当听取消费者及其社会团体对经营者交易行为、商品和服务质量问题的意见，及时调查处理。"可见，有关行政部门接受消费者的申诉并及时调查处理，是其法定职责，不得推卸。

（四）根据与经营者达成的仲裁协议提请仲裁机构仲裁

所谓仲裁，是指双方当事人在争议发生之前或者争议发生之后达成协议，自愿将争议交由第三方作出裁决，以解决争议的法律制度。根据我国《仲裁法》的规定，平等主体的公民、法人和其他组织之间发生的合同纠纷和其他财产权益纠纷，可适用仲裁。由于消费争议往往直接涉及争议双方的财产权益，故此种纠纷的解决可适用仲裁程序。

我国的仲裁工作应遵循以下原则：

一是自愿原则。亦即当事人采用仲裁方式解决纠纷，应当由双方自愿达成协议，没有仲裁协议而一方申请仲裁的，仲裁组织不予受理。

二是以事实为根据，以法律为准绳，公平合理地解决纠纷原则。仲裁组织作出仲裁裁决应以客观事实为依据，建立在可靠的证据基础上。适用法律时，法律有明文规定的，按照法律的规定；法律无明文规定的，则按照法律的基本精神和公平合理的原则处理。

三是仲裁组织依法独立行使仲裁权原则。仲裁组织依法独立进行仲裁，不受行政机关、社会团体和他人的干涉，但人民法院可对仲裁活动进行必要的监督。

四是一裁终局原则。这是指仲裁裁决作出后，当事人就同一纠纷不能再申请仲裁或者向人民法院起诉。一方不履行仲裁义务的，另一方可向人民法院申请强制执行。

消费者在与经营者发生消费争议后，如果双方协商和解不成，也可在与经营者达成仲裁协议的前提下，提请仲裁机构仲裁。与解决消费争议的其他途径相比，消费者对仲裁这一方式较难操作，在实践中也较少采用。

（五）向人民法院提起诉讼

所谓诉讼，是指人民法院和诉讼参加人、其他诉讼参与人为解决纠纷依法定程序所进行的全部活动。根据诉讼解决纠纷的不同性质，诉讼可分为民事诉讼、刑事诉讼和行政诉讼。由于消费争议是一种民事权益纠纷，故此处所称的提起诉讼是指提起民事诉讼，亦即消费者在自己的合法权益受到经营者不法侵害后，可直接向人民法院提起民事诉讼，请求司法保护。消费者向人民法院提起民事诉讼应符合下述条件：①自己与本案有直接利害关系；②有明确的被告；③有具体的诉讼请求和事实、理由；④属于人民法院受理民事诉讼的范围和受诉人民法院管辖。人民法院对符合法定条件的起诉，必须受理；对不符合法定条件的起诉，应不予受理并告知不受理的理由。

二、法律责任

根据经营者损害消费者合法权益的性质、情节和危害程度，经营者应依法承担相应的民事责任、行政责任和刑事责任。

（一）经营者的民事责任

在消费侵权发生以后，对于消费者而言，经营者承担的主要是民事责任，亦即对消费者的权益损失进行恢复和补偿。那么，经营者在什么情形下应承担民事责任呢？根据我国《消法》第四十条的规定，经营者提供商品或者服务有下列情形之一的，除该法另有规定外，应当依照《产品质量法》和其他有关法律、法规的规定，承担民事责任，这些情形包括：①商品存在缺陷的；②不具备商品应当具备的使用性能而出售时未作说明的；③不符合在商品或者其包装上注明采用的商品标准的；④不符合商品说明、实物样品等方式表明的质量状况的；⑤生产国家明令淘汰的商品或者销售失效、变质的商品的；⑥销售的商品数量不足的；⑦服务的内容和费用违反约定的；⑧对消费者提出的修理、重作、更换、退货、补足商品数量、退还货款和服务费用或者赔偿损失的要求，故意拖延或者无理拒绝的；⑨法律、法规规定的其他损害消费者权益的情形。

（二）经营者的行政责任

经营者的行政责任，是指经营者在消费领域违反国家有关行政管理法规规定所应承担的法律责任。如果说经营者的民事责任是相对于消费者而言的话，那么，经营者的行政责任则是相对于国家而言的。实践中，经营者侵害消费者合法权益的行为在损害消费者利益的同时，往往也触犯了国家行政管理法规，扰乱了社会经济秩序，因此，经营者在对消费者承担民事责任的基础上，还须对国家承担行政责任。关于经营者在什么情形下应承担什么样的行政责任，我国《消法》第五十条明确规定："经营者有下列情形之一，《中华人民共和国产品质量法》和其他有关法律、法规对处罚机关和处罚方式有规定的，依照法律、法规的规定执行；法律、法规未作规定的，由工商行政管理部门责令改正，可以根据情节单处或者并处警告、没收违法所得，处以违法所得1倍以上5倍以下的罚款，没有违法所得的，处以1万元以下的罚款；情节严重的，责令停业整顿、吊销营业执照：①生产、销售的商品不符合保障人身、财产安全要求的；②在商品中掺杂、掺假，以假充真，以次充好，或者以不合格产品冒充合格产品的；③生产国家明令淘汰的商品或者销售失效、变质的商品的；④伪造商品的产地，伪造或者冒用他人的厂名、厂址，伪造或者冒用认证标志、名优标志等质量标志的；⑤销售的商品应当检验、检疫而未检验、检疫或者伪造检验、检疫结果的；⑥对商品或者服务作引人误解的虚假宣传的；⑦对消费者提出的修理、重作、更换、退货、补足商品数量、退还货款和服务费用或者赔偿损失的要求，故意拖延或者无理拒绝的；⑧侵犯消费者人格尊严或者侵犯消费者人身自由的；⑨法律、法规规定的对损害消费者权益应当予以处罚的其他情形。

（三）经营者的刑事责任

经营者的刑事责任，是指经营者在消费领域触犯刑律构成犯罪所应承担的法律责任。刑事责任只能对已构成犯罪的经营者适用，对虽有一般违法行为但尚不构成犯罪的经营者，不能适用刑事责任。

对经营者在什么情况下应承担刑事责任，《消法》未作系统规定，仅在一些条文里有所提及。包括经营者提供商品或服务，造成消费者人身伤害构成犯罪的和经营者以暴力、威胁等方法阻碍有关行政部门工作人员执法，构成犯罪的两类情形。

另外，我国《消法》还规定了经营者惩罚性赔偿制度。《消法》第四十九条规定：经营者提供商品或服务有欺诈行为的，应当按照消费者的要求增加赔偿其受到的损失，增加赔偿的金额为消费者购买商品的价款或者接受服务的费用的一倍。

（四）承担损害赔偿责任的主体的确定

1. 由生产者、销售者、服务者承担

（1）消费者在购买、使用商品时，其合法权益受到侵害的，可以向销售者要求赔偿。

（2）消费者或者其他受害人因商品缺陷造成人身、财产损害的，可以向销售者要求赔偿，也可以向生产者要求赔偿。

（3）消费者在接受服务时，其合法权益受到损害的，可以向服务者要求赔偿。

（4）消费者在展览会、租赁柜台购买商品或者接受服务，其合法权益受到损害的，可以向销售者或者服务者要求赔偿。展览会结束或者柜台租赁期满后，也可以向展览会的举办者、柜台的出租者要求赔偿。展览会的举办者、柜台的出租者赔偿后，有权向销售者或生产者追偿。

2. 由变更后的企业承担

3. 由营业执照的使用人或持有人承担

4. 由从事虚假广告行为的经营者和广告的经营者承担

【案情分析】

依照《消法》的规定，销售者可以先行进行赔偿。但销售者无过错，不承担最后的赔偿责任，如先行赔偿，可向生产者追偿。

消费者赵某的财产损害，主要由生产者 A 厂的冰箱有缺陷所致，生产者要承担产品责任。而且依《产品质量法》的要求，不论生产者有无过错，都适用"严格责任原则"。制造保护器的 B 公司所生产的产品不存在缺陷，赵某的财产损害与保护器失效无关，因此不承担责任。消费者赵某因安装保护器不当，也有一定的过错。但依照"严格责任原则"，电冰箱电源线路有缺陷是损害发生的根本原因，所以不因赵某的过错而免去冰箱生产者的赔偿责任。但可以酌情减轻赔偿的责任。

【习题与思考】

案例一：

近几个月来，石先生对自家的住宅电话费居高不下感到十分不解，于是便向电信部门查询。电信部门出具了长途电话明细清单。石某要求查看区内通话明细清单，却遭拒绝，理由是市话收费采用的是复式计次法，即电脑只记录通话次数，而不记录主叫号码、被叫号码和通话时间，因此，即使石某对自家的市话通话费存在怀疑，也无法一一核对，只能大概地估计。所以，电信部门只向石某提供了区内通话费的总数和通话时间的总数。对此，石某大为不解。

请问：电信部门在市话收费中不向消费者出具明细清单是否合法？

案例二：

2010 年 5 月 6 日上午，某县某镇居民刘某家中新建房子，中午有多人要在家吃饭，刘某从镇上农贸市场个体食品商陆某处购买卤牛肉 5 斤。当时，刘某发现牛肉有些黏，并有异味，问陆某牛肉坏了没有，陆某说："这些卤牛肉质量没有问题。"刘某将卤牛肉拿回家，交给妻子做成凉菜，当天中午，帮他家修房子的人和自己一家人都吃了这牛肉。下午5点到次日清晨，就餐的21人当中，有15人发生腹部疼痛、腹泻等食物中毒症状，其中10人病情较重住进医院治疗，共花费医疗费两千多元。县卫生防疫站接到举报，经过调查得知，个体工商户陆某卖给刘某的牛肉，是陆某5月3日从邻村张某处买的死牛肉，张某的牛是5月2日死亡的。陆某共买回50斤，在对牛肉加工、贮存、销售过程中，没有采取防腐、防蝇、防鼠等措施。由于以上原因，造成食用卤牛肉的人食物中毒。刘某在病愈后知道卫生防疫站的调查结论后，找到陆某，要求他按《消费者权益保护法》的有关规定给予赔偿。

请问：陆某侵犯了消费者哪些权益，需要承担哪些法律责任？

案例三：

2009年7月15日，谢某下班后顺便到农贸市场一卖肉摊位上买几只猪脚。摊主让谢某挑选了4只猪脚后，往台秤上一放，说8斤1两，作8斤算了，10元1斤共80元。谢某付款后即拿着猪脚往回走。快到家里正碰上妻子也下班回家，妻子将猪脚用手掂了一下，说肯定没有8斤，被人宰了。两人遂回到农贸市场，把猪脚放在公平秤上一称，只有6斤2两。于是，两人找到市场的工商管理员请求处理。工商管理员让谢某指明卖肉摊位后，把猪脚往台称上一放，称上显示出是8斤1两。工商管理员怀疑秤有问题，遂对秤进行仔细检查，结果发现该秤的秤盘底下吸附着一块磁铁。工商管理员收缴了该摊主的台秤，让摊主赔偿了谢某的损失，并决定对摊主处以200元的罚款。

请问：本案中经营者侵犯了消费者何种权益，应该承担何种法律责任？

案例四：

处于某城市偏远地区的某部队干休所附近有一集贸市场。该市场内经常发生经营者缺斤短两、以次充好等侵害消费者利益的情况。由于该地距商业区较远，周围无其他市场，所以，附近的居民虽然感到很气愤，也只好忍受，但消费纠纷却时常发生，有的矛盾甚至升级。该干休所在当地消费者协会的支持下，依法成立了"消费者之家"。他们把消费者组织起来，引导消费者消费，对经营者的经营活动进行监督，与危害消费者合法权益的行为进行斗争，取得了极好的效果。但也有一些人对"消费者之家"的做法不理解，认为既然有了消费者协会，在遇到消费者权益纠纷时，就应当靠消协，群众自发组织维护消费者合法权益的团体是没有根据的。

请问：消费者是否可以用结社的方式维护自己的合法权益？

第九章 产品质量法

第一节 产品质量法概述

【案情摘要】

2003 年 7 月 22 日,26 岁的李某从某商品批发商场购买了 50 箱啤酒,并且用卡车将啤酒拉回家中。当李某卸货至 42 箱时,其中一瓶啤酒突然爆炸,致使李某左眼球受伤,后因医治无效,李某左眼失明。由于李某在运输和搬动啤酒过程中没有任何过错,于是他向某商品批发商场要求赔偿,但商场称啤酒瓶的爆炸可能是由于厂家生产质量不合格所致,自己并没有过错,因此要李某向厂家索赔,李某遂将某商场诉至法院。

请问:商场是否应当承担赔偿责任?

【涉及法律问题】

产品质量法的适用。

【学理解释】

一、产品与产品质量

(一) 产品

根据我国《产品质量法》的规定,所谓产品,是指经过加工、制作,用于销售的物品。构成产品有两个重要标准:第一,必须是经过加工、制作的产品,主要是指经过工业和手工业加工制作的工业产品、工艺品以及经过加工的农副产品等。第二,必须是用于销售,即投入流通的产品。建设工程不适用本法规定,但是建设工程使用的建筑材料、建筑构配件和设备,适用本法规定。

我国《产品质量法》规定的"产品"有以下四大特征:一是必须是经过工业加工或手工制作的劳动生产物;二是必须是完成整个工艺流程的制成品;三是必须是用于流通的劳动生产物;四是必须是动产。

(二) 产品质量

产品质量,是指产品在正常或规定的条件下,满足或符合特定用途或需求所必须具备的性能的总和。包括可用性、功效性、可靠性、维修性、安全性和经济性等。产品质量具有相对性,往往因时、因地、因人而异,对同一种产品的质量要求也很不相同。

在我国社会主义市场经济建设的过程中，产品质量问题非常突出。为此，国家进行了专门的立法，以提高产品质量。我国《产品质量法》规定，产品质量应符合以下要求：

第一，不存在危及人身、财产安全的不合理的危险，有保障人体健康、人身财产安全的国家标准、行业标准的，应符合该标准。

第二，具备产品应具备的使用性能，但是，对产品存在使用性能的瑕疵作出说明的除外。

第三，符合在产品或其包装上注明采用的产品标准，符合以产品说明、实物样品等方式表明的质量状况。

二、《产品质量法》的立法宗旨和适用范围

（一）立法宗旨

《产品质量法》第一条开宗明义，规定了本法的立法宗旨是：①加强对产品质量的监督管理；②提高产品质量水平；③明确产品质量责任；④保护消费者的合法权益；⑤维护社会经济秩序。

（二）适用范围

《产品质量法》的适用范围，包括适用的产品范围、活动范围和地域范围。

1. 适用的产品范围

《产品质量法》适用的产品，是指经过加工、制作，用于销售的产品。根据法律规定，建筑工程不适用本法规定。建筑工程是指工业、民用建筑物，包括土木建筑工程和建筑业范围内的线路、管道，设备安装工程的新建、扩建、改建活动及建筑装修装饰工程。建筑工程产品投资大，建筑工期长，有特殊的质量要求，难与经过加工、制作的工业产品共同进行规范，需要由专门的法律调整。《建筑法》是调整建筑工程质量的法律。

但是，建筑工程使用的建筑材料、建筑构配件和设备，属于加工、制作并用于销售的产品的，适用本法规定。

除建筑工程以外，还有以几下类不适用《产品质量法》：一是初级农产品及未经加工天然形成的产品；二是虽然经过加工、制作，但不用于销售的产品，纯为科学研究或为自己使用而加工、制作的产品；三是军工产品。

2. 适用的活动范围

《产品质量法》第二条第一款规定：在中华人民共和国境内从事产品生产、销售活动，必须遵守本法。这是对产品经营活动范围的规定。产品的生产经营活动一般包括生产、运输、保管、仓储、销售等几个环节，《产品质量法》主要调整其中的生产和销售环节，因为这两个环节发生的产品质量问题与消费者有着最为直接的关系。《产品质量法》调整发生在运输、保管、仓储环节中的质量问题，仅限于运输人、保管人、仓储人故意为法律禁止生产销售的产品提供运输、保管、仓储等便利条件的行为，对这些行为要给予行政处罚。另外，《产品质量法》也调整经营性服务环节的产品质量问题。

3. 适用的地域范围

《产品质量法》第二条第一款规定的"在中华人民共和国境内"是对适用的地域范围的规定。根据这个规定，在中华人民共和国境外从事产品生产、销售活动的，不适用本法，如设立在国外的中外合资经营企业、中外合作经营企业、中国独资企业从事产品生产、销售活动的，不适用本法，应当适用所在国的法律。

4. 特殊产品的法律适用

本法所称的产品包括药品、食品、计量器具等特殊产品，而这些特殊产品如果有专门的法律加以调整，根据特别法优于一般法的原则，如果《产品质量法》与这些特别法有不同规定的，应该分别适用特别法的规定，特别法没有规定的，适用本法的规定。

三、产品质量法及相关法规

产品质量法，是调整产品生产、流通、交换、消费领域中因产品质量而产生的社会关系的法律规范的总称。广义产品质量法所调整的社会关系可分为两大类：一是产品质量监督管理过程中产生的监督和被监督、管理与被管理的关系，如产品监督管理机关和产品生产者、经营者的关系；二是产品交换过程中产生的具有等价交换性质的社会关系，如产品生产者、销售者与产品用户、消费者的关系。

我国产品质量法律体系较为完善，形成了以《产品质量法》为主体，以《食品安全法》、《药品管理法》、《标准化法》、《计量法》、《消费者权益保护法》、《反不正当竞争法》、《商品检验法》、《化妆品卫生监督条例》、《国家监督抽查产品质量的若干规定》、《工业产品生产许可证管理条例》、《进口商品质量监督管理办法》、《工业产品质量责任条例》、《产品质量认证管理条例》、《合同法》等法律法规为有益补充的产品质量法律体系。

其中，《中华人民共和国产品质量法》（以下简称《产品质量法》）于1993年2月22日经第七届全国人民代表大会常务委员会第三十次会议讨论通过，自1993年9月1日起正式实施。2000年7月8日第九届全国人民代表大会常务委员会第十六次会议对其进行了修订，修订后的《产品质量法》共有6章74条。《中华人民共和国食品安全法》于2009年2月28日经第十一届全国人民代表大会常务委员会第七次会议通过，自2009年6月1日起施行。《产品质量法》的修订和《食品安全法》的制定施行，标志着我国适应社会主义市场经济发展需要的、比较完整的产品质量法律体系已经建立起来了。

【案情分析】

人民法院受理此案后，经过认真审理，查明李某眼睛受伤确系因啤酒质量不合格所致，李某的受伤与啤酒质量瑕疵有因果关系；李某在搬运过程中没有过错；李某有受损害之事实。根据《民法通则》第一百二十二条，《产品质量法》第四十条、第四十一条，《消费者权益保护法》第四十一条之规定，判决商品批发商场承担民事赔偿责任，赔偿原告李某医疗费、生活补助费、误工补贴费和残疾补偿金共8 000元。本案涉及的法律问题有：①《产品质量法》的调整对象；②产品侵权责任的构成要件、归责原则、责任主体和赔偿范围。

第二节　产品质量的监督管理

【案情摘要】

2007 年 5 月，原告谢某向被告陈某夫妇购买一台自动洗车机，购买后谢某以该设备无法进行正常洗车工作为由，要求被告陈某夫妇退款，遭拒后诉至法院，要求被告陈某夫妇退回货款。

该案在审理中，原、被告双方主张不一，原告认为该设备根本不具备被告销售时所说的功能，被告则认为该机器生产厂家均为正规厂商，具备洗车功能，是原告购买后不愿意从事洗车服务而想退货，并提供该产品说明书及厂家的生产资质证明。本案焦点为该产品是否具有洗车功能，就该问题法院委托司法鉴定，但司法鉴定中心回复：现无可对该机器设备进行鉴定的机构，故无法鉴定。后法院又与质量技术监督部门取得联系，但质监部门以该机器设备的参数无国家统一标准为由也表示无法鉴定。

请问：法院该如何进行判决？

【涉及法律问题】

1. 产品质量监督。
2. 产品质量鉴定。

【学理解释】

一、产品质量监督管理体制

《产品质量法》第八条规定，国务院产品质量监督部门主管全国产品质量监督工作。国务院有关部门在各自的职责范围内负责产品质量监督工作。县级以上地方产品质量监督部门主管本行政区域内的产品质量监督工作。县级以上地方人民政府有关部门在各自的职责范围内负责产品质量监督工作。法律对产品质量的监督部门另有规定的，依照有关法律的规定执行。

（一）产品质量监督的类型

根据本条规定，产品质量监督包括产品质量的国家监督和产品质量的行业监督两种。

1. 国家监督

国家监督，是指通过国家立法，授权特定的国家机关，以国家名义，运用国家赋予的权力实施的监督。行使产品质量国家监督权的机关是国务院产品质量监督部门、县级以上地方产品质量监督部门和法律另有规定的部门。

2. 行业监督

行业监督，是指政府有关部门在各自的职责范围内进行的监督。产品质量行业监督机关为国务院和地方人民政府有关部门，"有关部门"主要指各级地方人民政府的宏观调控部门和专业经济管理部门等。

行业监督不同于国家监督。二者的主要区别是，行业监督的主管部门不能依照本法的规定，行使行政处罚权。

（二）产品质量监督部门的行政职权

《产品质量法》第十八条规定了县级以上产品质量监督部门在执法过程中享有的各项职权：

1. 现场检查权

产品质量监督部门在对涉嫌违反《产品质量法》规定的行为进行查处时，有权对当事人涉嫌从事违反法律的生产、销售活动的场所实行现场检查。实施现场检查的主要目的是为了核实已经取得的违法嫌疑证据，确认被举报的违法事实，进一步收集新的违法证据。

2. 调查了解权

产品质量监督部门在对涉嫌违反《产品质量法》规定的行为进行查处时，有权向当事人的法定代表人、主要负责人和其他有关人员，调查、了解与涉嫌从事违反《产品质量法》的生产、销售活动有关的情况。向上述人员调查了解这些情况，是为了直接取得违法活动的口头证据，为依法查处作准备。

3. 查阅、复制权

产品质量监督部门在对涉嫌违反《产品质量法》规定的行为进行查处时，有权查阅、复制当事人有关的合同、发票、账簿以及其他有关资料。复制这些资料，主要是为了防止这些证据灭失，如被嫌疑人销毁、转移等，使对违法嫌疑人的进一步查处无法进行。

4. 封存、扣押权

产品质量监督部门在对涉嫌违反《产品质量法》规定的行为进行查处时，对有根据认为不符合保障人体健康和人身、财产安全的国家标准、行业标准的产品或者有其他严重质量问题的产品，以及直接用于生产、销售该项产品的原辅材料、包装物、生产工具，予以封存或者扣押。

封存权和扣押权作为行政强制措施，对生产者、销售者的生产、销售活动影响较大，在适用时必须十分慎重，不能随意使用，以免适用不当给当事人造成不必要的损失。

根据《产品质量法》的规定，县级以上工商行政管理部门按照国务院规定的职责范围，对涉嫌违反《产品质量法》规定的行为进行查处时，可以行使以上职权。

二、产品质量标准制度

（一）产品质量标准

可能危及人体健康和人身、财产安全的工业产品，必须符合保障人体健康和人身、财产安全的国家标准、行业标准；未制定国家标准、行业标准的，必须符合保障人体健康和人身、财产安全的要求。

（二）产品质量要求

产品质量应当检验合格，不得以不合格产品冒充合格产品。从法律上说，合格产品要符合以下几个条件：一是产品必须具备应当具备的使用性能；二是产品符合在产品或者其包装上注明采用的产品标准；三是产品符合以产品说明、实物样品等方式表明的质量状况；四是产品不存在危及人体健康和人身、财产安全的不合理危险，有保障人体健康和人身、财产安全的国家标准、行业标准的，应当符合该标准。

（三）生产许可证制度

我国实行生产许可证制度。生产许可证是指国家对于具备生产条件并对其产品检验合格的工业企业，发给其许可生产该项产品的凭证。国家规定对重要的工业产品特别是对可能危及人体健康、人身和财产安全、公共利益的工业产品实行许可证制度。生产许可证制度是为了保证产品质量，维护国家、用户和消费者利益的强制性措施。

三、企业质量及产品质量认证制度

（一）企业质量体系认证制度

1. 企业质量体系认证的概念

企业质量体系认证，是指国家认可的质量认证机构，根据企业的申请，按照国际通用的质量管理和质量保证系列标准，对企业的质量体系进行审核，并对符合国际通用的质量管理标准的企业颁发质量体系认证证书，以证明企业的质量体系和质量保证能力符合相应要求的活动。企业质量体系认证是一种评价性活动。企业质量体系认证亦称为企业认证，质量体系注册，质量体系评审，质量体系审核等。

企业质量体系认证采取自愿原则，是否进行企业质量体系认证，由企业自主决定，他人不得干涉。

2. 企业质量体系认证的依据

企业质量体系认证的依据是国际通用的质量管理标准，即国际标准化组织（ISO）推荐世界各国采用的 ISO9000 "质量管理及质量保证" 系列国际标准。根据国际标准化的有关规则和管理，国际标准需要由各国转化为本国的国家标准加以实施。ISO9000 国际标准在中国就是 GB/T19000 – ISO9000 国家标准，由国家质量技术监督局于 1994 年修订发布，是我国开展企业质量体系认证的证据。

3. 企业质量体系认证证书

企业质量体系认证证书，是指由认证机构颁发给获准认证的企业的一种证明文件，用以证明企业的质量体系或者某项产品符合相应标准和技术规范的要求。认证证书不得擅自制作或者复制。

（二）产品质量认证制度

1. 产品质量认证的概念和目的

产品质量认证，是由依法取得产品质量认证资格的认证机构，依据有关的产品标准和要求，按照规定的程序，对申请认证的产品进行工厂审查和产品检验，对符合条件要求的，通过颁发认证证书和认证标志以证明该项产品符合相应标准要求的活动。

推行产品质量认证制度的目的是通过对符合认证标准的产品颁发认证证书和认证标志，便于消费者识别，同时也有利于经认证合格的企业和产品的市场销售，增强产品的市场竞争能力，以激励企业加强质量管理，提高产品质量水平。

产品质量认证必须遵循自愿原则，任何人不得强迫企业进行认证。

2. 产品质量认证的依据

依照《产品质量法》的规定，产品质量认证的依据是有关的国际先进标准和技术要求。对于我国的名、特、优产品，当没有国家标准、行业标准的时候，可以依据国家质量技术监督局确认的标准和技术要求开展产品质量认证。对于我国与国外有关认证机构签订了双边、多边认证合作协议的产品，依据双边、多边认证合作协议中规定的标准开展认证工作。

3. *产品质量认证证书和认证标志*

产品质量认证证书，是指证明产品质量符合认证要求和许可产品使用认证标志的法定证明文件。认证证书由国务院标准化行政主管部门组织印制并统一规定编号。

产品质量认证标志，是指由产品质量认证机构设计，按照法定程序批准、发布的一种专用标志，用以证明某项产品符合规定标准或者技术规范，经认证机构允许，可以在获准认证的产品上使用。产品质量认证标志是一种信誉标志，也是质量标志。

四、产品质量监督检查制度

产品质量监督检查，是指国务院产品质量监督管理部门和各级地方人民政府产品质量监督管理部门以及法律规定的其他部门，根据法律、行政法规赋予的职责，代表人民政府履行职责，执行公务，对流通领域的产品质量实施监督的一种行政行为。产品质量监督检查，是国家对产品质量实施的一项强制性行政管理措施。

根据《产品质量法》第十五条的规定，国家对产品质量实行以抽查为主要方式的监督检查制度，对可能危及人体健康和人身、财产安全的产品，影响国计民生的重要工业产品以及消费者、有关组织反映有质量问题的产品进行抽查。除抽查方式外，国家对产品质量的监督检查方式还包括产品质量统一监督检查、产品质量定期监督检验等其他方式。

产品质量监督抽查，是国家产品质量监督部门及地方产品质量监督部门按照产品质量监督计划，定期在流通领域抽取样品进行监督检查，了解被抽查企业及其产品的质量状况，并按期发布产品质量监督抽查公报，对抽查的样品不合格的企业采取相应处理措施的一种国家监督活动。监督检查工作由国务院产品质量监督部门规划和组织。法律对产品质量的监督检查另有规定的，依照有关法律的规定执行。

（1）监督抽查的种类。产品质量监督抽查包括国家监督抽查和地方监督抽查。

国家监督抽查，是指由国家产品质量监督部门规划和组织的对产品质量进行定期或专项监督抽查，并发布国家监督抽查公报的制度。

地方监督抽查，是指县级以上地方产品质量监督部门在本行政区域内进行的监督抽查活动。地方抽查不得以"国家监督抽查"的名义进行，发布其质量公报不得冠以"国家监督抽查"字样。

（2）监督抽查的产品范围。产品质量监督抽查的产品范围包括三个方面：

一是可能危及人体健康和人身、财产安全的产品，如食品、药品、医疗器械和医用卫生材料、化妆品、压力容器、易燃易爆产品等；

二是影响国计民生的重要工业产品，如农药、化肥、种子、计量器具、烟草，以及有安全要求的建筑用钢筋、水泥等；

三是消费者、有关社会组织反映有质量问题的产品，包括群众投诉、举报的假冒伪劣产品，掺杂掺假，以假充真，以次充好，以不合格产品冒充合格产品，造成重大质量事故的产品等。

（3）监督抽样的要求。根据《产品质量法》的规定，抽取的样品应当在市场上或企业成品仓库内的代销产品中随机抽取。这是因为产品质量监督抽查活动是产品质量监督部门代表政府进行的一种市场监督管理活动，这种监督管理活动的范围一般应仅限于流通环节，而不能扩大到企业内部，并且对于未进入流通的产品，企业也不负质量责任。要求随机抽取样品，则可以防止生产者、销售者弄虚作假，保证抽样检查的客观性、公正性。

（4）禁止重复抽样。重复抽样扰乱企业的正常经营秩序，加重企业负担，必须坚决禁止。为此，《产品质量法》特别规定国家监督抽查的产品，地方不得另行重复抽查；上级监督抽查的产品，下级不得另行重复抽查。按照国务院1992年8月发布的《国务院关于进一步加强质量工作的决定》的规定，为了防止重复抽查，全国性抽查计划由国家技术监督局统一组织协调。

（5）对抽查检验的要求。《产品质量法》规定，根据监督抽查的需要，可以对产品进行检验。检验抽取样品的数量不得超过检验的合理需要，并不得向被检查人收取检验费用。监督抽查所需检验费用按照国务院规定列支。

（6）对抽查检验的异议程序。为了保证质量监督抽查结果的准确和公正，被抽查的生产者、销售者如果对抽查检验的结果有异议的，有权要求复检。《产品质量法》规定，生产者、销售者对抽查检验的结果有异议的，可以自收到检验结果之日起15日内向实施监督抽查的产品质量监督部门或者其上级产品质量监督部门申请复检，由受理复检的产品质量监督部门作出复检结果。

（7）抽查检验后的处理。《产品质量法》第十七条规定，依照本法规定进行监督抽查的产品质量不合格的，由实施监督抽查的产品质量监督部门责令其生产者、销售者限期改正。逾期不改正的，由省级以上人民政府产品质量监督部门予以公告；公告后经复查仍不合格的，责令停业，限期整顿；整顿期满后经复查产品质量仍不合格的，吊销营业执照。监督抽查的产品有严重质量问题的，依照本法第五章的有关规定处罚。这里所指的有严重质量问题，是指产品存在不符合保障人体健康和人身、财产安全的不合理危险，产品属于以假充真、以次充好，以不合格产品冒充合格产品；产品属于国家明令淘汰的产品，失效、变质的产品，伪造产品产地、伪造或者冒用他人厂名、厂址，伪造或者冒用认证标志等质量标志的产品等。如果在抽查中有上述严重质量问题，应分别依照《产品质量法》第五章的有关规定给予行政处罚。

五、产品质量检验制度

（一）产品质量检验机构

产品质量检验机构，是指承担产品质量监督检验、仲裁检验等公证检验工作的技术机构。按照《中华人民共和国标准化法》的规定，产品质量检验机构分为两类：一类是县级以上人民政府产品质量监督部门根据需要依法设置的检验机构；另一类是县级以上人民政府产品质量监督部门授权的其他单位的产品质量检验机构。此外，还有一类检验机构是属于社会中介组织性质的，它们不隶属于任何政府部门和事业单位，它们依法设立，经有关部门考核合格后，依法独立承担产品质量检验任务。

产品质量检验机构的任务是，对产品是否合格或者是否符合标准进行检验，承担其他标准实施的监督检验。法定检验机构提供的检验数据具有法律效力，是判明产品是否合格以及解决产品质量纠纷的依据。

（二）产品质量检验机构设立的条件

1. 必须具备相应的检测条件和能力

产品质量检验机构必须具备相应的检测条件和能力，是指国家有关部门规定的产品质量检验机构应当具备的与其承担的检验任务相适应的条件和能力，包括组织机构条件，检验技术人员条件，技术设备条件，以及质量体系、工作环境、管理制度等方面的条件。

2. 必须经考核合格

产品质量检验机构必须经省级以上人民政府产品质量监督部门或者其授权的部门依照有关规定，对检验机构所具备的检验测试能力进行考核，对考核合格的申请人，发给合格证书后，方可承担产品质量检验工作，其出具的检验数据才具有法律效力。

以上是《产品质量法》对产品质量检验机构设立条件的规定，国家其他法律、国务院颁布的行政法规对产品质量检验机构的资格条件、设置、考核、管理等有特殊规定的，依照法律、行政法规的相应规定执行。

（三）从事产品质量检验认证的社会中介机构

从事产品质量检验的社会中介机构，是指经省级以上人民政府产品质量监督部门或者其授权的部门考核合格，经依法注册登记，依靠自己的知识、技术设备和经验，提供产品质量监督抽查检验、生产许可证产品的质量检验、产品质量的认证检验、产品质量争议的仲裁检验等检验服务的社会组织。从事产品质量认证的社会中介机构，是指经中国产品质量认证机构国家认可委员会审查评定，并经国务院产品质量监督部门批准，从事产品质量认证工作的社会组织。

上述两类社会中介机构与政府机关、权力机关、司法机关等国家机关，不得存在上下级关系、领导与被领导关系等，不得承担政府行政管理方面的任何职能；中介机构在人、财、物方面完全独立，与国家机关没有任何关系，即《产品质量法》所规定的"不得与行政机关和其他国家机关存在隶属关系或者其他利益关系"。

（四）产品质量检验认证机构的工作原则

根据《产品质量法》的规定，产品质量检验机构、认证机构必须依法按照有关标准，客观、公正地出具检验结果或者认证证明。

产品质量检验机构、认证机构的作用和任务，决定了它们在产品质量监督管理中处于一种"中间人"、"裁判员"的位置，它们能否依法客观、公正地履行职责，对于生产者、销售者，对于国家检验、认证制度，对于广大的消费者都有着直接关系。因此，修改后的《产品质量法》专门增加词条，要求产品质量检验机构、认证机构必须依法按照有关标准，客观、公正地出具检验结果或者认证证明。

（五）产品质量认证机构的跟踪调查职责

依照国家规定对准许使用认证标志的产品进行认证后的跟踪检查，是产品质量认证机构的一项重要义务，为了保证认证标志依法使用，产品质量认证机构应当依照国家规定对准许使用认证标志的产品进行认证后的跟踪检查，对不符合认证标准而使用认证标志的进行查处，以维护产品质量认证的信誉，维护广大消费者的合法权益。

为此，《产品质量法》规定，产品质量认证机构应当依照国家规定对准许使用认证标志的产品进行认证后的跟踪检查，对不符合认证标准而使用认证标志的，责令改正；情节严重的，撤销其使用认证标志的资格。

六、产品质量社会监督制度

产品质量社会监督，是指用户、消费者以及其他社会组织对产品质量进行监督的制度。《产品质量法》规定，用户、消费者有权就产品质量问题，向产品的生产者、销售者查询；向产品质量监督部门、工商行政管理部门及有关部门申诉，接受申诉的部门应当负责处理。保护消费者权益的社会组织可以就消费者反映的产品质量问题建议有关部门负责处理，支持消费者对因产品质量造成的损害向人民法院起诉。

任何单位和个人有权对违反《产品质量法》规定的行为，向产品质量监督部门或者其他有关部门检举。产品质量监督部门和有关部门应当为检举人保密，并按照省、自治区、直辖市人民政府的规定给予奖励。

【案情分析】

根据《中华人民共和国产品质量法》第四十条规定，售出的产品有下列情形之一的，销售者应当负责修理、更换、退货；给购买产品的消费者造成损失的，销售者应当赔偿损失：（一）不具备产品应当具备的使用性能而事先未作说明的；（二）不符合在产品或者其包装上注明采用的产品标准的；（三）不符合以产品说明、实物样品等方式表明的质量状况的。该纠纷涉及的产品质量即该产品是否具备洗车功能是解决本案的关键，如该机器具备该功能则驳回原告诉讼请求，如不具备该功能则应支持原告诉请。但由于技术条件的限制，导致对该产品质量无法进行鉴定。而对无法鉴定的法律后果的承担，我国民诉法及《证据规则》均没有涉及。

依据《证据规则》第二条：当事人对自己提出的诉讼请求所依据的事实或者反驳对方诉讼请求所依据的事实有责任提供证据加以证明。没有证据或者证据不足以证明当事人的事实主张的，由负有举证责任的当事人承担不利后果。而本案在审理中，对被告提交的证据进行审查和质证后，证实被告提供的厂家产品生产许可证、专利许可证、说明书系真实客观，在原告没有证据证明的条件下，可以认定该产品是经国家工商部门许可生产的，符合国家现行法律法规的。因此，法院作出驳回原告诉讼请求的判决。

第三节　生产者、销售者的产品质量义务

【案情摘要】

2008 年 8 月 29 日，某市企业联合总公司任某在该市东街 128 号个体商店购买了一台该县五金汽修厂生产的煤油汽化炉。9 月 3 日中午，任某、王某使用该炉为职工做饭。任某见王某三次划火柴未点燃汽化炉，便上前帮忙。此时一声巨响，汽化炉突然发生爆炸，强大的气浪和火舌从炉子的焊缝处喷出，将任某烧成重伤，经市医院抢救无效死亡。王某多处被烧伤，面部被毁容。

经查，该产品的企业标准中没有防回火装置的要求，产品由该市产品质量监督检验所检

验。但 2008 年出厂的该产品没有检验报告，没有合格证，爆炸残骸上下两片均发现虚焊痕迹。经送省锅炉压力容器检验所检验，确认该事故系化学性爆炸（因使用易燃易爆油料）引起，且产品设计存在问题，炉子无防回火装置。当天任某、王某使用炉具时，因为先煮过饭，炉子内桶气压降低，煤油呈现蒸汽状态，三次划火点不着后，第四次因为桶外气压大于桶内气压，火苗被压进桶内，处于蒸汽状态的煤油具有很强的爆炸力，遇火即可发生爆炸，因此造成此次事故。

请问：五金汽修厂有没有责任，如果要承担责任，那么它要承担哪些责任？

【涉及法律问题】

1. 生产者、销售者的义务。
2. 生产者、销售者的免责事由。

【学理解释】

生产者、销售者的产品质量义务，是指法律、法规规定的生产者、销售者在产品质量方面应当承担的作为和不作为的责任，分为生产者的质量义务与销售者的质量义务。

一、生产者的产品质量义务

生产者的产品质量义务主要有以下几个方面：

（一）保证产品的内在质量

产品质量应当符合下列三方面的要求：

（1）产品不存在危及人身、财产安全的不合理危险。有保障人体健康，人身、财产安全的国家标准、行业标准的，应当符合该标准。

（2）产品质量应当具备的使用性能，但是，对产品存在使用性能上的瑕疵作出说明的除外。

（3）产品质量符合在产品或者包装上注明采用的产品标准，符合以产品说明等方式表明的质量状况。

（二）提供符合规定的标识

生产者所提供的产品或者其包装上的标识应当符合下列要求：

（1）有产品质量检验合格证明。生产者对产品质量以合格证、合格印章方式作出保证，证明产品质量检验结果符合出厂要求。未经检验或检验不合格的，不得使用产品质量检验合格证明。

（2）有中文标明的产品名称、生产厂厂名和厂址。其目的是让消费者识别产品，特别是使用同种商标的联营企业的产品质量存在差异，产品质量出现问题后，可以找到生产者。

（3）根据产品的特点和使用要求，需要标明产品规格、等级、所含主要成分的名称和含量的，相应予以标明。用户及消费者由于用途不同，对产品在某些方面的性能要求就不同。法律规定生产者标明产品的各项指标，有利于消费者合理选择，合理使用。

（4）限期使用的产品，标明生产日期和安全使用期或者失效日期。

（5）使用不当，容易造成产品本身损坏或者有可能危及人身、财产安全的产品，有警示标志或者中文警示说明。另外，如果生产者生产的产品是裸装的食品和其他根据产品的特点难以附加标识的裸装产品的，可以不附加产品标识。

（三）符合产品包装的要求

对于生产者的产品包装，法律没有明确规定。但是对于特殊产品的包装，《产品质量法》第十六条规定：剧毒、危险、易碎、储运中不能倒置以及有其他特殊要求的产品，其包装必须符合相应要求，有警示标志或者中文警示说明，标明储运注意事项等。

（四）不得生产假冒伪劣产品

《产品质量法》规定，生产者不得生产国家明令淘汰的产品；不得伪造产地；不得伪造或者冒用他人的厂名、厂址；不得伪造或者冒用认证标志、名优标志等质量标志；生产者不得掺杂、掺假，不得以假充真、以次充好，不得以不合格产品冒充合格产品。

二、销售者的产品质量义务

（一）执行进货验收制度

销售者应当执行进货验收制度，验明产品合格证明和其他合格标识。通过产品质量验收，可以确定产品流转过程中产品质量状况，保证销售产品的质量，也能够分清生产者和销售者的责任。

（二）保持销售产品的质量

销售者在进货后向用户、消费者出售产品之前的一段时间内，应当根据产品的性质、特点采取必要的措施，保持销售产品的质量。如果进货时产品质量符合要求，而销售时出现缺陷，销售者就要承担相应的责任。

（三）销售符合质量要求的产品

销售者最重要的义务，是保证所销售的产品符合规定的质量要求，不销售假冒伪劣产品，对用户和消费者来说，销售者这一义务是最直接的。对此，《产品质量法》规定：

（1）销售给用户、消费者的产品不失效、不变质。

（2）销售者所销售产品的标识应符合下述规定的要求：不得伪造产地，伪造或冒用他人厂名、厂址；不得伪造或冒用认证标志、名优标志等质量标志。

（3）销售产品不得掺杂、掺假，不得以假充真、以次充好，不得以不合格产品冒充合格产品。

【案情分析】

本案中五金汽修厂有责任，根据《质量法》第二十七条，产品或者其包装上的标识必须真实，并符合下列要求：（一）有产品质量检验合格证明；（二）有中文标明的产品名称、生产厂厂名和厂址；（三）根据产品的特点和使用要求，需要标明产品规格、等级、所含主要成分的名称和含量的，用中文相应予以标明；需要事先让消费者知晓的，应当在外包装上标明，或者预先向消费者提供有关资料；（四）限期使用的产品，应当在显著位置清晰地标明生产日期和安全使用期或者失效日期；（五）使用不当，容易造成产品本身损坏或者可能危及人身、财产安全的产品，应当有警示标志或者中文警示说明。

该五金厂生产的产品没有检验报告，没有合格证，并且设计存在问题，根据《产品责任法》，五金厂没有尽到自己的义务，应该承担法律责任。

第四节　违反产品质量法的法律责任

【案情摘要】

2004 年，一户赵姓人家在为家中老人祝寿时，高压锅突然爆炸，儿媳妇被锅盖击中头部，抢救无效死亡。据负责高压锅质量检测的专家鉴定，高压锅爆炸的直接原因是高压锅的设计有问题，导致锅盖上的排气孔堵塞。由于高压锅的生产厂家距离遥远，赵家要求出售此高压锅的商场承担损害民事赔偿责任。但商场声称缺陷不是由自己造成的，而且商场在出售这种高压锅（尚处于试销期）的时候已与买方签订有一份合同，约定如果产品存在质量问题，商场负责退货，并双倍返还货款，因而商场只承担双倍返还货款的违约责任。

请问：

（1）赵家可否向该商场请求承担责任？为什么？

（2）该商场应承担什么责任？

【涉及法律问题】

违反产品质量法的法律责任。

【学理解释】

一、违反产品质量法的民事责任

违反产品质量法的民事责任包括产品合同责任和产品侵权责任，前者是指产品的生产者、销售者违反产品质量担保义务所应承担的民事责任，后者是指因为产品存在缺陷造成人身、财产损害的，产品的生产者和销售者所应承担的一种民事责任。

（一）产品合同责任

根据《产品质量法》的规定，生产者、销售者对产品内在质量所承担的义务可以概括为默示担保义务和明示担保义务两类。所谓默示担保义务，是指国家法律法规规定的对产品质量的要求。本法规定的"具备产品应当具备的使用性能"是产品质量最重要的默示担保条件之一。所谓明示担保，是指生产者或销售者对产品的性能、质量通过直接表达意思的语言或者行为作出的一种保证或承诺。本法规定的"符合在产品或者其包装上注明采用的产品标准的"，"符合以产品说明、实物样品等方式表明的质量状况的"，即是明示担保义务。

产品合同责任，又称瑕疵担保责任，是指违反上述明示或默示的关于产品的质量保证和承诺，给消费者造成损失所应当承担的损害赔偿责任。由于这种民事责任是基于合同关系发生的，因此这种民事责任是违约责任。其通常的情形有：①不具备产品应当具备的使用性能而事先未作说明的；②不符合在产品或者其包装上注明采用的产品标准的；③不符合以产品说明、实物样品等方式表明的质量状况的。

根据《产品质量法》的规定，销售者售出的产品具有一般质量问题的，即应承担产品质量责任，销售者应当负责修理、更换、退货；给购买产品的消费者造成损失的，销售者应当赔偿损失。

（1）修理。产品虽然存在质量问题，但经过修理即可符合质量标准的，消费者可以要求销售者进行修理。

（2）更换。产品存在质量问题，通过修理仍不能符合质量标准的，可以要求更换。

（3）退货。如果存在产品质量问题严重，难以修复，或者由于修理、更换时间的延误，消费者已不再需要该产品，有权要求退掉产品。

（4）赔偿损失。产品因质量不合格导致严重毁损或灭失，不能修理、更换或退货，给消费者造成损失的，可要求赔偿损失。

另外，根据《合同法》的规定，因产品质量不合格应承担产品质量责任的形式还有支付违约金、重作、减少价款或者报酬等。

（二）产品侵权责任

产品侵权责任是指因为产品存在缺陷造成人身、财产损害的，产品的生产者和销售者所应承担的一种民事责任。一般认为，生产者对其生产的缺陷产品所应承担的损害赔偿责任的性质，属于一种特殊的民事侵权责任。产品侵权责任作为一种特殊的侵权责任，有着特殊的构成要件、归责原则、责任主体和赔偿范围。

1. 产品侵权责任的构成要件

一是产品存在缺陷。产品缺陷，是指产品存在危及人身、他人财产安全的不合理危险，当产品有保障人体健康和人身、财产安全的国家标准、行业标准时不符合该标准。缺陷的种类主要包括：设计缺陷、制造缺陷、指示和警示缺陷。

二是有损害事实。损害事实是指由于产品缺陷造成了财产损失或致人死亡、伤残等人身伤害的后果，包括直接损害和间接损害。

三是产品缺陷与损害事实之间有因果关系。产品缺陷与损害事实之间必须有因果关系，即两者之间有引起与被引起的关系，产品缺陷足以被认定为造成损害的原因，损害事实是产品缺陷导致的直接后果，也即两者存在必然的、直接的和内在的关系。

2. 归责原则

根据《产品质量法》的规定，因产品存在缺陷，造成人身、缺陷产品以外的其他财产损害的，生产者应当承担赔偿责任。因此，生产者因其生产的缺陷产品致他人人身、财产损害的，应当承担无过错责任。无过错责任又称严格责任，即生产者对于生产的缺陷产品无论有无过错，只要造成了他人的人身或财产损害，都应承担民事责任。但无过错责任并非绝对责任，并不意味着产品的生产者没有抗辩理由，它可以依据法律规定的条款免除责任。

3. 生产者的免责条件

《产品质量法》第四十一条第二款规定了生产者的免责事由，只要能证明其中之一即可免除损害赔偿责任：①未将产品投入流通的；②产品投入流通时引起的缺陷尚不存在的；③将产品投入流通时的科学技术水平尚不能发现缺陷的存在的，这种情况又称为开发风险或发展风险。对于上述情形的存在，生产者负有举证责任，即体现了举证责任倒置的原则。所谓举证责任倒置原则，是指在产品责任诉讼中，本应受害人举证侵害人的过错，但是由于产品责任是一种特殊的责任，受害人无力举证，因而实行由侵害人进行反证，提供证据证明自己没有过错，将举证责任倒置于侵害人。当侵害人不能对法律规定的免责条件进行有效的抗辩，提供有效证据时，法律则推定侵害人应承担责任，以保护受害人的合法权益。

4. 销售者的责任

销售者在两种情形下承担赔偿责任：一是销售者因过错使产品存在缺陷，造成人身、他人财产损害的，应当承担赔偿责任。过错，是行为人实施行为的某种主观意志状态，包括故意和过失。故意是指行为人明知自己的行为可能造成某种损害结果，希望或放任这种损害结果的发生。如销售者在出售的商品中掺杂使假或以假充真。过失，是指行为人应当预见但却轻信能够避免损害结果的发生，如销售者进货时没有认真检验产品质量，把不合格的产品投放市场销售。二是销售者不能指明缺陷产品的生产者，也不能指明缺陷产品的供货者的，应当承担赔偿责任。销售者在进货时应当依照法律的要求执行检查验收制度，验明产品合格证明和其他标识，包括生产厂厂名和厂址。如果销售者不能指明该缺陷产品的生产者和供货者，销售者就不能以证明自己没有过错而主张免责。这就是民法上的过错推定原则。法律明确规定销售者有义务知道生产者和供货者，销售者不知道或不能指明缺陷产品的生产者和供货者的，就推定销售者主观上有过错，应当承担赔偿责任。

5. 受害人的赔偿请求权和先行赔偿人的追偿权

（1）受害人的赔偿请求权。受害人是指因产品存在缺陷造成人身伤害、财产损失，有权要求赔偿的人，包括公民、法人和其他组织。受害人又可分为缺陷产品的买受人、使用人和其他受害人。

受害人因产品存在缺陷遭受人身伤害、财产损失后，可以向缺陷产品的生产者和销售者中的任何一方提出损害赔偿请求，也就是说，受害人享有选择赔偿人的权利。这种选择权由受害人根据自身的方便和利益决定，其目的是为了方便受害人进行诉讼，保护受害人的合法权益。

受害人在产品责任诉讼中也负有举证责任，主要有：①提供遭受损失的事实情况；②证明遭受损失是由于缺陷产品造成的，即损失与产品缺陷存在因果关系，但不要求证明产品存在缺陷的原因；③受害人需证明自己无过错，即证明自己是在正常状况下正当使用。

（2）先行赔偿人的追偿权。《产品质量法》规定，属于产品的生产者的责任，产品的销售者赔偿的，产品的销售者有权向产品的生产者追偿。属于产品的销售者的责任，产品的生产者赔偿的，产品的生产者有权向产品的销售者追偿，即在产品责任诉讼中，造成损害的缺陷产品的生产者或销售者先行承担损害赔偿后，先行赔偿的一方有权向负有责任的人追还所先行支付的赔偿费用。此种规定是为使受害人能够方便、及时、充分地获得赔偿提供相应保证。

6. 产品侵权责任的赔偿范围

（1）人身伤害的赔偿范围。人身伤害是指产品存在危及人身、财产安全的不合理的危险，造成消费者人身损害。包括身体疾病、肢体的损伤、残疾、死亡等。对人身的伤害一般分为三种情况：一般伤害、致人伤残、致人死亡。对于不同的损害，赔偿范围也不相同：

①一般伤害的赔偿范围。一般伤害是指伤害身体尚未造成残疾的。对于这种伤害，法律规定应当赔偿医疗费、治疗期间的护理费和因误工减少的收入等费用。

②致人残疾的赔偿范围。致人残疾是指伤害他人身体，造成残疾的情况。除应赔偿一般伤害应赔偿的医疗费、治疗期间的护理费和误工工资等全部费用以外，还应当赔偿残疾者生活自助具费、生活补助费、残疾赔偿金以及由其扶养的人所必需的生活费等费用。

③致人死亡的赔偿范围。因产品缺陷造成受害人死亡的，侵害人不仅要赔偿死者在治疗、抢救过程中所支付的医疗费用、治疗期间的护理费和误工工资等，还要赔偿丧葬费、死亡赔

偿金以及死者生前扶养的人所必需的生活费等费用。

（2）财产损失的赔偿范围。财产损失，是指侵害人因产品缺陷给受害人财产权益造成的损失。《产品质量法》规定因产品缺陷造成受害人财产损失的，侵害人应当恢复原状或者折价赔偿。受害人因此遭受其他重大损失的，侵害人应当赔偿损失。因此，侵害人对受害人所造成的财产损失，应赔偿直接损失和间接损失。

①直接损失。所谓直接损失，就是缺陷产品给受害人所造成的直接的财产上的损失，即实际损失。这种实际损失是可以以货币的形式计算的。直接损失不仅包括产品本身的损失，还包括与此有关的一些损失，即法律所称的"缺陷产品以外的其他财产的损害"。

②间接损失。即《产品质量法》所规定的"其他重大损失"，这里的"其他重大损失"就是指可得经济利益的间接损失。

（三）诉讼时效和请求权期间

1. 诉讼时效

（1）一般产品质量责任问题的诉讼时效期间。存在《产品质量法》第四十条规定的一般产品质量责任的，消费者可以依据《民法通则》第一百三十六条的规定"下列的诉讼时效期间为一年：……（二）出售质量不合格的商品未声明的……"向人民法院申请保护其合法权益，诉讼时效期限为1年。

（2）缺陷产品造成的损害赔偿问题的诉讼时效期间。《产品质量法》第四十五条规定："因产品存在缺陷造成损害要求赔偿的诉讼时效期间为二年，自当事人知道或者应当知道其权益受到损害时起计算……"

根据以上规定，因产品存在缺陷造成损害要求赔偿的诉讼时效的期间为2年。之所以这样规定，主要是因为产品缺陷致人损害有其特殊性，许多缺陷产品造成损害很难立即发现，可能要有一个潜伏期，为了使受害人有较长时间观察自己受害的程度和危害后果，有充分的时间准备诉讼，《产品质量法》作出了不同于《民法通则》的规定。根据特别法优于一般法的原则，因缺陷产品造成的损害赔偿的诉讼时效期间应当适用《产品质量法》2年的规定。

2. 请求权和请求权期间

请求权是指请求他人为或不为一定行为的权利。《产品质量法》第四十五条第二款规定，因产品存在缺陷造成损害要求赔偿的请求权，在造成损害的缺陷产品交付最初消费者满10年时丧失，但是，尚未超过明示的安全使用期的除外。这一规定参照了国际惯例。这样规定的理由是：

（1）因产品设计、制造上存在的缺陷，在产品投入流通、使用后10年内一般都会表现出来，受害人对因此受到的损害，应当及时行使索赔权。

（2）产品投入流通、使用后，其物理、化学性能都会发生很大变化，生产者对产品的安全使用期的担保，一般不超过产品出厂日期10年，且在10年当中生产工艺、技术水平等都有了很大的发展，如果要让生产者或者销售者承担超过10年以上的产品责任，不够公平，不利于他们的生产积极性和自身的发展，当然，生产者明示产品的安全期在10年以上的，不适用这一10年的规定。因此，在产品标识、产品说明等明示保证中，明确规定安全使用期超过10年的，在生产者明示担保的安全使用期内，受害人都有权要求赔偿。

根据法律规定，请求权自"缺陷产品交付最初消费者满10年丧失"。据此，交付最初消费者之日就是请求权期间的起算日。

（四）产品质量民事纠纷的处理办法

《产品质量法》第四十七条规定，因产品质量问题发生民事纠纷时，当事人可以通过协商或者调解解决。当事人不愿意通过协商、调解解决或者协商、调解不成的，可以根据当事人各方的协议向仲裁机构申请仲裁；当事人各方没有达成仲裁协议或者仲裁协议无效的，可以直接向人民法院起诉。

二、违反产品质量法的行政责任和刑事责任

（一）生产者、销售者的行政责任与刑事责任

《产品质量法》第四十九条至六十三条规定：生产者、销售者有下列行为之一的，由产品质量监管部门或其他行政机关给予行政处罚：生产、销售不符合保障人体健康和人身、财产安全的国家标准、行业标准的产品的；在产品中掺杂、掺假，以假充真，以次充好，或者以不合格产品冒充合格产品的；生产国家明令淘汰的产品的，销售国家明令淘汰并停止销售的产品的；销售失效、变质的产品的；伪造产品产地的，伪造或者冒用他人厂名、厂址的，伪造或者冒用认证标志等质量标志的；产品标识不符合产品质量法规定的；拒绝接受依法进行的产品质量监督检查的；隐匿、转移、变卖、损毁被产品质量监督部门或者工商行政管理部门查封、扣押的物品的；销售者未按照规定给予修理、更换、退货或赔偿损失的；等等。

行政处罚的种类包括责令停止生产、销售；没收违法生产、销售的产品；罚款；有违法所得的，并处没收违法所得；情节严重的，吊销营业执照。

上述各种行为，情节严重构成犯罪的，依法追究刑事责任。

（二）相关人员的行政责任和刑事责任

《产品质量法》规定，若知道或应当知道属于《产品质量法》禁止生产、销售的产品而为其提供运输、保管、仓储等便利条件，或为以假充真的产品提供制造生产技术的，没收全部运输、保管、仓储或提供制假生产技术的收入，并处违法收入百分之五十以上三倍以下的罚款；构成犯罪的，依法追究刑事责任。

服务业的经营者将《产品质量法》中规定禁止销售的产品用于经营性服务的，责令停止使用；对知道或者应当知道所使用的产品属于本法规定禁止销售的产品的，按照违法使用的产品（包括已使用和尚未使用的产品）的货值金额，依照本法对销售者进行处罚。

（三）检验、认证等社会中介机构的行政责任和刑事责任

《产品质量法》规定：产品质量检验机构、认证机构伪造检验结果或者出具虚假证明的，责令改正，对单位处以五万元以上十万元以下的罚款，对直接负责的主管人员和其他直接责任人员处以一万元以上五万元以下的罚款；有违法所得的，并处没收违法所得；情节严重的，取消其检验资格、认证资格；构成犯罪的，依法追究刑事责任。

产品质量检验机构、认证机构出具的检验结果或者证明不实，造成损失的，应当承担相应的赔偿责任；造成重大损失的，撤销其检验资格、认证资格。

产品质量监督部门在产品质量监督抽查中超过规定的数量索取样品或者向被检查人收取检验费用的；向社会推荐生产者的产品或者以监制、监销等方式参与产品经营活动的，由上级产品质量监督部门或者监察机关责令退还；情节严重的，对直接负责的主管人员和其他直接责任人员依法给予行政处分。

上述行为，构成犯罪的，依法追究刑事责任。

【案情分析】

（1）赵家可向该商场请求承担责任。《产品质量法》第四十三条规定，因产品存在缺陷造成人身、他人财产损害的，受害人可以向产品的生产者要求赔偿，也可以向产品的销售者要求赔偿。属于产品的生产者的责任，产品的销售者赔偿的，产品的销售者有权向产品的生产者追偿。属于产品的销售者的责任，产品的生产者赔偿的，产品的生产者有权向产品的销售者追偿。

（2）商场应承担侵权赔偿责任。因为造成了人身损害，所以超越了违约责任，应属于侵权责任。《产品质量法》第四十四条规定，因产品存在缺陷造成受害人人身伤害的，侵害人应当赔偿医疗费、治疗期间的护理费、因误工减少的收入等费用；造成残疾的，还应当支付残疾者生活自助具费、生活补助费、残疾赔偿金以及由其扶养的人所必需的生活费等费用；造成受害人死亡的，并应当支付丧葬费、死亡赔偿金以及由死者生前扶养的人所必需的生活费等费用。因产品存在缺陷造成受害人财产损失的，侵害人应当恢复原状或者折价赔偿。受害人因此遭受其他重大损失的，侵害人应当赔偿损失。

【习题与思考】

1. 甲公司售予乙商场一批玻璃花瓶，称花瓶上有不规则的抽象花纹，为新产品，乙商场接货后即行销售，后受到很多消费者投诉，消费者说花瓶上的花纹实际上是裂缝，花瓶漏水，要求乙商场退货并赔偿损失。乙商场与甲公司交涉，甲公司称此类花瓶是用于插装塑料花的，裂缝不影响使用，且有特殊的美学效果，拒绝承担责任。经查，消费者所述属实。下列答案中不正确的是（　　　）。

    A. 乙商场应予退换并赔偿损失

    B. 乙商场退换并赔偿损失后可向甲公司追偿

    C. 消费者丙被花瓶裂缝划伤，可向甲公司直接索赔

    D. 乙商场无过错，不应当对此负责

2. 某厂发运一批玻璃器皿，以印有"龙丰牌方便面"的纸箱包装，在运输过程中，由于装卸工未轻拿轻放而损坏若干件，该损失应由下列哪个部门承担（　　　）。

    A. 装卸工　　　　　　　　B. 装卸工的雇主

    C. 运输部门　　　　　　　D. 某厂

3. 一日，李女士在家中做饭时高压锅突然爆炸，李女士被炸飞的锅盖击中头部，抢救无效死亡。后据质量检测专家鉴定，高压锅发生爆炸的直接原因是设计不尽合理，使用时造成排气孔堵塞而发生爆炸，本案中，可以以下列何种依据判定生产者承担责任（　　　）。

    A. 产品存在的缺陷　　　　B. 产品买卖合同约定

    C. 产品默示担保条件　　　D. 产品明示担保条件

4. 某厂开发一种新型节能炉具，先后制造出 10 件样品，后样品中有 6 件丢失。2009 年某户居民的燃气罐发生爆炸，查明原因是使用了某厂丢失的 6 件样品炉具中的一件，而该炉具存在重大缺陷。该户居民要求某厂赔偿损失，某厂不同意赔偿，下列理由中哪一个最能支持某厂立场（　　　）。

    A. 该炉具尚未投入流通

B. 该户居民如何得到炉具的事实不清

C. 该户居民偷盗样品，由此造成的损失应由其自负

D. 该户居民应向提供给其炉具的人索赔

5. 某厂2009年生产了一种治疗腰肌劳损的频谱治疗仪投放市场，消费者甲购买了一部，用后腰肌劳损大大减轻，但却患上了偏头痛症，甲询问了这种治疗仪的其他用户，很多人都有类似反应。甲向某厂要求索赔。某厂对此十分重视，专门找专家作了鉴定，结论是：目前科学技术无法断定治疗仪与偏头痛之间存在关系。以下哪种观点正确（　　　）。

A. 本着公平原则，某厂应予适当赔偿

B. 因出现不良反应的用户众多，应将争议搁置，待科技发展到能够作出明确结论时再处理

C. 该治疗仪的功能是治疗腰肌劳损，该功能完全具备，至于其他副作用是治疗中不可避免的，该厂可不负责任

D. 由于治疗仪投入流通时的科学技术水平不能发现缺陷的存在，某厂不能承担赔偿责任

第十章　企业劳动合同法

第一节　劳动合同的订立

【案情摘要】

王某应聘某公司的销售职位，经面试合格。某公司与其约定：试用期为 1 年，试用期工资为 1 500 元，试用期满后由公司根据王某的工作表现决定是否录用。正式录用后，签订 3 年的劳动合同，工资为 2 500 元，开始享受各种保险待遇。王某开始从事销售工作。在试用期内某日，王某在外出拜访客户途中，遭遇交通意外，胳膊轻微骨折。王某伤愈后要求公司支付其医疗费，该公司以王某在试用期，非正式员工为由，拒绝支付医疗费，并与王某解除了劳动合同。王某遂向劳动争议仲裁委员会提请仲裁，要求该公司支付医疗费并继续履行合同。

【涉及法律问题】

1. 劳动合同的签订。
2. 试用期的期限。
3. 试用期的工资标准。
4. 试用期的工伤是否受法律保护。

【学理解释】

一、劳动合同的订立

《劳动合同法》是为了完善劳动合同制度，明确劳动合同双方当事人的权利和义务，保护劳动者的合法权益而制定的部门法。《劳动合同法》第十条规定：建立劳动关系，应当订立书面合同。已建立劳动关系，未同时订立书面劳动合同的，应当自用工之日起一个月内订立书面劳动合同。用人单位与劳动者在用工前订立劳动合同的，劳动关系自用工之日起建立。

用人单位自用工之日起超过 1 个月未满 1 年未与劳动者订立书面劳动合同的，应向劳动者每月支付 2 倍的工资，并且与劳动者补订书面劳动合同。《劳动合同法实施条例》第六条第二款规定，用人单位向劳动者支付 2 倍工资的起算时间为用工之日起满 1 个月的次日，截止时间为补订劳动合同的前一日。用人单位自用工之日起超过 1 年未与劳动者订立书面劳动合同的，自用工之日起满 1 个月的次日至满 1 年的前一日应当向劳动者每月支付 2 倍的工资，并视为自用工之日起满 1 年的当日已经与劳动者订立无固定期限劳动合同，应当立即与劳动者补订书面劳动合同。

二、劳动合同的种类

劳动合同分为固定期限劳动合同、无固定期限劳动合同和以完成一定工作任务为期限的劳动合同。

1. 固定期限劳动合同

固定期限劳动合同是指用人单位与劳动者约定合同终止时间的劳动合同。用人单位与劳动者协商一致，可以订立固定期限劳动合同。

2. 无固定期限劳动合同

无固定期限劳动合同是指用人单位与劳动者约定无确定终止时间的劳动合同。用人单位与劳动者协商一致，可以订立无固定期限劳动合同。根据《劳动合同法》第十四条规定，只要出现了本条规定的三种情形，在劳动者主动提出续订劳动合同或者用人单位提出续订劳动合同劳动者同意的情况下，就应当订立无固定期限劳动合同。这种续订劳动合同意愿的主动权掌握在劳动者手中，无论用人单位是否同意续订劳动合同，只要劳动者提出，用人单位就必须同意续订，而且是订立无固定期限劳动合同。如果用人单位提出续订劳动合同，劳动者有权不同意。劳动者同意的，应当订立无固定期限劳动合同。这三种情形如下：

（1）劳动者已在该用人单位连续工作满十年的。签订无固定期限劳动合同的劳动者必须在同一单位连续工作了十年以上，是这个情形的最基本的内容。具体是指劳动者与同一用人单位签订的劳动合同的期限不间断达到十年。如有的劳动者在用人单位工作五年后，离职到别的单位去工作了两年，然后又回到了这个用人单位工作五年，虽然累计时间达到了十年，但是劳动合同期限有所间断，不符合"在该用人单位连续工作满十年"的条件。劳动者工作时间不足十年的，即使提出订立无固定期限劳动合同，用人单位也有权不接受。而根据《劳动合同法实施条例》第十一条规定，除劳动者与用人单位协商一致的情形外，劳动者依照《劳动合同法》第十四条第二款的规定，提出订立无固定期限劳动合同的，用人单位应当与其订立无固定期限劳动合同。对劳动合同的内容，双方应当按照合法、公平、平等自愿、协商一致、诚实信用的原则协商确定；对协商不一致的内容，依照《劳动合同法》第十八条的规定执行。

（2）用人单位初次实行劳动合同制度或者国有企业改制重新订立劳动合同时，劳动者在该用人单位连续工作满十年且距法定退休年龄不足十年的。

（3）连续订立二次固定期限劳动合同且劳动者没有本法第三十九条规定的情形续订劳动合同的。

根据这一项规定，在劳动者没有《劳动合同法》第三十九条规定的用人单位可以解除劳动合同的情形下，如果用人单位与劳动者签订了一次固定期限劳动合同，在签订第二次固定期限劳动合同时，就意味着下一次必须签订无固定期限劳动合同。所以在第一次劳动合同期满，用人单位与劳动者准备订立第二次固定期限劳动合同时，应当作出慎重考虑。

3. 以完成一定工作任务为期限的劳动合同

以完成一定工作任务为期限的劳动合同是指用人单位与劳动者约定以某项工作的完成为合同期限的劳动合同。这种劳动合同实际上属于特殊的定期劳动合同。它的特点是，既不是没有期限，也不是有确定的具体时间期限，而是以合同中规定的工作任务的完成为合同期限届满的有效期限。

三、劳动合同的内容

《劳动合同法》第十七条规定，劳动合同应当具备以下条款：

（一）用人单位的名称、住所和法定代表人或者主要负责人；

（二）劳动者的姓名、住址和居民身份证或者其他有效身份证件号码；

（三）劳动合同期限；

（四）工作内容和工作地点；

（五）工作时间和休息休假；

（六）劳动报酬；

（七）社会保险；

（八）劳动保护、劳动条件和职业危害防护；

（九）法律、法规规定应当纳入劳动合同的其他事项。

劳动合同除前款规定的必备条款外，用人单位与劳动者可以约定试用期、培训、保守秘密、补充保险和福利待遇等其他事项。

劳动合同的条款包括必备条款和补充条款两部分。必备条款是劳动合同必须具备的内容，必备条款中有些是由法律规范规定的，是劳动合同当事人必须规定的法定内容；也有一些是由劳动合同当事人协商议定的内容。补充条款并不是劳动合同成立必备的条件，缺少了补充条款的劳动合同依然能够成立，补充条款都是当事人议定的内容。

四、试用期的相关规定

试用期是指用人单位对新招收职工的思想品德、劳动态度、实际工作能力、身体情况等进行进一步考察的时间期限。试用期内，劳动关系处于非正式状态，试用期制度的设立有助于用人单位防范用工风险，也有利于劳动者防范劳动风险。

《劳动合同法》中关于试用期的规定主要有以下几条：

第十九条，劳动合同期限三个月以上不满一年的，试用期不得超过一个月；劳动合同期限一年以上不满三年的，试用期不得超过二个月；三年以上固定期限和无固定期限的劳动合同，试用期不得超过六个月。

同一用人单位与同一劳动者只能约定一次试用期。

以完成一定工作任务为期限的劳动合同或者劳动合同期限不满三个月的，不得约定试用期。

试用期包含在劳动合同期限内。劳动合同仅约定试用期的，试用期不成立，该期限为劳动合同期限。

第二十条，劳动者在试用期的工资不得低于本单位相同岗位最低档工资或者劳动合同约定工资的百分之八十，并不得低于用人单位所在地的最低工资标准。

第二十一条，在试用期中，除劳动者有本法第三十九条和第四十条第一项、第二项规定的情形外，用人单位不得解除劳动合同。用人单位在试用期解除劳动合同的，应当向劳动者说明理由。

解读以上几条，我们可以总结为：

（一）部分劳动合同不得约定试用期

并非所有的劳动合同均可约定试用期，根据《劳动合同法》的规定，以下三类劳动合同不得约定试用期：①短期劳动合同，即合同期限不满三个月的劳动合同；②以完成一定工作任务为期限的劳动合同，即用人单位与劳动者约定以某项工作的完成为合同期限的劳动合同；③非全日制用工劳动合同，非全日制用工是指以小时计酬为主，劳动者在同一用人单位一般平均每日工作时间不超过四小时，每周工作时间累计不超过二十四小时的用工形式。

（二）试用期不能单独设定

劳动合同中仅约定试用期的，该试用期条款不生效，试用期限为合同期限。

（三）试用期只能适用一次

实践中某些用人单位对劳动者反复约定试用期，反复试用，《劳动合同法》对此也有明确禁止，即"同一用人单位与同一劳动者只能约定一次试用期"，不过该规定在实践中遇到一些操作上的问题。

（1）劳动者与用人单位解除劳动合同后，又重新与该用人单位建立劳动关系的，是否再次约定试用期？从《劳动合同法》的规定来看，同一用人单位与同一劳动者只能约定一次试用期，并无例外规定，故应当理解为不允许例外情形的出现。

（2）如果用人单位与劳动者约定的试用期低于试用期的法定上限，是否可以延长试用期？比如劳动合同期限为三年，约定的试用期为3个月，在3个月的试用期内，用人单位可以与劳动者协商一致将试用期从3个月变更为6个月，这属于试用期的变更，可以理解为双方只约定了一次试用期，并不违反劳动合同法关于试用期的规定；如果3个月的试用期已经届满，则不能再将试用期延长至6个月，因为双方约定的试用期已经结束，此时如果再将试用期延长至6个月的话，相当于再约定一次试用期，与劳动合同法相悖。

（3）劳动者转岗或升职后，能否再次约定试用期？用人单位此时可以与劳动者约定转岗考察期之类的期限，在该期限内，如果劳动者能够胜任新岗位工作的话，则予以转正；如果不能胜任的话，则可以回到原先的岗位。

（四）试用期的期限规定

（1）劳动合同期限 <3 个月，试用期 =0。

（2）3 个月≤劳动合同期限 <1 年，试用期≤1 个月。

（3）1 年≤劳动合同期限 <3 年，试用期≤2 个月。

（4）3 年≤劳动合同期限，试用期≤6 个月。

（5）劳动合同期限为无固定期限，试用期≤6 个月。

（五）试用期工资的规定

（1）选择性下限：试用期工资不得低于本单位相同岗位最低档工资的80%，或者不得低于劳动合同约定工资的80%，满足二者之一即可。

（2）强制性下限：试用期工资不得低于用人单位所在地的最低工资标准。

（六）试用期约定违法的法律后果

《劳动合同法》第八十三条规定："用人单位违反本法规定与劳动者约定试用期的，由劳动行政部门责令改正；违法约定的试用期已经履行的，由用人单位以劳动者试用期满月工资为标准，按已经履行的超过法定试用期的期间向劳动者支付赔偿金。"

五、在试用期内如何与员工解除劳动合同

依据《劳动合同法》第二十一条之规定，试用期内用人单位可以单方解除劳动合同的情形如下：

（1）用人单位以劳动者被证明不符合录用条件为由解除合同，此时，用人单位无需支付经济补偿。

（2）劳动者有过错而解除劳动合同，包括：①严重违反用人单位的规章制度的；②严重失职，营私舞弊，给用人单位造成重大损害的；③劳动者同时与其他用人单位建立劳动关系，对完成本单位的工作任务造成严重影响，或者经用人单位提出，拒不改正的；④劳动者以欺诈、胁迫的手段或者乘人之危，使用人单位在违背真实意思的情况下订立或者变更劳动合同，使劳动合同无效的；⑤劳动者被依法追究刑事责任的。用人单位以如上情形为由解除劳动合同，亦无需支付经济补偿。

（3）劳动者非过错而解除劳动合同，包括：①劳动者患病或者非因工负伤，在规定的医疗期满后不能从事原工作，也不能从事由用人单位另行安排的工作；②劳动者不能胜任工作，经过培训或者调整工作岗位，仍不能胜任工作。此种情形下，用人单位解除劳动合同，应当支付经济补偿。此外，用人单位还需提前 30 日书面通知劳动者本人或支付相当于一个月工资的代通知金。

六、以"不符合录用条件"解除劳动合同的风险控制

在试用期内用人单位解除劳动合同的八种情形中，以不符合录用条件为由解除劳动合同是最为常见的一种。制定清晰、具体的录用条件，不仅为用人单位解除与处于试用期的劳动者的劳动合同提供了合法依据，也是降低用工风险的有效措施。

（一）实体控制

录用条件是应聘者符合某一职位的具体要求所包括的全部条件。录用条件的设定是试用期解除劳动合同的关键，如果用人单位以不符合录用条件为由解除与劳动者的劳动合同，那么必须事先有明确的录用条件，而且要让劳动者知晓。

从证据的角度来看，试用期间劳动者不符合录用条件，用人单位对此负有举证责任，如果录用条件中缺少可量化的标准，用人单位将很难证明自己的主张，往往面临败诉的风险。

录用条件应当包括资质条件、工作能力条件以及专业道德条件三方面的内容。资质条件主要包括学历学位、工作经历、技术职称或资格、外语水平等硬件要求。对于所有的劳动者均应具备的基本条件，比如诚实守信，不负竞业限制义务等具有共性的录用条件，可以在规章制度中规定；对于每个岗位自身所需的特殊要求，比如学历要求、技能要求等，应单独设定。

用人单位通常可以设定如下一些常用的录用条件：不具备政府规定的就业手续；无法提供办理录用、社会保险等所需要的证明材料；不能胜任用人单位安排的工作任务和岗位职责；患有精神病或按国家法律法规规定应禁止工作的传染病；与原用人单位未依法解除、终止劳动关系；与原用人单位存在竞业限制约定且仍在限制范围之内；通缉在案或者被取保候审、监视居住；未经单位书面许可不按约定时间到岗；入职后不同意购买社会保险；隐瞒曾经受过法律处罚或者纪律处分的事实。

（二）试用期解除的程序控制

（1）明示录用条件。用人单位与劳动者签订劳动合同之前可以制作"录用条件确认函"，也可以将录用条件作为劳动合同的附件。

（2）应当向劳动者说明理由，一般应采取书面说明的方式。

（3）经过工会程序。《劳动合同法》第四十三条规定："用人单位单方解除劳动合同，应当事先将理由通知工会。用人单位违反法律、行政法规规定或者劳动合同约定的，工会有权要求用人单位纠正。用人单位应当研究工会的意见，并将处理结果书面通知工会。"可见，解雇员工的最终决定权还在用人单位手里。

（4）时间限制。用人单位在试用期内以不符合录用条件为由解除劳动合同，可以随时通知劳动者解除，而不需要提前通知。这一点与劳动者在试用期内解除劳动合同有很大不同，劳动者在试用期内解除劳动合同，需要提前三天通知用人单位。

以不符合录用条件为由解除劳动合同，解除决定必须在试用期内作出并送达劳动者，这也意味着试用期评估也应当提前，尽量不要在试用期即将届满时才进行，要预留出充裕的时间。

七、《劳动合同法》对于违约金的规定

所谓违约金是指当事人预先约定，一方不履行或不适当履行债务时，应按照一定的计算标准向对方支付一定数额的金钱。违约金可以理解为对债的一种担保，也是对违约行为的一种经济制裁，设立违约金是为了保证债的履行。当事人订立的各类合同一般均有违约金的约定，用人单位和劳动者签订的劳动合同中也多有劳动者承担违约金的规定，有的约定一个固定的数额，有的则按剩余工作年限工资数计算。那么，在《劳动合同法》实施之后，劳动合同中约定违约金还是否有效呢，这要分不同的情况进行分析。

（一）基本原则：劳动者不承担违约金

《劳动合同法》第二十五条明确规定，除了《劳动合同法》规定的两种特殊情形外，用人单位不得与劳动者约定由劳动者承担违约金。这样的规定，对于人才的合理流动，以及促进用人单位自身完善人才激励约束机制，真正实现人力资本的价值都是具有积极意义的。如果在劳动合同中约定了违约金，也是无效的，劳动者无须支付。

（二）可以约定用人单位承担违约金

《劳动合同法》第二十五条规定的只是"不得约定由劳动者承担违约金"，并没有限制用人单位违约应承担的违约金，也就是说，双方可以协商一致后在劳动合同中约定用人单位应承担的违约金。不过从就业的形势和长期以来形成的用人单位的主导地位而言，很难约定用人单位向劳动者承担违约金。

（三）可以约定劳动者承担违约金的情形

可以约定劳动者承担违约金的情形有两种：一种是用人单位为劳动者提供专项培训费用，对其进行专业技术培训的，一种是有竞业限制要求的。

如果用人单位为劳动者提供专项培训费用，进行专业技术培训，用人单位可以和劳动者订立协议，约定服务期。劳动者违反服务期约定的，应当按照约定向用人单位支付违约金。但违约金的数额不得超过用人单位提供的培训费用。用人单位要求劳动者支付的违约金不得超过服务期尚未履行部分所应分摊的培训费用。

对负有保密义务的劳动者，用人单位可以在劳动合同或者保密协议中与劳动者约定竞业限制条款，竞业限制期限不得超过2年。劳动者违反竞业限制约定的，应当按照约定向用人单位支付违约金。当然，用人单位在竞业限制期限内须按月给予劳动者经济补偿。

八、《劳动合同法》对于竞业限制的规定

竞业限制是指用人单位对本单位关键岗位、掌握本单位重要商业秘密的员工通过一定方式约定在其劳动关系存续期间和终止或解除劳动合同后一定期限内不得到生产同类产品或经营同类业务且有竞争关系的其他单位从事相同的职业或自行生产同类产品或经营同类业务的一种限制，而用人单位为此要付出一定的经济补偿。

（1）竞业限制主体。《劳动合同法》第二十三条规定，竞业限制的主体是"负有保密义务的劳动者"，第二十四条规定"竞业限制的人员限于用人单位的高级管理人员、高级技术人员和其他负有保密义务的人员"，明确了竞业限制的主体，而在日常工作中没有接触到公司的商业秘密的人，不适用该条款，也不需要签订竞业限制条款。另外，我国《公司法》第一百四十九条第五项规定：董事、高级管理人员未经股东会或者股东大会同意，不得利用职务便利为自己或者他人谋取属于公司的商业机会，自营或者为他人经营与所在任职公司同类的业务。

（2）竞业限制的适用范围。主要包括两类：一类是商业秘密范围的界定，本文在上述条款中已作具体陈述，具体的详细条款，需要用人单位根据《劳动合同法》、《民法通则》等法律条款作出详细的界定，用人单位应制定有关保护商业秘密的规章制度，明确哪些技术信息和经营信息属于应保护的商业秘密，并采取相应的保密措施加以防范，不能将该行业的一般知识技能和专业技能都纳入商业秘密的具体范围；另一类是竞业限制的从业范围。《劳动合同法》第二十四条规定，可以分为两类：①不得参与同类企业，即"劳动者不得到与本单位生产或者经营同类产品、从事同类业务的有竞争关系的其他用人单位"；②不得自己开设同类的公司，即"自己开业生产或者经营同类产品、从事同类业务的竞业限制期限"。

（3）竞业限制约定的形式。《劳动合同法》规定，劳动合同的签订应当遵循平等自愿、协商一致的原则。合同法中也有公平、自愿、诚实信用原则的规定，无论签订劳动合同或订立竞业限制条款都必须遵循这个基本原则，违背了这个原则，所订立的条款或合同无效。《劳动合同法》第二十四条规定竞业限制的范围、地点、期限由用人单位与劳动者约定，竞业限制的约定不得违反法律法规的规定。因此合同双方应在平等、自愿、协商一致的基础上签订劳动合同，并且签订的形式也必须是以书面形式、在劳动合同或者保密协议中约定。

（4）竞业限制的补偿。用人单位与劳动者签订了竞业限制的合同，根据《劳动合同法》规定，用人单位要支付相应的费用，这体现了公平原则，也是实行同业竞业限制的一项重要的内容。一般来说，劳动者因不能从事自己擅长专业或所熟练的工作，收入或生活质量会不同程度降低。而用人单位会因为劳动者未参加该行业的劳动或竞争，可能现时或潜在地从中获取相应的商业利益。合同双方应在合同中明确补偿的数额或计算方式、支付方式等。对于支付方式，《劳动合同法》第二十三条规定，在竞业限制期限内按月给予劳动者经济补偿，对于经济补偿金额的数额，《劳动合同法》没有作出相应的规定，各地的规定是不相同的，劳动合同或者保密合同有效的先决条件是用人单位必须履行给付补偿金的义务，否则员工可依据先履行抗辩权，不履行同业竞业限制的义务。

（5）竞业限制的期限。在国外竞业限制期限的规定中，一般是 3 年，最多不超过 5 年，在高新技术领域不超过 1 年，我国的《劳动合同法》第二十四条规定竞业限制的期限不得超过 2 年，因此，用人单位和劳动者约定的期限不得超过法定最长的期限。我国竞业限制期限的制定过程中事实上鼓励了科技人员、高层经营人员的正常流动，一定程度上起到了均衡企业与劳动者利益，使更多科技人员既能充分发挥劳动者的聪明才智，又能为社会多作贡献，并在深层次上保护企业正当的技术和经营信息，保障企业获得合法的垄断利益。

（6）违反竞业限制的处罚标准。劳动合同解除或者终止后，用人单位依约支付了经济补偿金，竞业限制条款和保密协议就生效了，如果劳动者违约了，则必须承担相应的违约责任，违约责任要通过事先约定加以明确。《劳动合同法》第二十三条规定，用人单位和劳动者事先在劳动合同或保密协议中约定劳动者违反竞业限制条款时需要支付的金额。若因违约行为侵犯了用人单位的商业秘密造成了损害，违约者还应承担相应的赔偿责任。《劳动合同法》第九十条规定，劳动者违反本法规定解除劳动合同，或者违反劳动合同中约定的保密义务或者竞业限制，给用人单位造成损失的，应当承担赔偿责任。

（7）新用人单位的责任。《劳动合同法》第九十一条规定，用人单位招用与其他用人单位尚未解除或者终止劳动合同的劳动者，给其他用人单位造成损失的，应当承担连带赔偿责任。事实上，《劳动合同法》规定新用人单位不论是否知道劳动者违反了与原单位的竞业限制约定，都已经构成了侵权，违反竞业限制成为侵权必要的程序或手段，因此，新用人单位和劳动者应连带承担包括竞业限制责任在内的侵权责任，这一规定也给新的用人单位增加了更多的用人风险。

【案情分析】

结合本案，该公司欲与王某签订 3 年期合同，则试用期不得超过 6 个月。试用期工资为 1 500 元，试用期满后的工资为 2 500 元。如果该单位履行 1 年试用期，则该用人单位应当从第七个月开始每月按照 2 500 元的标准支付王某赔偿金 10 000 元（2 500 元 × 4 个月），该赔偿金不包含用人单位已经支付的工资 18 000 元（1 500 元 × 12 个月）。也就是说该用人单位不但未获得任何益处，还白搭了 6 个月的试用期工资 9 000 元（1 500 × 6 个月）。

第二节　劳动合同的变更

【案情摘要】

吴某与某公司签订了劳动合同，吴某在该公司担任销售经理，月薪 7 000 元，期限为 3 年。半年后，由于吴某销售业绩不佳，公司遂以此为由，将吴某的月薪降为 5000 元。吴某不服，以该公司擅自变更劳动合同为由，向劳动争议仲裁委员会提起仲裁，要求该公司继续履行合同。

【涉及法律问题】

劳动合同变更的条件。

【学理解释】

一、劳动合同变更的定义

《劳动合同法》第三十五条规定：用人单位与劳动者协商一致，可以变更劳动合同约定的内容。变更劳动合同，应当采用书面形式。变更后的劳动合同文本由用人单位和劳动者各执一份。

劳动合同的变更是指劳动合同依法订立后，在合同尚未履行或者尚未履行完毕之前，经用人单位和劳动者双方当事人协商同意，对劳动合同内容作部分修改、补充或者删减的法律行为。劳动合同的变更是在原合同的基础上对原劳动合同内容作部分修改、补充或者删减，而不是签订新的劳动合同。原劳动合同未变更的部分仍然有效，变更后的内容就取代了原合同的相关内容，新达成的变更协议条款与原合同中其他条款具有同等法律效力，对双方当事人都有约束力。

劳动合同的变更是原劳动合同的派生，是双方已存在的劳动权利义务关系的发展。根据《劳动合同法》第十六条和第三条的规定，劳动合同由用人单位与劳动者协调一致，并经用人单位与劳动者在劳动合同文本上签字或者盖章生效。因此，劳动合同一经依法订立，即具有法律约束力，受法律保护，双方当事人应当严格履行，任何一方不得随意变更劳动合同约定的内容。但是，当事人在订立合同时，不可能对涉及合同的所有问题都作出明确的规定；合同订立后，在履行劳动合同的过程中，由于社会生活和市场条件的不断变化，订立劳动合同所依据的客观情况发生变化，使得劳动合同难以履行或者难以全面履行，或者合同的履行可能造成当事人之间权利义务的不平衡，这就需要用人单位和劳动者双方对劳动合同的部分内容进行适当的调整。否则，在劳动合同与实际情况相脱节的情况下，若继续履行，有可能会对当事人的正当利益造成损害。因此，本法允许当事人在一定条件下可以变更劳动合同。双方当事人可以依据有关法律、法规的规定，经协商一致，就劳动合同的部分条款进行修改、补充或者删减，通过对双方权利义务关系重新进行调整和规定，使劳动合同适应变化发展了的新情况，从而保证劳动合同的继续履行。

二、劳动合同变更的情形

（1）根据劳动合同法的规定，在一般情况下，只要用人单位与劳动者协商一致，即可变更劳动合同约定的内容。这就是说：首先，劳动合同是劳动关系双方协商达成的协议，当然也可以协商变更；对于劳动合同约定的内容，都可以经协商一致予以变更。其次，对变更劳动合同，用人单位和劳动者之间应当采取自愿协商的方式，不允许合同的一方当事人未经协商单方变更劳动合同。一方当事人未经对方当事人同意任意改变合同内容的，在法律上是无效行为，变更后的内容对另一方没有约束力，而且这种擅自改变合同的做法也是一种违约行为。再次，劳动合同的变更只是对原劳动合同的部分内容作修改、补充或者删减，而不是对合同内容的全部变更。对劳动合同所要变更的部分内容，当事人双方通过协商后，必须达成一致。如果在协商过程中，有任何一方当事人不同意所要变更的内容，则就该部分内容的合同变更就不能成立，原有的合同就依然具有法律效力。最后，在变更过程中必须遵循与订立劳动合同时同样的原则，即遵循合法、公平、平等自愿、协商一致、诚实信用的原则。

（2）根据《劳动合同法》第四十条第三款的规定，劳动合同订立时所依据的客观情况发生重大变化，致使劳动合同无法履行，经用人单位与劳动者协商，未能就变更劳动合同内容达成协议的，用人单位在提前三十日以书面形式通知劳动者本人或者额外支付劳动者一个月工资后，可以解除劳动合同。由此可以确定，劳动合同订立时所依据的客观情况发生重大变化，是劳动合同变更的一个重要事由。

所谓"劳动合同订立时所依据的客观情况发生重大变化"，主要是指：

（1）订立劳动合同所依据的法律、法规已经修改或者废止。劳动合同的签订和履行必须以不得违反法律、法规的规定为前提。如果合同签订时所依据的法律、法规发生修改或者废止，而合同不变更，就可能出现与法律、法规不相符甚至违反法律、法规的情况，导致合同因违法而无效。因此，根据法律、法规的变化而变更劳动合同的相关内容是必要而且是必须的。

（2）用人单位方面的原因。如用人单位经上级主管部门批准或者根据市场变化决定转产、调整生产任务或者生产经营项目等。用人单位的生产经营不是一成不变的，而是根据上级主管部门批准或者根据市场变化可能会经常调整自己的经营策略和产品结构，这就不可避免地发生转产、调整生产任务或者生产经营项目的情况。在这些情况下，有些工种、产品生产岗位就可能因此而撤销，或者为其他新的工种、岗位所替代，原劳动合同就可能因签订条件的改变而发生变更。

（3）劳动者方面的原因。如劳动者的身体健康状况发生变化、劳动能力部分丧失、所在岗位与其职业技能不相适应、职业技能提高了一定等级等，造成原劳动合同不能履行或者如果继续履行原合同规定的义务对劳动者明显不公平。

（4）客观方面的原因。包含两种情形：①由于不可抗力的发生，使得原来合同的履行成为不可能或者失去意义。不可抗力是指当事人所不能预见、不能避免并不能克服的客观情况，如自然灾害、意外事故、战争等。②由于物价大幅度上升等客观经济情况变化致使劳动合同的履行会花费太大代价而失去经济上的价值。这是民法中的情势变更原则在劳动合同履行中的运用。

三、劳动合同变更时应注意的问题

（1）必须在劳动合同依法订立之后，在合同没有履行或者尚未履行完毕之前的有效时间内进行。

（2）必须坚持平等自愿、协商一致的原则，即劳动合同的变更必须经用人单位和劳动者双方当事人的同意。平等自愿、协商一致是劳动合同订立的原则，也是其变更应遵循的原则。劳动合同允许变更，但不允许单方变更，任何单方变更劳动合同的行为都是无效的。

（3）必须合法，不得违反法律、法规的强制性规定。劳动合同变更也并非是任意的，用人单位和劳动者约定的变更内容必须符合国家法律、法规的相关规定。

（4）变更劳动合同必须采用书面形式。劳动合同双方当事人经协商后对劳动合同中的约定内容的变更达成一致意见时，必须达成变更劳动合同的书面协议，任何口头形式达成的变更协议都是无效的。劳动合同变更的书面协议应当指明对劳动合同的哪些条款作出变更，并应订明劳动合同变更协议生效日期，书面协议经用人单位和劳动者双方当事人签字盖章后生效。本条的这一规定，是为了避免劳动合同双方当事人因劳动合同的变更问题而产生劳动争议。

（5）劳动合同的变更也要及时进行。提出变更劳动合同的主体可以是用人单位，也可以是劳动者，无论是哪一方要求变更劳动合同的，都应当及时向对方提出变更劳动合同的要求，说明变更劳动合同的理由、内容和条件等。当事人一方得知对方变更劳动合同的要求后，应在对方规定的合理期限内及时作出答复，不得对对方提出的变更劳动合同的要求置之不理。因为根据《劳动法》第二十六条和《劳动合同法》第四十条的规定，劳动合同订立时所依据的客观情况发生重大变化，致使劳动合同无法履行，如果用人单位经与劳动者协商，未能就变更劳动合同内容达成协议的，用人单位可以单方解除劳动合同。

【案情分析】

本案争议的焦点是：单位能否单方变更劳动合同？

劳动合同一经订立就具有法律效力，双方当事人必须全面履行劳动合同所规定的义务。但在实践中，当事人在订立合同时，有时不可能对涉及合同的所有问题都作出明确的规定，且由于客观情况的不断变化，会出现劳动合同难以履行，或者合同的履行可能造成当事人之间权利义务的不平衡，这就需要用人单位和劳动者双方对劳动合同的部分内容进行适当的调整。因此《劳动合同法》允许当事人在一定条件下变更劳动合同，但要符合法定的条件和程序。任何一方不得随意单方变更劳动合同。

根据《劳动合同法》的规定，在一般情况下，只要用人单位与劳动者协商一致，即可变更劳动合同约定的内容；另外，根据《劳动合同法》第四十条第三款的规定，劳动合同订立时所依据的客观情况发生重大变化，是劳动合同变更的一个重要的法律事由。而且，变更劳动合同应采用书面形式，变更后的文本应由双方各执一份。

因此，本案中单位的单方变更行为是无效的。

第三节 劳动合同的解除

【案情摘要】

小赵和小李于 2005 年 4 月 15 日一起入职某公司，月薪人民币 4 000 元，劳动合同每年一签。2007 年 4 月 15 日，公司与小赵与小李又签订了一年期限的劳动合同，合同期限自 2007 年 4 月 15 日至 2008 年 4 月 14 日。

请问：

（1）2008 年 4 月 14 日，劳动合同期满，公司决定不再与小赵续订劳动合同，公司是否需向小赵支付经济补偿金？如何支付？

（2）2008 年 3 月 30 日，即劳动合同期满前，公司违法强行与小李解除劳动合同，该如何支付经济补偿?

【涉及法律问题】
劳动合同的解除。

【学理解释】
劳动合同的解除，是指当事人双方提前终止劳动合同的法律效力，解除双方的权利义务关系。劳动合同的解除分为双方协商解除与单方解除，其中单方解除又分为劳动者单方解除和单位单方解除。

一、双方协商解除劳动合同
劳动合同是经过劳动关系双方在平等、自愿、协商一致的基础上依法订立的，具有法律约束力。依据法律的规定，经用人单位与劳动者协商一致可以解除劳动合同。《劳动合同法》第三十六条规定：用人单位与劳动者协商一致，可以解除劳动合同。

二、单方解除劳动合同
（一）劳动者单方解除劳动合同
1. 在一般情况下（非试用期）解除劳动合同

《劳动合同法》第三十七条规定：劳动者提前三十日以书面形式通知用人单位，可以解除劳动合同。劳动者在试用期内提前三日通知用人单位，可以解除劳动合同。也就是如果试用期解除只需要提前3天通知，而试用期满后劳动者解除劳动合同，不仅必须通知用人单位，而且必须做到：提前30日通知、以书面形式通知。法律在保障劳动者择业的同时，不排除违反劳动合同约定者依法承担赔偿责任。这里的"赔偿责任"指因劳动者违反劳动合同约定给用人单位造成的实际经济损失，包括招聘费、培训费、对生产经营造成的直接经济损失、劳动合同约定的其他赔偿费用。

2. 试用期内的解除

劳动者在试用期内，发现用人单位的实际情况与其介绍的情况不符合，或认为工作岗位不是自己的兴趣所在，无须继续履行合同的，可以提前3日告知用人单位予以解除劳动合同。

3. 随时通知用人单位解除

用人单位有下列情形的，劳动者可随时通知用人单位解除劳动合同：

（1）用人单位未按照劳动合同的约定提供劳动保护或者劳动条件，其行为侵犯了劳动者的权益，是明显的违反劳动合同行为，劳动者可随时解除劳动合同。

（2）用人单位未及时足额支付劳动者报酬（包括延期支付、少付、不付劳动报酬等），劳动者享有随时解除劳动合同的权利。用人单位如克扣或者无故拖欠劳动者的工资的，以及拒不支付劳动者延长工作时间工作报酬的，除在法定时间内全额支付劳动者工资外，还需要加发相当于工资报酬25%的经济补偿金。

（3）用人单位未依法为劳动者缴纳社会保险，劳动者可随时解除劳动合同。我国目前实行的养老、医疗、失业、工伤和生育保险中，养老、医疗、失业保险待遇由国家、用人单位和劳动者个人三方负担。工伤和生育保险由用人单位缴纳，劳动者不缴纳。

（4）用人单位的规章制度违反法律、法规的规定损害劳动者权益，劳动者可随时解除劳动合同。

（5）用人单位以欺诈、胁迫手段或者乘人之危，使劳动者在违背真实意思的情况下订立或者变更劳动合同，劳动者可随时解除劳动合同。

此外，用人单位以暴力、威胁或者非法限制人身自由的手段强迫劳动者劳动的，或者用人单位违章指挥、强令冒险作业危及劳动者人身安全的，劳动者可以立即解除劳动合同，不需事先告知用人单位。

（二）用人单位单方解除合同

1. 过失性辞退

所谓的过失性辞退是指劳动者在劳动过程中，存在法定的过失情节，用人单位可以单方解除劳动合同，无需承担任何解除劳动合同的责任。具体包括：

（1）在试用期被证明不符合录用条件的。在用人单位招工时，不可能对所有的劳动者的情况都了解得清清楚楚，通过试用期的考察，发现招工、应聘者患有精神病或疾病，年龄不满 16 周岁等不具有劳动权利能力或行为能力等不符合录用条件，用人单位可以单方解除劳动合同。

（2）劳动者严重违反用人单位的规章制度。劳动者严重违反用人单位的规章制度的情形有：①违反劳动纪律、经常迟到、早退、矿工或打架斗殴，影响单位建立正常的生产工作秩序；②严重违反操作规程，给用人单位的安全生产造成隐患；③严重违反其他制度，给单位造成工作或经济损失等。

（3）劳动者严重失职，营私舞弊，给单位造成巨大的经济损失。所谓严重失职，指不履行岗位应尽之责，严重渎职的行为。如检验人员不履行检验职责，致使有问题的产品出厂，给单位经济和声誉带来损失。营私舞弊指利用工作的便利，用欺骗的方法，做违法乱纪的事情，经营不正当的私利的行为。一定要注意，劳动者的上述行为一定要给用人单位造成巨大的经济损失，用人单位才能解除劳动合同。

（4）劳动者同时与其他用人单位建立劳动关系，对完成本单位的工作任务造成严重影响，或者经用人单位提出，拒不改正的，用人单位可解除劳动合同。

（5）劳动者以欺诈、胁迫手段或者乘人之危，使用人单位在违背真实意思的情况下订立或者变更劳动合同，致使劳动合同无效情形的，用人单位可解除劳动合同。这是对用人单位自由用工权的保护，也是公平、正义原则的体现。

（6）劳动者被追究刑事责任的，用人单位可解除劳动合同。这里的"依法被追究刑事责任"是指，被人民法院判处刑罚（包括管制、拘役、有期徒刑、无期徒刑、死刑、罚金、没收财产、剥夺政治权利等）或者被人民法院依据《刑法》第三十七条规定免予刑事处罚的。应当注意，劳动者因违法行为受到治安处罚，或者在刑事侦查阶段被采取强制措施的，都不属于该条中用人单位可以单方解除劳动合同的情形。

2. 非过失性辞退

所谓的非过失性辞退指劳动者没有过错，但由于客观情况发生了重大变化或由于劳动者主观原因，导致劳动合同履行困难，甚至无法履行。在合同目的无法实现的情况下，用人单位经过法定程序单方面解除劳动合同。具体情形包括：

（1）劳动者患病或者非因工负伤，在规定的医疗期满后不能从事原工作，也不能从事由用人单位另行安排的工作的，用人单位可解除劳动合同。

这里的医疗期指企业职工因患病或非因公负伤停止工作治病休息、不得解除劳动合同的时限。如法律规定，实际工作年限10年以下的，在本单位工作5年以上的医疗期为3个月。另外，用人单位采用额外支付劳动者一个月工资（这是《劳动合同法》新加内容），劳动合同解除的时间不需要计算到通知日后的30天的，在通知的当天就发生法律效力。对于是提前30天通知还是支付提前通知金，选择权在用人单位，劳动者无权就这个问题提出异议。

（2）劳动者不能胜任工作，经过培训或者调整工作岗位，仍不能胜任工作的，用人单位可解除劳动合同。

这里需要注意，用人单位必须在培训或者调整工作岗位之间选择一种方式，通过培训提高其工作技能，通过调整岗位在可能的范围内安排劳动者从事与其劳动能力和技能相适应的岗位。未经上述程序，用人单位无权解除劳动合同。

（3）劳动合同订立时所依据的客观情况发生重大变化，致使劳动合同无法履行，经用人单位与劳动者协商，未能就变更劳动合同内容达成协议的，用人单位在提前30天书面通知该劳动者本人或者额外支付劳动者一个月工资后，可以解除劳动合同。

三、非过失性辞退的限制

劳动者在下列情形之一，用人单位不得按照非过失性辞退解除劳动合同：

（1）从事接触职业病危害作业的劳动者未进行离岗前职业健康检查，或者疑似职业病病人在诊断或者医学观察期间的，用人单位不得以非过失性辞退职工。

（2）在本单位患职业病或者因工负伤并被确认丧失或者部分丧失劳动能力的，用人单位不得以非过失性辞退职工。但需注意，原《劳动法》对此没有什么限制，《劳动合同法》强调了"在本单位"，也就是说，工伤复发达到法定的丧失或部分丧失劳动能力的标准，也是属于不能进行非过失性解除劳动合同的保护范围。

（3）患病或者非因工负伤，在规定的医疗期内的，用人单位不得以非过失性辞退职工。在这里要注意，如果该劳动者与用人单位签订的劳动合同到期，用人单位不得解除劳动合同，而是自动将该劳动合同顺延到医疗期满。

（4）女职工在孕期、产期、哺乳期的，用人单位不得以非过失性辞退职工。同上，如女职工在三期内劳动合同到期，用人单位不得解除劳动合同，而是自动将该劳动合同顺延到哺乳期满。

（5）在本单位连续工作满15年，且距法定退休年龄不足5年的，用人单位不得以非过失性辞退职工。我国法律规定，退休年龄男性是60周岁，女干部55周岁，女职工50周岁。在本单位连续工作满15年，且距法定退休年龄不足5年的老职工，已为用人单位作出了应有的贡献，解除这个年龄段的老职工劳动合同，将使他们面临就业难、经济收入受影响的实际问题。因此，法律对这部分劳动职工给予法律保障，禁止以非过失性解除劳动合同。

【案情分析】

（1）《劳动合同法》第四十六条规定，终止固定期限劳动合同的，除用人单位维持或者提高劳动合同约定条件续订劳动合同，劳动者不同意续订的情形外，用人单位应当向劳动者支付经济补偿：经济补偿按劳动者在本单位工作的年限，每满一年支付一个月工资的标准向劳动者支付。六个月以上不满一年的，按一年计算；不满六个月的，向劳动者支付半个月工资的经济补偿。固定期限劳动合同终止需支付经济补偿是《劳动合同法》的最新规定，根据法不溯及既往原则，本法施行之日存续的劳动合同在本法施行后解除或者终止，依照本法第四十六条规定应当支付经济补偿的，经济补偿年限自本法施行之日起计算。本案中公司与小赵的劳动合同于 2008 年 4 月 14 日终止，公司支付经济补偿的年限从 2008 年 1 月 1 日开始计算，工作年限不满六个月，向劳动者支付半个月工资的经济补偿，因此公司应当向小赵支付经济补偿 2 000 元（月薪 4 000 元×0.5 个月），小赵 2005 年至 2008 年 1 月 1 日前的工作年限，公司可不支付经济补偿金。

(2) 用人单位解除与小李的劳动合同，按照新法和旧法都应当支付经济补偿，但对用人单位违法解除合同的，《劳动合同法》规定如果劳动者要求继续履行劳动合同的，用人单位应当继续履行；劳动者不要求继续履行劳动合同或者劳动合同已经不能继续履行的，用人单位应当依照本法第八十七条规定支付赔偿金，即依照《劳动合同法》第四十七条规定的经济补偿标准的 2 倍向劳动者支付赔偿金。本案中公司在 2008 年 3 月 30 日强行解除劳动合同，如果小李不要求继续履行劳动合同，则 2005 年 4 月 15 日至 2007 年 12 月 31 日的工作年限（2 年零 8 个半月）公司应当支付解除劳动合同的经济补偿金为 3 个月×4 000 元 = 12 000 元。2008 年 1 月 1 日至 2008 年 3 月 30 日工作年限（不满 6 个月）公司应当支付违法解除劳动合同的赔偿金，注意支付的是赔偿金而非解除劳动合同经济补偿金，赔偿金标准为经济补偿标准的 2 倍，即 4 000 元×0.5 个月×2 倍 = 4 000 元，总计 16 000 元。

第四节 违反劳动合同法的法律责任

【案情摘要】

小冯应聘到一家公司，公司与他签订了一份"试用期合同"，约定试用期为 3 个月，月工资为 1 000 元。试用合格转正后再签订正式劳动合同，月工资为 2 000 元，并缴纳社会保险费。在试用期间，双方都可随时解除劳动关系，对方不得提出异议。2 个月以后，公司以小冯试用期间不符合录用条件为由，提出解除劳动关系。

按《劳动合同法》的相关规定，公司的做法正确吗？

【涉及法律问题】

违反《劳动合同法》的法律责任。

【学理解释】

一、概念

违反劳动合同法的法律责任，是指用人单位和劳动者及其他《劳动合同法》主体，违反《劳动合同法》的规定所应承担的否定性的法律后果。

违反《劳动合同法》的主要构成要素包括：

（1）法律责任由违反《劳动合同法》的单位和个人承担。

（2）法律责任根据是法律责任主体存在违反《劳动合同法》的具体行为。

（3）法律责任的性质具有法律价值的否定性和事实内容的不利性。

（4）法律责任形式在《劳动法》上表现为法律综合责任，即综合民事、行政和刑事三大法律责任形式，既能体现法律责任承担的相对性，又能使各种法律责任形式有机结合。

包括用人单位的法律责任与劳动者的法律责任。

二、用人单位违反《劳动合同法》的法律责任

《劳动合同法》对用人单位的法律责任作如下规定：

（1）用人单位直接涉及劳动者切身利益的规章制度违反法律、法规规定的，由劳动行政部门责令改正，给予警告；给劳动者造成损害的，应当承担赔偿责任。

（2）用人单位提供的劳动合同文本未载明本法规定的劳动合同必备条款或者用人单位未将劳动合同文本交付劳动者的，由劳动行政部门责令改正；给劳动者造成损害的，应当承担赔偿责任。

（3）用人单位自用工之日起超过一个月不满一年未与劳动者订立书面劳动合同的，应当向劳动者每月支付2倍的工资。用人单位违反本法规定不与劳动者订立无固定期限劳动合同的，自应当订立无固定期限劳动合同之日起向劳动者每月支付2倍的工资。

（4）用人单位违反《劳动合同法》规定与劳动者约定试用期的，由劳动行政部门责令改正；违法约定的试用期已经履行的，由用人单位以劳动者试用期满月工资为标准，按已经履行的超过法定试用期的期间向劳动者支付赔偿金。

（5）用人单位违反《劳动合同法》规定，扣押劳动者居民身份证等证件的，由劳动行政部门责令限期退还劳动者本人，并依照有关法律规定给予处罚。用人单位违法以担保或者其他名义向劳动者收取财物的，或劳动者依法解除或者终止劳动合同，用人单位扣押劳动者档案或者其他物品的，由劳动行政部门责令限期退还劳动者本人，并以每人五百元以上二千元以下的标准处以罚款；给劳动者造成损害的，应当承担赔偿责任。

（6）用人单位有下列情形之一的，由劳动行政部门责令限期支付劳动报酬、加班费或者经济补偿；劳动报酬低于当地最低工资标准的，应当支付其差额部分；逾期不支付的，责令用人单位按应付金额百分之五十以上百分之一百以下的标准向劳动者加付赔偿金：

①未按照劳动合同的约定或者国家规定及时足额支付劳动者劳动报酬的；

②低于当地最低工资标准支付劳动者工资的；

③安排加班不支付加班费的；

④解除或者终止劳动合同，未依照本法规定向劳动者支付经济补偿的。

（7）劳动合同依照《劳动合同法》第二十六条规定被确认无效，给对方造成损害的，有过错的一方应当承担赔偿责任。用人单位违反《劳动合同法》规定解除或者终止劳动合同的，应当依照以下规定向劳动者支付经济补偿：每满1年支付1个月工资补偿。6个月以上不满1年的，按1年计算；不满6个月的，向劳动者支付半个月工资的经济补偿。

劳动者月工资高于用人单位所在直辖市、设区的市级人民政府公布的本地区上年度职工月平均工资3倍的，向其支付经济补偿的标准按职工月平均工资3倍的数额支付，向其支付经济补偿的年限最高不超过12年。月工资是指劳动者在劳动合同解除或者终止前12个月的

平均工资。

（8）用人单位有下列情形之一的，依法给予行政处罚；构成犯罪的，依法追究刑事责任；给劳动者造成损害的，应当承担赔偿责任：①以暴力、威胁或者非法限制人身自由的手段强迫劳动的；②违章指挥或者强令冒险作业危及劳动者人身安全的；③侮辱、体罚、殴打、非法搜查或者拘禁劳动者的；④劳动条件恶劣、环境污染严重，给劳动者身心健康造成严重损害的。

（9）用人单位违反《劳动合同法》规定未向劳动者出具解除或者终止劳动合同的书面证明的，由劳动行政部门责令改正；给劳动者造成损害的，应当承担赔偿责任。用人单位招用与其他用人单位尚未解除或者终止劳动合同的劳动者，给其他用人单位造成损失的，应当承担连带赔偿责任。

三、其他用工单位违反《劳动合同法》的法律责任

其他用工单位是指劳务派遣单位或个人承包经营者应该承担的法律责任。

（1）劳务派遣单位违反《劳动合同法》规定的，由劳动行政部门和其他有关主管部门责令改正；情节严重的，以每人 1 000 元以上 5 000 元以下的标准处以罚款，并由工商行政管理部门吊销营业执照；给被派遣劳动者造成损害的，劳务派遣单位与用工单位承担连带赔偿责任。

对不具备合法经营资格的用人单位的违法犯罪行为，依法追究法律责任；劳动者已经付出劳动的，该单位或者其出资人应当依照本法有关规定向劳动者支付劳动报酬、经济补偿、赔偿金；给劳动者造成损害的，应当承担赔偿责任。

（2）个人承包经营违反劳动合同法规定招用劳动者，给劳动者造成损害的，发包的组织与个人承包经营者承担连带赔偿责任。

四、劳动者违反《劳动合同法》的法律责任

劳动者违反《劳动合同法》同样要承担法律责任。根据《劳动合同法》第九十条规定：劳动者违反本法规定解除劳动合同，或者违反劳动合同中约定的保密义务或者竞业限制，给用人单位造成损失的，应当承担赔偿责任。

根据《劳动合同法》的规定，劳动者赔偿责任的构成要件包括三点：一是有违法行为或者违约行为，即存在劳动者违反本法规定解除劳动合同，或者违反劳动合同中约定的保密事项或者竞业限制的行为；二是有损害事实，即劳动者的违法或者违约行为给用人单位造成损失；三是损害事实与违法或者违约行为之间的因果关系，即劳动者违反本法规定解除劳动合同，或者违反劳动合同中约定的保密事项或者竞业限制的行为和用人单位的损失之间具有因果关系。

劳动者的违法行为主要包括以下两种：

（1）劳动者违反《劳动合同法》规定解除劳动合同的行为。劳动者违反《劳动合同法》规定解除劳动合同，给用人单位造成损失，应当对用人单位承担赔偿责任。

劳动者在试用期外解除劳动合同应当符合以下两个要件：一是劳动者应当提前 30 日通知用人单位解除劳动合同；二是劳动者应当采取书面形式告知用人单位解除劳动合同。需要注意的是，并不是所有情形下，劳动者未提前 30 日且以书面形式通知用人单位解除劳动合同对

用人单位造成损害的，都应当承担赔偿责任。有下列情形之一的，劳动者可以随时通知用人单位解除劳动合同：①用人单位未按照劳动合同约定提供劳动保护和劳动条件的；②用人单位未及时足额支付劳动报酬的；③用人单位未依法为劳动者缴纳社会保险费的；④用人单位的规章制度违反法律、法规的规定，损害劳动者权益的；⑤用人单位因本法第二十六条规定的情形致使劳动合同无效的；⑥法律、行政法规规定的其他情形。用人单位以暴力、威胁或者非法限制人身自由的手段强迫劳动者劳动的，或者用人单位违章指挥、强令冒险作业危及劳动者人身安全的，劳动者可以立即解除劳动合同，无须事先告知用人单位。

（2）劳动者违反劳动合同中约定的保密事项或者竞业限制的行为。劳动合同是用人单位和劳动者对双方权利义务的约定，因此，充分尊重用人单位和劳动者双方的意思自治。《劳动合同法》第二十三条规定："用人单位与劳动者可以在劳动合同中约定保守用人单位商业秘密的有关事项。"对负有保守用人单位商业秘密义务的劳动者，用人单位可以在劳动合同或者保密协议中与劳动者约定竞业限制条款，与用人单位的高级管理人员、高级技术人员和其他知悉用人单位商业秘密的人员，就竞业限制的范围、地域、期限作出约定。在解除或者终止劳动合同后，用人单位按照约定竞业限制期限内按月给予劳动者经济补偿，而该劳动者不得到与本单位生产或者经营同类产品、业务的有竞争关系的其他用人单位，或者自己开业生产或者经营与本单位有竞争关系的同类产品、业务。劳动者违反竞业限制约定的，应当按照约定向用人单位支付违约金。劳动者违反劳动合同中约定的保密义务或者竞业限制，对用人单位造成损失的，还应当对用人单位的实际损失承担赔偿责任

【案情分析】

试用期是用人单位和劳动者相互考察的时期，但在现实中，很多用人单位滥用试用期，只和劳动者签订试用期合同，称这是先试用，后签劳动合同。这种做法是违反《劳动法》和《劳动合同法》的相关规定的。按《劳动合同法》的规定，试用期与合同期应当受同一个合同的约束，试用期的期限应当包含在劳动合同期限内，这才是法律意义上的试用期。小冯所在的公司只签试用期合同并约定试用期转正后再签正式劳动合同的做法是错误的。根据《劳动合同法》规定：劳动合同当事人仅约定试用期的，试用期不成立，该期限为劳动合同期限。像小冯这种情况，仅与公司签订了三个月的试用期合同，他的试用期合同就应视作期限为三个月的劳动合同。

此外，单位与小冯在试用期合同中约定：试用期满转正签订劳动合同后再为小冯办理社会保险，缴纳社会保险费，这也是错误的。按《劳动合同法》的规定，劳动关系自用工之日起建立，建立了劳动关系，劳动者就享受社会保险权利。因此，对于用人单位而言，试用期不是"逃保"期，更不是劳动者的"白干期"，用人单位必须依法为劳动者缴纳社会保险费并支付劳动者工资。

针对某些用人单位一味压低劳动者试用期工资的现象，《劳动合同法》作了明确的规定：试用期工资，由双方协商确定，但也不得违反法律的规定。按《劳动合同法》的规定：劳动者在试用期内的工资不得低于本单位相同岗位最低档工资或者劳动合同约定工资的百分之八十，并不得低于用人单位所在地的最低工资标准。

【习题与思考】

案例一：

2008 年 3 月，李峰高中毕业后从老家安徽来杭州找工作，但因为学历不高，又没有工作经验，先后到十几家单位面试都没被录取。2008 年 4 月底的一天，李峰路过一个建筑工地时，看见工地的墙上贴了一张杭州某建筑公司的招工启事，大意是：该公司要修建一座桥梁，因为工期很紧，特招几名建筑工人，每天工资 100 元。但启事的最后特别强调："工伤概不负责。"也许是"一天 100 元"工资打动了他，也许是碰壁次数太多，李峰毫不犹豫地去应聘了。而招工人员看李峰年轻力壮的，也很快录用了他。双方在合同中约定"工伤概不负责"。天有不测风云，才干了 3 个多月，李峰就在一次施工事故中被桥梁的梁架砸中，不幸身亡。李峰的家人找到建筑公司，要求他们对李峰的死承担赔偿责任，但建筑公司以李峰与他们签的那份合同推托："我们之前就说好的，'工伤概不负责'，而且这几个月我们给李峰的工资都是 100 元一天，一般的建筑工人哪有这么高的工资？我们给这个价，就是因为不承担工伤责任。"难道合同里说了"概不负责"，建筑公司就可以不用赔钱了吗？李峰的家属也搞不清。

请问：该建筑公司违反了哪些法律？

案例二：

范某自 2000 年 2 月 5 日起就在某私营企业工作，劳动合同一年一签，到 2008 年 2 月他的劳动合同又要到期了。他听说《劳动合同法》规定连续签订两次固定期限的劳动合同用人单位就必须与劳动者签订无固定期限的劳动合同，因此，他认为，到 2008 年 2 月他的合同到期时，企业必须与他签订无固定期限的劳动合同。

请问：范某的理解对吗？

案例三：

2006 年 3 月，施某与甲公司订立经营用房装修协议，约定由施某负责组织人员施工，装修费用 50 万元。装修过程中除装修材料外的所有费用一律由施某自付，施工过程中出现任何安全问题，均由施某自行承担，甲公司不承担任何责任。订立协议后，施某即组织人员施工。

4 月 1 日，陈某在接受施某指派从事高处作业时摔伤，造成 8 级伤残，发生各项损失65 000 元。陈某欲维护自己的权益，咨询相关律师。

请问：

（1）陈某索赔应以谁为被告，为什么？

（2）施某与甲公司之间是否存在劳动关系，为什么？

（3）陈某为维护自己的合法权益，是否需申请劳动仲裁？为什么？

（4）假设陈某接受劳务派遣公司指派为甲公司从事装修工作，按照《劳动合同法》的规定，陈某与哪个单位建立了劳动关系？陈某的劳动合同期限最短多长时间？陈某在劳动合同期间内无工作的话，能够获得的待遇如何？

案例四：

2008 年 5 月某私营企业招聘员工，出生于 1993 年 7 月的赵某应聘，双方签订了 1 年期的劳动合同，试用期为 30 天，从事货物装卸工作，并规定如赵某提前解除劳动合同视为违约，应支付违约金 1 000 元。赵某工作 2 个月后，感到货物装卸工作过于繁重，体力不支，于是向某私营企业提出解除劳动合同。某私营企业认为其行为构成违约，要求赵某支付违约金，赵某不同意，双方发生争议，某私营企业即以赵某为被申诉人向劳动争议仲裁委员会提出仲裁申请，要求裁决赵某承担违约责任，支付违约金。

请问：

（1）赵某与某私营企业是否存在劳动法律关系？

（2）劳动争议仲裁委员会应否支持某私营企业的主张？

参考文献

1. 董朝阳. 经济法. 北京：清华大学出版社，2007
2. 曲振涛，黄洁. 经济法案例教程. 北京：经济科学出版社，2002
3. 敬丽华. 经济法概论. 南京：东南大学出版社，2003
4. 叶朱. 经济法概论案例集. 上海：上海财经大学出版社，2000
5. 戴凤岐，张京萍. 经济法（第五版）. 北京：首都经济贸易大学出版社，2003
6. 李艳芒. 经济法案例分析. 北京：中国人民大学出版社，2001
7. 孙晋. 企业法实例说. 长沙：湖南人民出版社，2003
8. 陈小君. 合同法学（第二版）. 北京：中国政法大学出版社，2002
9. 高庆年. 新经济法原理. 北京：中国民主法制出版社，2001
10. 王保树. 经济法概论. 北京：中国经济出版社，1998
11. 吉文丽. 经济法. 北京：清华大学出版社，2007
12. 杨紫烜. 经济法. 北京：北京大学出版社，2006
13. 张晓慧. 经济法. 北京：经济科学出版社，2006
14. 周晓存. 经济法概论. 北京：机械工业出版社，2005
15. 王建平. 经济法（第二版）. 大连：东北财经大学出版社，2006